国家电网
STATE GRID

国网四川省电力公司
STATE GRID SICHUAN ELECTRIC POWER COMPANY

国网四川省电力公司
三项制度改革政策解读

国网四川省电力公司　组编

中国电力出版社
CHINA ELECTRIC POWER PRESS

图书在版编目（CIP）数据

国网四川省电力公司三项制度改革政策解读 / 国网四川省电力公司组编. —北京：中国电力出版社，2021.11
ISBN 978-7-5198-5887-2

Ⅰ.①国… Ⅱ.①国… Ⅲ.①电力工业－工业企业管理－文件－研究－四川 Ⅳ.① F426.61

中国版本图书馆 CIP 数据核字（2021）第 219332 号

出版发行：中国电力出版社
地　　址：北京市东城区北京站西街 19 号（邮政编码 100005）
网　　址：http://www.cepp.sgcc.com.cn
责任编辑：牛梦洁
责任校对：黄　蓓　李　楠
装帧设计：郝晓燕
责任印制：吴　迪

印　　刷：三河市万龙印装有限公司
版　　次：2021 年 11 月第一版
印　　次：2021 年 11 月北京第一次印刷
开　　本：710 毫米 ×1000 毫米　16 开本
印　　张：17.25
字　　数：314 千字
定　　价：95.00 元

编 委 会

前　言

　　周虽旧邦，其命维新，改革是大到国家小到企业创新发展的不竭动力。当前，世界面临百年未有之大变局，中华民族迎来伟大复兴重大机遇，国有企业作为民族复兴重要支撑力量，要实现更高质量、更有效率、更可持续发展，必须以改革促进步、以创新求突破。习近平总书记多次强调："惟改革者进，惟创新者强，惟改革创新者胜"，越是面临国际国内复杂形势，越是要以深化改革解决问题促进发展。2016年，国务院国有资产监督管理委员会（国资委）印发《关于进一步深化中央企业劳动用工和收入分配制度改革的指导意见》，启动了新一轮国有企业三项制度改革。2020年9月，国资委又对中央企业改革三年行动进行全面部署，吹响了新时期国企改革"冲锋号"。

　　国家电网有限公司（国家电网公司）坚决落实中央决策部署，2018年，制定印发《关于全面推进三项制度改革工作的通知》，深入推进三项制度改革，2020年3月，确立了建设具有中国特色国际领先的能源互联网企业战略目标。国网四川省电力公司（以下简称公司）因时应势，开拓进取，统筹推进三项制度改革工作，全力打造国网战略目标落地实施四川样板，各项工作顺利推进。进入"十四五"，公司面临清洁能源需求飞速发展、数字化转型加速迭代、国资国企改革纵深推进、电力体制改革持续深化、经营效益压力不断增加等新形势新变化。与此同时，公司管辖区域面积大，各地发展极度不平衡，公司人力资源仍存在"结构型、能效型、动力型"缺员问题，阻碍人效水平提升，各级单位人力资源管理水平也参差不齐，在推进三项制度改革进程中敢于动真碰硬的还不多，在"能下、能出、能减"上堵点依旧，只有坚定不移地继续深化三项制度改革，切实构建起内有活力、外有竞争力的人力资源管理体系，才能保障公司新时期可持续健康发展。

近年来，公司已印发三项制度改革方案3个，制定完善配套制度43个，分6个片区强化工作督导和培训，三项制度改革的号声吹到公司各个角落，深入各级干部员工心中。各级单位积极探索实践，在岗位（职务）聘任制实施、劳动合同契约化管理、收入分配与岗位价值联动等方面取得了积极成效。

为进一步统一思想，凝聚改革共识，营造改革氛围，确保改革纵深推进，公司人力资源部组织编制了《国网四川省电力公司三项制度改革政策解读》和《国网四川省电力公司三项制度改革相关文件汇编》。

本书分为四章。第一章为概述，简要介绍我国国有企业三项制度改革历程，新时期公司推进三项制度改革的背景意义和改革任务。第二章为公司三项制度改革相关制度办法核心条款展示，以图文并茂的方式，展现领导人员管理、劳动组织、员工管理、薪酬管理、绩效考核、保障管理、培训教育7大专业34项制度办法核心条款。第三章为问题解答，重点对公司推进三项制度改革员工普遍关心的改革方向、疑点难点等85个问题进行详细解答。第四章展示17家单位共22篇三项制度改革典型实践案例。公司人力资源部希望本书出版后，能够方便各级领导和人力资源从业人员熟悉政策、交流经验，帮助普通员工提升改革认知，从而不断增强改革的规范性、系统性、整体性。

逆水行舟，不进则退。深化三项制度改革，需要各级单位以高度责任感、使命感，勇于踏入改革深水区，不断强化政策执行力，方能"吹尽狂沙始到金"。各级单位要准确把握公司"十四五"形势与任务，凝聚信念，砥砺前行，充分发挥钉钉子精神，在"能下、能出、能减"三个方面重点突破，以踏石留痕，抓铁有印的工作作风，加强政策宣贯落地，激活人才"第一资源"，全面提升"人效"指标，奋力谱写具有中国特色国际领先的能源互联网企业建设新篇章。

编者

2021 年 4 月

目录
C O N T E N T S

161 第四章
实践案例

267 后记

第一章　三项制度改革概述

CHAPTER 1

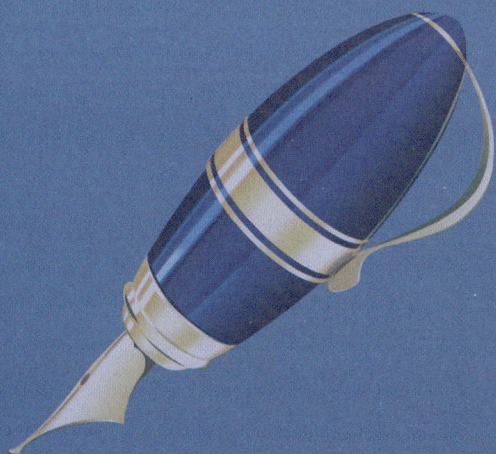

第一节
新时代三项制度改革的背景及意义

回顾改革开放以来的进程，三项制度改革一直是国有企业改革的重要组成部分。党的十九大明确提出要培育具有全球竞争力的世界一流企业，为新时代国有企业改革指明了方向。站在新的历史起点，必须充分认识深化三项制度改革的重要意义。

从国家层面来看，推进三项制度改革，是顺应党中央全面深化国有企业改革形势的必然要求。国有企业是党的重要执政基础，是党和国家最可信赖的依靠力量，是贯彻新发展理念，全面深化改革的重要力量。党中央高度重视国有企业改革发展，坚定不移推动国有企业做强做优做大，坚持深化国有企业改革，增强国有企业活力，提升国有企业效率，充分发挥国有企业支撑和保障作用。

从国网公司层面来看，推进三项制度改革，是建设具有中国特色国际领先的能源互联网企业的重要保障。对标世界一流企业，国网公司在发展质量、管理水平、运营效率等方面还存在一定的差距。要实现国网公司战略目标，必须通过深化三项制度改革除弊革新，切实增强市场意识、竞争意识、创新意识，有效破解发展质量不高、发展动力不足、运营效率不高等掣肘企业发展的瓶颈问题。

从公司层面来看，推进三项制度改革，是打造国网公司战略落地四川样板的核心动力。充分发挥人力资源作为"第一资源"的作用，进一步深化三项制度改革，打通堵点，解决难点，是实现公司与员工共成长、同发展的关键。四川经济社会发展总体相对滞后，公司发展不平衡不充分，迫切需要向改革要动力，以改革"一子落"推动发展"满盘活"，通过人力资源管理机制优化，将员工利益与企业利益有机结合，充分调动员工的积极性，形成上下联动齐发力、凝聚共识谋发展，为实现公司高质量发展提供坚强的人力资源支撑。

第二节
三项制度改革演变历程

国有企业三项制度改革从不断探索到全面深化走过了 40 余年，历经探索起步、系统攻坚、全面推进和全面深化四个阶段。四个阶段一脉相承、相互衔接，改革的广度、深度、力度呈渐进式向前不断推进。

探索起步阶段	系统攻坚阶段	全面推进阶段	全面深化阶段
1978	1993	2003	2013
劳动用工改革	**劳动用工改革**	**劳动用工改革**	**劳动用工改革**
试行劳动合同制。对企业用工、招工制度进行改革，劳动用工制度由此开始。	1994年《中华人民共和国劳动法》出台，全面实行劳动合同制；推行再就业政策，解决企业富余人员问题。	建立现代企业人力资源管理体系。2008年《中华人民共和国劳动合同法》建立市场化劳动用工制度。	深化开展员工"能进能出"多渠道引进人才；规范用工管理；强化劳动合同管理；畅通员工退出通道。
干部管理改革	**干部管理改革**	**干部管理改革**	**干部管理改革**
厂长责任制扩大干部管理权限。实现了干部的分级管理，扩大了企业干部管理权限。推广实施管理人员"竞争上岗、择优选任"。	建立与现代相适应的领导人员管理制度。建立领导人员培养、选拔、考核等机制；首次提出取消国有企业和企业领导人员行政级别。	建立现代企业领导人员管理机制。2003年《中央企业负责人经营业绩考核暂行办法》建立企业负责人经营业绩考核制度。	深化开展干部"能上能下"。完善领导人员管理制度；试点开展职业经理人、经理层任期制管理制度；优化完善业绩考核管理。
薪酬分配改革	**薪酬分配改革**	**薪酬分配改革**	**薪酬分配改革**
打破"八级工资制度"。"工效挂钩"在全国国营企业推广实行。企业负责人收入与经济效益挂钩。实行以岗位技能工资为主要形式的内部分配制度。	收入分配向多元化、市场化发展。包括探索基本工资以外的其他奖励机制，试点企业负责人年薪制、股权激励等。推行以岗位工资为主的基本工资制度。	建立按劳分配为主、多种分配方式并存的分配制度。2004年《中央企业负责人薪酬管理暂行办法》，实行业绩为导向的年薪制度。	深化开展分配"能增能减"。深化企业负责人年薪制度；探索工资总额预算管理机制，工资总额与企业经济效益和劳动生产率挂钩。健全完善中长期激励体系。

▲ 三项制度改革演变历程

（一）探索起步阶段（1978–1992 年）

劳动用工改革：探索试行劳动合同制。1986 年，国务院印发《国营企业实行劳动合同制暂行规定》《国营企业招用工人暂行规定》等四项制度，对企业用工、招工制度进行改革，国有企业新招收工人实行劳动合同制，劳动用工制度由此开始。

干部管理改革：厂长责任制扩大干部管理权限。规定厂长的选任流程及方式；实现干部分级管理，扩大企业干部管理权限；1989年《经济体制改革要点》提出厂内各级管理人员实行"竞争上岗、择优选任"。

薪酬分配改革：改革工资决定和管理机制。恢复奖励制度和计件工资制度，明确奖金分配原则，彻底打破"八级工资制度"；《国营企业工资改革试行办法》将"工效挂钩"作为一种全新的工资总额决定机制逐渐在全国国营企业推广实行；1988年《全民所有制工业企业承包经营责任制暂行条例》规定国营企业负责人收入与经济效益挂钩；1992年《全民所有制工业企业转换经营机制条例》明确国营企业在规定提取的工资总额内，有权自主使用、自主分配工资和奖金，企业开始实行以岗位技能工资为主要形式的内部分配制度，使劳动报酬与劳动贡献真正挂起钩来。

（二）系统攻坚阶段（1993-2002年）

劳动用工改革：全面实行劳动合同制，逐步实现国企职工去固化、去国家化；1994年我国颁布《中华人民共和国劳动法》，国企劳动用工主体由国家向企业转换，企业对员工的管理由身份管理转为契约化市场化用工管理；探索员工退出通道，通过协商解除劳动关系、内部退养、停薪留职、终止劳动合同等方式进行人员的分流安置，解决企业富余人员的问题。

干部管理改革：建立与现代相适应的领导人员管理制度。探索完善领导人员培养、选拔、考核、激励、约束、监督等管理机制；取消行政级别，建立现代企业领导人员管理制度。

薪酬分配改革：收入分配向多元化、市场化发展。包括探索基本工资以外的其他奖励机制，试点企业负责人年薪制、股权激励等。1999年《中共中央关于国有企业改革和发展若干重大问题的决定》第一次把股权激励作为完善企业经营管理者激励机制，明确国有企业负责人薪酬制度多元化的改革方向。在坚持按劳分配原则下探索试点市场化分配，开始探索员工持股，2000年《进一步深化企业内部分配制度改革指导意见》推行以岗位工资为主的基本工资制度。

（三）全面推进阶段（2003-2012年）

劳动用工改革：建立现代企业人力资源管理体系。建立定员标准，合理控制用工总量，建立校园招聘、社会招聘等多渠道公开招聘机制，灵活使用劳动合同制、劳务派遣和业务外包等多种用工形式。2008 年《中华人民共和国劳动合同法》（简称劳动合同法）实施，企业全面建立了市场化的劳动用工制度。

干部管理改革：建立现代企业领导人员管理机制。企业选人用人坚持党管干部原则和市场化选聘相结合、组织选拔和市场配置相结合，市场化导向更加明显。2003 年《中央企业负责人经营业绩考核暂行办法》，建立企业负责人经营业绩考核制度。2009 年《中央企业领导人员管理暂行规定》为规范开展企业领导人员选任提供制度保障。

薪酬分配改革：建立按劳分配为主、多种分配方式并存的分配制度。建立完善工资总额预算管理机制，解决原有工效挂钩时效不强、不合理分配差距扩大等问题；建立按劳分配为主、多种分配并存的分配体系，以及多种形式中长期激励机制；2004 年《中央企业负责人薪酬管理暂行办法》实行业绩为导向的年薪制度。

（四）全面深化阶段（2013 年至今）

劳动用工改革：深化开展员工"能进能出"。多渠道引进人才，员工素质与岗位要求更加匹配；规范用工管理，建立灵活的用工形式；强化劳动合同管理，降低劳动用工风险；畅通员工退出通道，不断优化人员结构。

干部管理改革：深化开展干部"能上能下"。完善领导人员管理制度，推动企业领导人员担当作为；试点开展职业经理人，推行职业经理人制度；试点开展经理层任期制，推行管理人员任期管理制度；优化完善业绩考核，企业负责人实施分类化、差异化考核。

薪酬分配改革：深化开展分配"能增能减"。2014 年《中央管理企业负责人薪酬制度改革方案》明确国有企业负责人薪酬构成；《中央企业负责人经营业绩考核办法》完善企业负责人年度、任期考核管理细则；2018 年《关于改革国有企业工资决定机制的意见》明确工资总额与企业经济效益和劳动生产率挂钩。《国有科技型企业股权和分红激励暂行办法》《中央科技型企业实施分工激励工作指引》等政策文件形成了多种形式的中长期激励政策体系。

第三节
新时代三项制度改革的核心与方向

　　三项制度改革已经进入到"深水区"，应聚焦改革的核心问题、难点问题、痛点问题进行重点突破，围绕着劳动、人事、分配三个方面，建立与社会主义市场化经济体制及现代企业制度相适应的市场化机制，重点在"管理人员能下、员工能出、收入能减"的方面取得突破性进展。

　　一是深化劳动用工制度改革。完善"按需用工、灵活配置、优胜劣汰、进出通畅"的市场化用工模式。健全劳动合同管理制度，完善管理手段，依法做好劳动合同的变更、续订、中止、解除（终止）等各项工作；实施岗位聘任管理，完善岗位任职条件和考核评价体系，根据考评结果决定续聘或解聘；根据劳动合同和绩效考核结果，建立员工退出制度，畅通员工出口；严把入口关，引进符合岗位需要的高素质人才；完善职工培训制度，加强转岗、待岗培训。

　　二是深化干部人事制度改革。加大竞争性选拔力度，对不履职、不尽责、不称职的干部强化考核管理。积极探索职业经理人制度，扩大选人用人视野，实行内部培养和外部引进相结合；推行领导干部任期制和契约化管理，严格任期管理和目标考核，建立退出机制；完善领导人员考核评价体系，改进考核内容、考核方法和成果应用。

　　三是深化收入分配制度改革。以业绩为导向，科学评价不同岗位员工的贡献，合理拉开收入分配差距，切实做到收入能增能减。强化效益挂钩，完善工资总额决定机制，实施差异化分配机制。完善绩效考核体系，加强绩效与薪酬联动。采取多种方式探索中长期激励机制。

第四节
公司三项制度改革主要内容

（一）工作目标

三项制度改革是一项长期性、系统性工程，公司紧紧围绕员工能进能出、管理人员能上能下、薪酬分配能增能减三个方面，重点开展岗位竞聘管理、干部任期制、员工有序流动、劳动合同管理、薪酬绩效激励机制等核心内容，进一步完善员工能进能出、管理人员能上能下、薪酬分配能增能减的人力资源管理机制，构建公平、竞争、择优的选人用人环境，树立员工契约化管理意识，实现薪酬与效益效率和贡献紧密挂钩的三项制度改革管理工作体系。

（二）组织保障

为加强三项制度改革工作的领导和组织协调，公司成立三项制度改革工作领导工作小组。

1. 领导小组及成员

由公司董事长、党委书记担任组长，总经理、党委副书记担任常务副组长，各分管领导担任副组长，公司各部门主要负责人为领导小组成员。

2. 领导小组办事机构

领导小组下设办公室，办公室设在公司人力资源部，办公室主任由人力资源部主任担任，成员由人力资源部，党委组织部（人事董事部），经济法律部（体改办），办公室（党委办公室、董事会办公室），党委党建部（思想政治工作部、团委），纪委办公室（巡察办），党委宣传部（对外联络部），工会，集体企业管理办公室及其他部门负责人组成。领导小组办公室组建专家工作组，负责过程督导、专业培训。

人力资源部：负责制定公司三项制度改革工作方案，指导、监督、考核各单位相关改革工作。

党委组织部（人事董事部）：负责涉及领导人员及本部管理人员相关改革工作。

经济法律部（体改办）：负责指导、监督改革过程中依法决策、依法经营和依法管理相关工作。

办公室（党委办公室、董事会办公室）：负责改革期间的信访和维稳工作。

党委党建部（思想政治工作部、团委）：负责改革过程中党的建设和职工思想政治工作。

纪委办公室（巡察办）：负责改革过程中指导、监督、检查党风廉政建设和反腐败工作。

党委宣传部（对外联络部）：负责改革氛围营造、宣传报道和舆情防控。

工会：负责指导改革过程中涉及民主决策和维护职工权益等工作。

集体企业管理办公室：负责涉及省管产业单位三项制度改革相关工作。

其他部门：负责本专业相关配套政策制定、实施，督导考核和安全稳定工作。

（三）重点工作任务

公司新一轮三项制度改革工作按照"部分试点—全面推进—专项行动"的工作思路，制定实施方案和指导意见4个，修订和完善了43项配套制度，稳步推进各项重点工作，形成了组织有力、目标明确、措施得当、效果显著的三项制度改革工作局面。

2018年，公司启动三项制度改革工作，制定《深化三项制度改革实施方案》，分功能板块、分任务维度实施，从管理机制创新、组织机构优化、能上能下、能进能出、能增能减、绩效支撑6个方面选取试点单位实施。在市场化单位和部分试点供电企业实现管理人员能上能下，公司所有单位完成员工能进能出制度建设、收入能增能减取得实效。

2019年，公司印发《进一步推进三项制度改革促进六能落实见效意见》《加快推进三项制度改革2019年重点工作任务工作意见》，狠抓"六能"落地，研究部署4个方面18项工作任务，组织开展7个片区的督导培训，通过制定"一标准两清单三任务"（一标准是指三项制度改革年度考核评价标准，两清单是指年度工作任务清单、抢单制任务清单，三任务是指规定任务、自选任务、抢单任务），梳理存在的问题191个，收集的抢单制任务77个。

2020年，公司印发《三项制度改革专项行动方案》，围绕"六能"开展三项制度改革专项行动，重点推进"三个机制"，建立和完善以岗位聘任制为核心的能上能下机制，以劳动合同管理为约束的能进能出机制，以全面薪酬激励体系为主导的能增能减机制。

公司三项制度改革重点工作任务如下图。

2018年

1.开展地县集约试点，创新管理机制
2.优化组织机构管理，创新工作机制
(1)实施组织模式创新。
(2)供电服务指挥平台建设与推广。
(3)增量配电项目公司组建与运行。
(4)健全岗位管理体系。
3.实施有序流动和任期考评，促进管理人员能上能下
(1)深入推进干部能上能下。
(2)强化职员职级动态管理。
(3)加强员工有序流动。
(4)开展任期考评管理试点。
(5)规范本部人员管理、岗位竞聘、待岗、降岗及退二线工作。
4.强化市场契约管理，推动员工"能进能出"
(1)建立市场化用工机制。
(2)建立员工退出机制。
(3)加强劳动用工管理。
5.完善考核激励机制，实现收入"能增能减"
(1)完善工资总额决定机制。
(2)优化企业负责人考核和薪酬分配。
(3)建立绩效导向的收入分配机制。
6.深化全员绩效管理，全力支撑三项制度改革
(1)健全绩效管理支撑保障机制。
(2)提高考核精准性。
(3)强化考核结果应用。

2019年

1.实施岗位动态管理，实现"能上能下"
(1)全面实施岗位聘期制。
(2)推行领导干部任期制。
(3)积极推行岗位竞聘。
(4)严格实施岗位退出制度。
(5)试点职业经理人选聘。
2.实施劳动合同契约化管理，实现"能进能出"
(1)严把人员入口关。
(2)疏通员工出口关。
(3)完善员工有序流动。
3.优化薪酬分配和精准考核，实现"能增能减"
(1)坚持岗变薪变。
(2)下放绩效工资分配权。
(3)丰富激励措施，合理拉开差距。
(4)加大工资总额与业绩考核挂钩力度。
(5)丰富绩效考核模式。
4.加强宣贯督导和创新研究，鼓励担当作为
(1)夯实基础，做好定员测算、分解、应用工作。
(2)加强宣传，做好经验总结和典型塑造工作。
(3)问题导向，建立发现问题和解决问题机制。
(4)强化督导，建立培训宣传和进度跟踪机制。
(5)鼓励创新，建立破除障碍和改革容错机制。

2020年

1.全面推行岗位聘任制，实现"能上能下"
(1)推行领导干部任期制。
(2)深化岗位管理聘期制。
(3)开展组织模式变革和业务流程优化。
(4)探索建立"培聘联动"机制。
2.加强劳动合同履约管理，实现"能进能出"
(1)加强人员入口管理。
(2)疏通员工出口关。
(3)畅通内部人才流动渠道。
3.构建全面薪酬激励体系，实现"能增能减"
(1)强化工资总额"增人不增资、减人不减资"核定机制。
(2)建立多维度员工激励机制。
(3)优化绩效考核评价机制。

▲ 公司三项制度改革重点工作任务

（四）工作成效

公司启动三项制度改革工作以来，各级单位大胆探索、先行先试，呈现出多点发力、梯次推进的良好态势，在岗位聘任制管理、畅通能出通道、青年员工培养、组织机构优化、薪酬能增能减、员工有序流动等方面涌现出一大批先进做法。2018年，《精准绩效考核　深化结果应用》入选国网人资部三项制度改革典型做法，公司发布三项制度改革典型做法36篇。2019年公司13篇典型做法入选《国家电网有限公司三项制度改革百问百答》；收集典型案例75篇，出版《国网四川省电力公司三项制度改革典型案例集》供各单位参

考借鉴。2020 年落实攻坚三项制度改革 10 项重点任务，建立和完善以岗位聘任制管理为核心的能上能下机制，以劳动合同管理为约束的能进能出机制，以全面薪酬激励体系为主导的能增能减机制，加强专项行动全流程、全链条管理，审核备案基层重点工作 64 项、常规工作 346 项，分 6 个片区强化工作督导和专项培训。

在强化管理人员能上能下方面，公司积极试点开展岗位管理去行政化、聘任管理契约化，在管理、技术和重要技能岗位，全面实行岗位聘任制管理；积极推行岗位公开竞聘的选人方式，岗位竞聘补员占比不断提升，形成良好的选人用人氛围；拓宽员工职业发展通道，积极推进职员聘任管理，完善岗位序列与领导职务、职级的有机衔接；优化选人用人，积极探索在市场化单位推行职业经理人。

在畅通员工能进能出方面，贯彻落实国网公司劳动合同"1+1+20"制度体系，强化制度的契约化、规范化管理，全面开展劳动合同专项清理整治、开展不在岗人员专项清理；强化绩效等级结果应用和岗位胜任能力测评，规范开展降岗、待岗管理；强化待岗培训管理，严格待岗考勤管理，对待岗培训不合格的重新调整工作岗位后再培训，直至解除劳动合同。

在薪酬分配能增能减方面，制定全面薪酬建设实施意见，加强人工成本与效益挂钩联动，深化"增人不增资，减人不减资"工作总额分配管理机制，动态调整工资、绩效占比，效益价值和导向价值得到体现。收入分配典型做法入选国网工资总额管理创新实践集。在差异化分配上，充分给予各级绩效经理人"三权"管理，结合员工岗位胜任能力，加大考核分配力度，向生产一线，核心骨干员工倾斜。公司举办"享智慧、共增效"员工激励机制建设云论坛，通过人物情景展示绩效分配改革成效，借助互联网技术广泛交流分享典型经验。公司绩效管理案例入选上海交通大学教学案例、国网绩效管理工具箱。在多元化激励方面，实行重点人才重点激励，优秀人才优先激励，在科研单位、市场化单位、上市单位探索科研成果转换激励、项目制薪酬管理、上市公司"股权激励"等多元化激励手段。

第二章　三项制度改革相关制度办法核心条款展示

CHAPTER 2

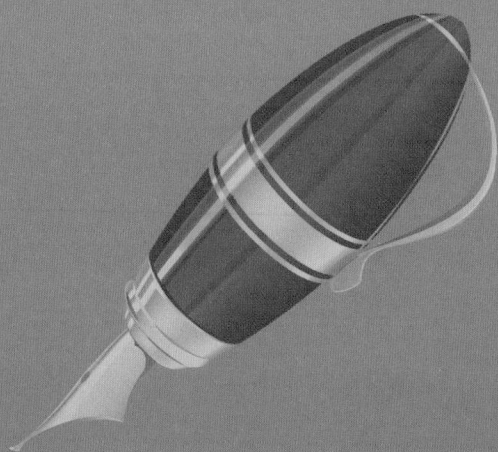

第一节
领导人员管理制度办法核心条款展示

一、《中共国网四川省电力公司委员会关于印发领导班子和领导人员日常考核评价实施细则的通知》（川电委干〔2019〕95号）

（一）定义

　　日常考核以正向激励为导向，以日常信息和具体事例为支撑，经常化、近距离、多角度了解领导班子和领导人员在日常工作中的表现、在大事要事难事中的担当，发现敢于负责、勇于担当、善于作为、实绩突出的领导人员。

（二）日常考核评价的内容

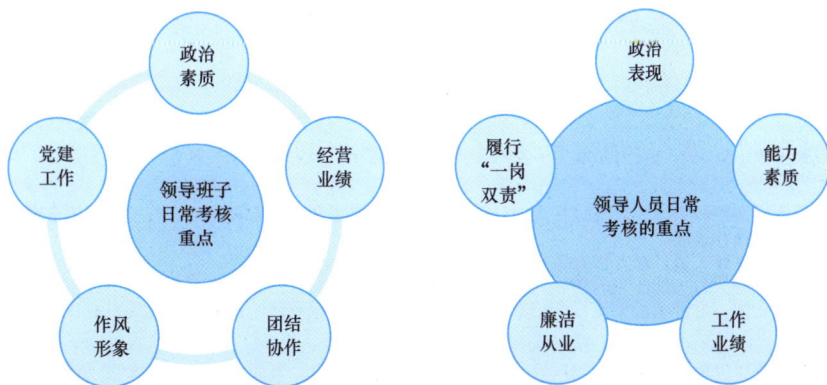

▲ 日常考核评价的内容

（三）日常考核的方式

领导班子和领导人员的日常考核主要通过以下方式进行。

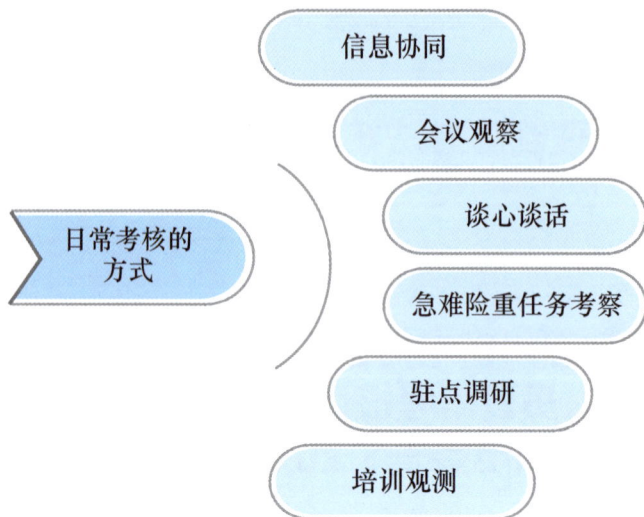

▲ 日常考核的方式

每种方式可单独使用，也可根据实际组合运用。

（四）日常考核的结果应用

以领导班子和领导人员履职表现档案以及负面问题清单为基础，积极运用大数据等手段，对日常考核汇总信息进行深入分析，分析结果作为领导人员培育、选拔、管理、使用的重要依据，与领导人员评先评奖、治庸治懒、能上能下等工作挂钩。

序 号	结果应用
一	★ 对日常考核中发现的领导人员能力素质存在的短板和弱项，制定针对性的教育培训计划。
二	★ 在领导班子调整和领导人员选拔任用时，充分运用领导班子和领导人员日常考核情况，对表现优秀的领导人员，提出推荐建议。 ★ 对优秀年轻领导人员，加大培养锻炼力度。 ★ 对不担当、不作为、乱作为的领导人员，提出组织调整建议。 ★ 对结构不合理、运行状况不佳、职工群众反映多、意见大的领导班子，提出优化调整建议。
三	★ 对日常考核中发现的苗头性、倾向性或违规尚不构成违纪问题，及时对领导人员本人进行提醒、批评教育或惩戒。 ★ 涉嫌违纪违法问题，及时移交公司纪检部门处理。

▲ 日常考核的结果应用

二、《中共国网四川省电力公司委员会关于印发强化领导人员担当作为推进能上能下实施细则的通知》（川电委干〔2019〕96号）

（一）定义

推进领导人员能上能下，重点是解决领导人员能下问题。着力解决领导人员不作为、乱作为、慢作为等问题，促使领导人员自觉践行"三严三实"要求，推动形成能者上、庸者下、劣者汰的用人氛围。

（二）领导人员下的渠道

```
                        ┌─────────────────────────┐
                     ┌──┤ 不适宜担任现职调整        │
                     │  └─────────────────────────┘
                     │  ┌─────────────────────────┐
                     ├──┤ 问责追究调整              │
                     │  └─────────────────────────┘
                     │  ┌─────────────────────────┐
                     ├──┤ 到龄免职（担任二线领导职务或退休）│
                     │  └─────────────────────────┘
   ┌────────┐        │  ┌─────────────────────────┐
   │领导人员  │        ├──┤ 任期届满和任内调整        │
   │下的渠道  │────────┤  └─────────────────────────┘
   └────────┘        │  ┌─────────────────────────┐
                     ├──┤ 不能正常履职调整          │
                     │  └─────────────────────────┘
                     │  ┌─────────────────────────┐
                     ├──┤ 自愿退出                  │
                     │  └─────────────────────────┘
                     │  ┌─────────────────────────┐
                     ├──┤ 辞职                      │
                     │  └─────────────────────────┘
                     │  ┌─────────────────────────┐
                     └──┤ 违纪违法免职              │
                        └─────────────────────────┘
```

▲ 领导人员下的渠道

（三）不适宜担任现职调整的情形

1.政治意识、大局意识、核心意识、看齐意识不强，组织纪律观念弱化的，主要包含以下情形。

1. 不严格遵守党的政治纪律和政治规矩，不坚决执行党的基本路线和各项方针政策，不能在思想上政治上行动上同党中央保持高度一致的

2. 理想信念动摇，在重大原则问题上立场不坚定，关键时刻经不住考验，不能自觉做到"两个维护"，或者散布有损党和国家形象、国有企业形象的言论的

3. 斗争精神不强，对违反政治纪律、政治规矩等错误思想和行为不制止不纠正，搞无原则一团和气的

4. 马克思主义信仰缺失，参加封建迷信活动，或者违反有关规定参与宗教活动的

政治意识、大局意识、核心意识、看齐意识不强，组织纪律观念弱化的

5. 违背民主集中制原则，独断专行或者软弱涣散，拒不执行或者擅自改变党组织作出的决定，在领导班子中搞团团伙伙或者闹无原则纠纷的

6. 对待上级决策部署搞变通、打折扣、做选择，甚至有令不行、有禁不止，阳奉阴违、自行其是的

7. 不执行重要情况请示报告制度，或者有漏报、瞒报等情况的

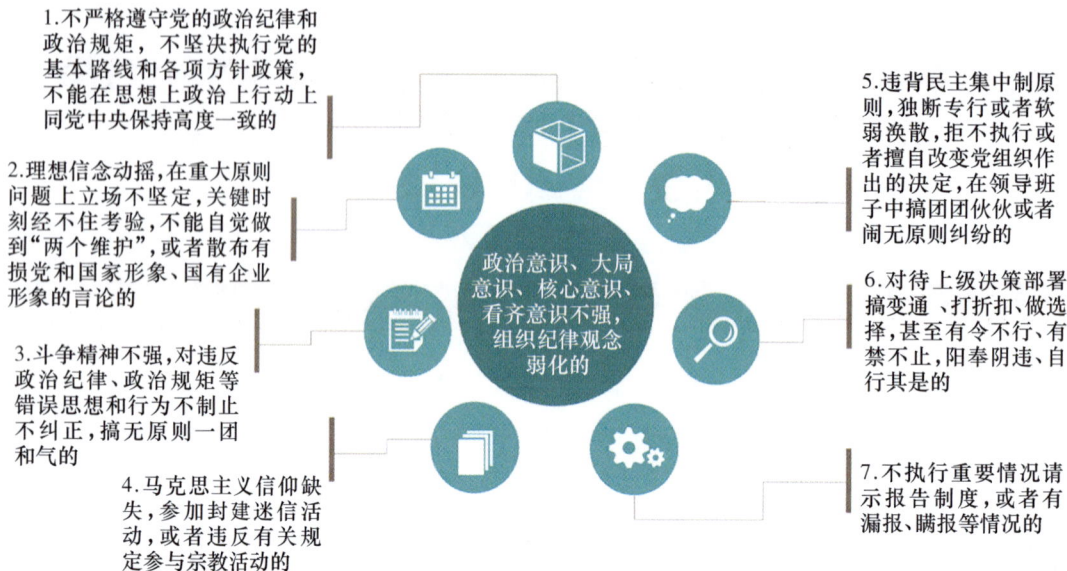

▲ 政治意识、大局意识、核心意识、看齐意识不强的情形

2. 业务水平、领导能力、自身条件与岗位要求不适应，不会为、不能为的，主要包含以下情形。

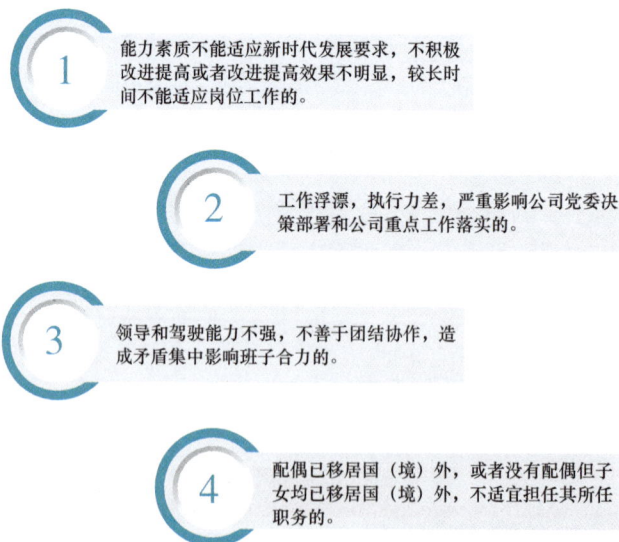

1　能力素质不能适应新时代发展要求，不积极改进提高或者改进提高效果不明显，较长时间不能适应岗位工作的。

2　工作浮漂，执行力差，严重影响公司党委决策部署和公司重点工作落实的。

3　领导和驾驶能力不强，不善于团结协作，造成矛盾集中影响班子合力的。

4　配偶已移居国（境）外，或者没有配偶但子女均已移居国（境）外，不适宜担任其所任职务的。

▲ 业务水平、领导能力、自身条件与岗位要求不适应的情形

3. 敬业精神不足，不担当、不作为、慢作为，庸懒散拖的，主要包含以下情形。

1

精神状态不振、积极性不高，对待工作安于现状、不思进取，敷衍应付、得过且过，消极懈怠、贻误工作，影响企业发展的。

2

宗旨观念淡化，对涉及群众切身利益的问题能解决却不及时解决，群众意见较大的。

3

担当精神不够，不敢坚持原则，不能直面矛盾，不愿负责，不敢碰硬，群众反映强烈的。

4

不严格遵守工作纪律，经常迟到早退，擅自脱离工作岗位的。

▲ 敬业精神不足的情形

4. 履职尽责不到位，工作绩效差的，主要包含以下情形。

1.未正确履行职责，导致企业发展、党建工作或者分管工作处于落后状态，企业丧失发展机遇，或者造成国有资产损失以及其他不良后果的。

5.任期综合考核评价问题突出，民主测评优秀称职率低于60%或者不称职票超过三分之一，被评定为"不称职"等次的。

2.本部门本单位或者分管领域发生的各类事故、事件、案件，存在工作失误、失职或者处置不当行为，但情节不适用问责处理的。

4.任期综合考核评价较差，民主测评优秀称职率低于70%，被评定为"基本称职"等次，经提醒教育没有改正或者改正不明显的。

3.年度考核评价正职连续两年排名靠后、副职连续三年排名末位，经分析研判确属不胜任的。

▲ 履职尽责不到位的情形

5. 自我要求不严，作风不正，品行不端的，主要包含以下情形。

违背中央八项规定精神和公司实施细则，不严格遵守廉洁从业有关规定和廉洁自律规范的。

对待群众态度恶劣、简单粗暴，严重损害党群、干群关系和企业形象的。

欺上瞒下、弄虚作假，为自身或者相关利益人骗取利益或荣誉的。

1 **2** **3** **4** **5**

艰苦奋斗精神弱化，讲排场、比阔气，铺张浪费问题突出，或者追求低级趣味的。

违背社会公德、职业道德、家庭伦理道德，造成不良影响的。

▲ 自我要求不严的情形

（四）不适宜担任现职调整的程序

调整不适宜担任现职的领导人员，一般按照以下程序进行。

- 一 调整动议
- 二 考察核实
- 三 提出调整建议
- 四 组织决定
- 五 谈话
- 六 按照有关规定履行任免程序

▲ 不适宜担任现职调整的程序

（五）不适宜担任现职调整的方式

对非个人原因不能胜任现职岗位的，应当予以妥善安排。

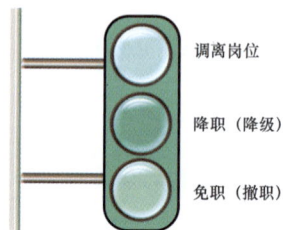

调离岗位

降职（降级）

免职（撤职）

▲ 不适宜担任现职调整的方式

（六）问责追究调整的情形

加大领导人员问责力度。具有下列情形之一的，也应当对有关领导人员实行问责。

一	落实从严治党责任不力，贯彻党风廉政建设责任制不到位，本部门本单位或者分管领域在较短时间内连续出现违纪违法问题的。
二	依法治企观念淡薄，不依法依规办事，不按规定程序决策，或者应当及时作出决策但久拖不决，造成不良影响和后果的。
三	抓作风建设不力，本部门本单位或者分管领域形式主义、官僚主义、享乐主义和奢靡之风比较突出的。
四	在领导人员选拔任用工作中任人唯亲，营私舞弊，本部门本单位或者分管领域用人上不正之风比较突出的。
五	对配偶、子女及其配偶和身边工作人员教育管理不严、约束不力，甚至默许其利用自身职权或者职务上的影响谋取不正当利益的。
六	其他应当问责的情形。

▲ 问责追究调整的情形

（七）问责追究调整的方式

问责追究调整的方式，可以单独使用，也可以合并使用。对领导人员实行问责，应当根据实际情况追究负有直接责任、主要领导责任和重要领导责任的人员责任。

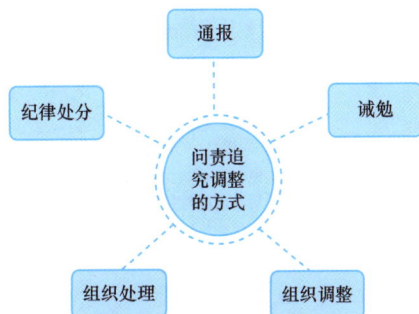

▲ 问责追究调整的方式

（八）到龄免职（担任二线领导职务或退休）的情形

男性领导人员年龄达到五十八周岁、女性领导人员年龄达到五十三周岁，一般应当转任二线领导职务。

对于在人大、政协担任规定职务的二线领导人员，确因工作需要延迟退休的，应当经公司党委研究同意，适当延长任职时间。

▲ 到龄免职的情形

（九）任期届满和任内调整的情形

1 严格执行领导人员职务任期制度

党委每届任期按照党内有关规定执行；分公司性质单位经营班子成员每个任期为三年；子公司性质单位董事会成员、经理层成员每个任期也为三年。领导人员任期届满自然免职，按照有关规定进行任期综合考核，考核合格的，可以连任。

2 加强任期内考核和管理

对任期内巡视、巡察、审计、考核以及各类监督检查等发现问题较多的领导人员，经考察核实认定不适宜继续任职的，应当中止任期、及时予以调整，不得以任期未满为由继续留任。

3 到期交流

领导人员在同一单位任职达到最高任职年限的，一般不得延长，并应安排交流任职。

▲ 任期届满和任内调整的情形

（十）不能正常履职调整的情形

领导人员因健康原因，无法正常履行工作职责一年以上的，应当对其工作岗位进行调整。能够承担一定工作任务的，可以安排到职责较轻的岗位或者转任职员。

因病需要长时间治疗、不能正常上班、严重影响工作的，或者因病连续离岗超过一年以上的，免去现职，保留原职务层次的医疗待遇。

因健康原因调整的领导人员恢复健康后，参照原任职务层次作出安排。
领导人员非组织选派，离职学习期限超过一年的，应当免去现职。

▲ 不能正常履职调整的情形

（十一）自愿退出的情形

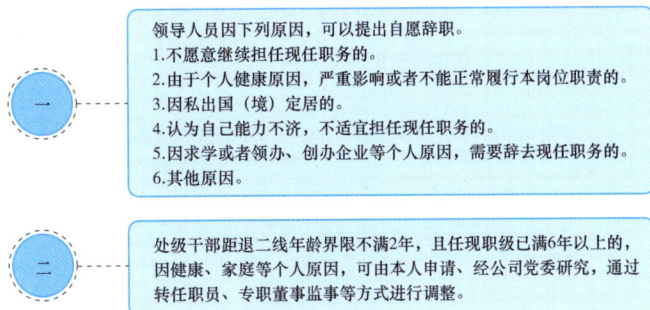

一

领导人员因下列原因，可以提出自愿辞职。
1.不愿意继续担任现任职务的。
2.由于个人健康原因，严重影响或者不能正常履行本岗位职责的。
3.因私出国（境）定居的。
4.认为自己能力不济，不适宜担任现任职务的。
5.因求学或者领办、创办企业等个人原因，需要辞去现任职务的。
6.其他原因。

二

处级干部距退二线年龄界限不满6年，且任现职级已满6年以上的，因健康、家庭等个人原因，可由本人申请、经公司党委研究，通过转任职员、专职董事监事等方式进行调整。

▲ 自愿退出的情形

（十二）违纪违法免职的情形

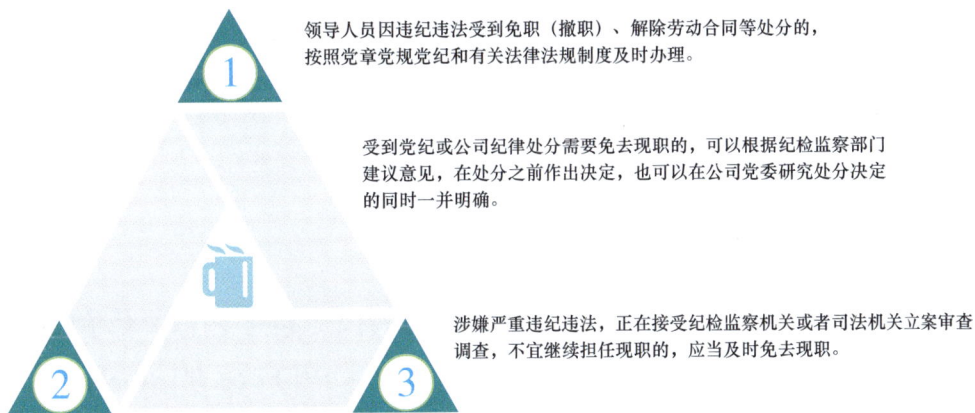

1 领导人员因违纪违法受到免职（撤职）、解除劳动合同等处分的，按照党章党规党纪和有关法律法规制度及时办理。

受到党纪或公司纪律处分需要免去现职的，可以根据纪检监察部门建议意见，在处分之前作出决定，也可以在公司党委研究处分决定的同时一并明确。

2 **3** 涉嫌严重违纪违法，正在接受纪检监察机关或者司法机关立案审查调查，不宜继续担任现职的，应当及时免去现职。

▲ 违纪违法免职的情形

（十三）组织实施的注意事项

在推进领导人员能上能下工作中，严明工作纪律，不得搞好人主义，不得避重就轻、以纪律处分规避组织调整或者以组织调整代替纪律处分，不得借机打击报复。对干扰组织调查、隐瞒真相、弄虚作假或者不服从组织调整决定的领导人员要严肃批评教育，情节严重造成不良影响的从严处理。

（十四）组织调整的注意事项

因不适宜担任现职、问责追究等被组织调整的领导人员，需要重新安排职务的，应当从严掌握重新任职条件，从严确定重新任职的岗位，从严履行规定的程序。

[1] 受到调离岗位的，另行安排工作不得平级转任重要职务，一年内不得提拔重用。

[2] 受到引咎辞职、责令辞职和免职（撤职）的，一年内不安排职务，两年内不得担任高于原任职务层次的领导职务。

[3] 受到降职（降级）的，一般降低一个职务层次。情节、后果特别严重的，可以降低两个或两个以上职务层次。两年内不得提拔重用，相关处分期（影响期）满后，不视为恢复原职务（原级别）。

[4] 同时受到党纪或公司纪律处分的，按照处分期（影响期）长的规定执行。

[5] 对引咎辞职、责令辞职和免职（撤职）后不安排职务的，可以酌情安排临时性、专项性工作，期间其工资和福利待遇应当参照领导人员级别，形成合理的收入结构。影响期满后，对德才表现和工作实绩突出、群众公认度较高，因工作需要且经考察符合任职条件的，可以按照有关规定重新任用。

▲ 组织调整的注意事项

三、《中共国网四川省电力公司委员会关于印发大力发现培养选拔优秀年轻领导人员的实施方案的通知》
（川电委干〔2019〕99号）

（一）要求

把年轻领导人员培养使用放到更加重要位置，突出讲担当、看作为，坚持专业化和基层导向，进一步拓宽来源、优化结构、改进方式、提高质量，健全年轻领导人员选拔、培育、管理、使用环环相扣又统筹推进的全链条机制。

（二）培养选拔优秀年轻领导人员的方式

1. 大力拓宽选人视野，不断畅通来源渠道

注重发现各方面优秀人才	注重发现培养有专业背景和党务工作经历的复合型优秀年轻领导人员。打破层级限制，扩大关注范围，公司直接掌握一批优秀的四级副职领导人员、专业骨干和班组长。
改进人选产生方式	在年轻领导人员调研中，主要通过个别谈话、书面调研等方式开展，在面上调研的基础上，根据需要开展深入调研或延伸调研。对优秀年轻领导人员人选不公示、不公开、不向本人反馈。
开展集中调研	公司每三年对所属单位开展一次年轻领导人员集中调研，动态掌握50名左右比较成熟、可担任班子主要负责人的三级副职领导人员，150名左右可担任班子副职的四级正职领导人员，200名左右有培养潜力的四级副职领导人员和优秀骨干，形成"两个200"优秀年轻领导人员队伍。
抓好源头工程	重点面向国内"双一流"和国外知名高校招聘各单位核心专业领域人才。加强校企合作，完善艰苦边远地区"订单+定向"等订制化学生培养机制。每年按照5%~10%左右的比例，从上一年度入职的应届毕业生中择优确定部分优秀人选作为优秀苗子，在基层一线岗位锻炼2至3年后，表现优秀的及时安排到班组长、站所长、项目经理等岗位历练。

▲ 大力拓宽选人视野的方式

2. 持续提升能力素质，切实增强锻炼实效

01
强化政治训练。加强跟班考核，注重在培训中考察识别领导人员。优化课程设置，理论教育和党性教育在公司党校教学安排中不低于总课时的70%。

02
坚持系统培训。推荐优秀年轻领导人员到国网总分部及直属单位、省直机关挂职锻炼，选派年轻领导人员参加国家电网有限公司援疆援藏援蒙援外项目，加强公司本部与基层单位之间领导人员流动，选派年轻领导人员到"三州"地区挂职帮扶。

03
注重基层锻炼。从公司本部选派年轻部门内设处室负责人到基层单位任职锻炼，注重在基层一线、困难艰苦地方、关键吃劲岗位历练年轻领导人员。注重把年轻领导人员放到扶贫攻坚主战场、改革发展第一线、科技攻关最前沿任职锻炼。

▲ 持续提升能力素质的方式

3. 树立鲜明用人导向，不拘一格大胆使用

树立鲜明导向。突出实绩导向，突出能力导向，突出群众导向。

及时大胆使用。对目前已满编、未来3年内到龄退出比较集中的领导班子，在一定时期内实行"浮动职数"，按照"先进后出"的方式，先把优秀的年轻领导人员用起来，形成良好的传帮带机制。在重大工程建设、专项任务和组织机构筹备中，注意统筹考虑使用年轻领导人员。特别优秀的可破格提拔使用。对在大型县级供电公司正职岗位上经过扎实历练的优秀年轻领导人员，可直接提任上一级单位正职。

统筹把握配备。用1至2年时间，使二级单位领导班子中40岁以下、三级单位领导班子中35岁以下的年轻领导人员达到一定数量，原则上每个班子至少配备1名年轻领导人员，其中要有一定数量的年轻正职。

激发队伍活力。全面推行领导人员任期制，任期届满"全体起立"，未连任的，自然免职。对任期综合考核评价较差或者正职领导人员年度综合考核评价连续2年靠后、副职连续3年排名末位，经组织分析研判确属不胜任或者不适宜担任现职的，坚决进行组织调整。

▲ 树立鲜明用人导向的方式

4. 坚持严管厚爱，促进健康成长

加强思想引导 01	从严管理监督 02	加强考核评价 03	注重正向激励 04
实行领导人员任职承诺制度，新任职年轻领导人员应就忠诚干净担当作为作出书面履职承诺。建立健全年轻领导人员谈心谈话制度，各级党组织主要负责人和组织部门要结合工作调研、专题汇报等，与年轻领导人员开展谈心谈话。	落实从严管理措施，将年轻领导人员作为监督管理的重点对象，充分发挥纪检、巡视、巡察、审计信访、档案查查等作用。落实重要情况请示报告、请假等制度，加强全方位约束。加强年轻领导人员"八小时外"监督管理，对年轻领导人员的苗头性、倾向性问题，及时告诫提醒。	全面收集年轻领导人员业绩考核、审计、巡视、巡察等情况，加强关键信息台账管理，建立负面问题清单，实行动态管理，对政治不合格的"一票否决"。	按照"三个区分开来"要求，完善容错纠错机制，加强对优秀年轻领导人员的工作支持和人文关怀。

▲ 坚持严管厚爱的方式

5. 强化各级组织责任，构建有力保障机制

健全工作机制。制定领导人员队伍建设规划，建立和完善专门工作机制，将年轻领导人员队伍建设情况作为年度"一报告两评议"的重要内容。

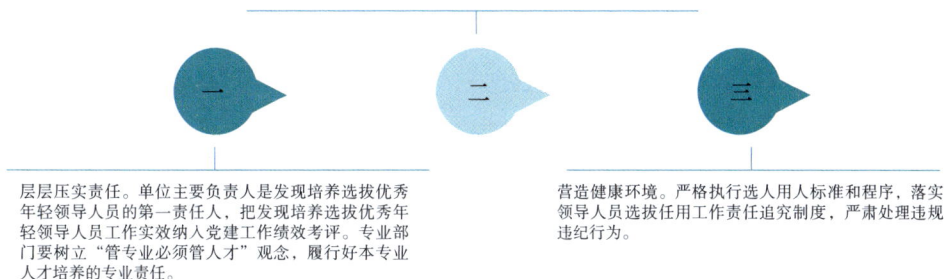

一

二

三

层层压实责任。单位主要负责人是发现培养选拔优秀年轻领导人员的第一责任人，把发现培养选拔优秀年轻领导人员工作实效纳入党建工作绩效考评。专业部门要树立"管专业必须管人才"观念，履行好本专业人才培养的专业责任。

营造健康环境。严格执行选人用人标准和程序，落实领导人员选拔任用工作责任追究制度，严肃处理违规违纪行为。

▲ 强化各级组织责任的方式

四、《国网四川省电力公司领导人员交流管理实施细则》（川电委领［2021］18号）

（一）定义

交流，是指根据工作需要，对领导人员的工作岗位进行跨部门、跨单位调整。

（二）交流的对象

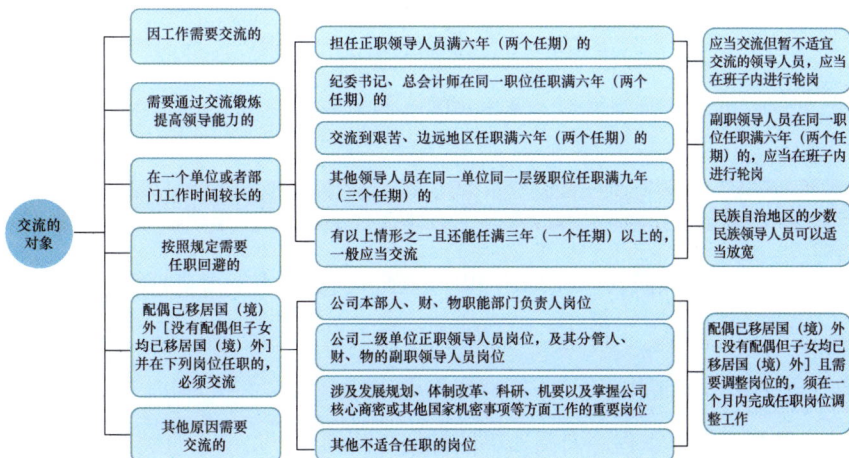

交流的对象	因工作需要交流的		
	需要通过交流锻炼提高领导能力的	担任正职领导人员满六年（两个任期）的	应当交流但暂不适宜交流的领导人员，应当在班子内进行轮岗
		纪委书记、总会计师在同一职位任职满六年（两个任期）的	副职领导人员在同一职位任职满六年（两个任期）的，应当在班子内进行轮岗
	在一个单位或者部门工作时间较长的	交流到艰苦、边远地区任职满六年（两个任期）的	民族自治地区的少数民族领导人员可以适当放宽
	按照规定需要任职回避的	其他领导人员在同一单位同一层级职位任职满九年（三个任期）的	
		有以上情形之一且还能任职满三年（一个任期）以上的，一般应当交流	
	配偶已移居国（境）外［没有配偶但子女均已移居国（境）外］并在下列岗位任职的，必须交流	公司本部人、财、物职能部门负责人岗位	配偶已移居国（境）外［没有配偶但子女均已移居国（境）外］且需要调整岗位的，须在一个月内完成任职岗位调整工作
		公司二级单位正职领导人员岗位，及其分管人、财、物的副职领导人员岗位	
		涉及发展规划、体制改革、科研、机要以及掌握公司核心商密或其他国家机密事项等方面工作的重要岗位	
	其他原因需要交流的	其他不适合任职的岗位	

▲ 交流的对象

（三）交流的重点

加强领导人员在生产、经营等专业管理岗位与党务工作岗位之间的轮岗交流。

同一单位领导班子正职领导人员一般不同时跨单位交流；每次交流领导人员的数量，一般不超过领导班子成员总数的三分之一，保持领导班子相对稳定。同一领导人员在一个任期内因工作需要调整职务一般不超过一次。

▲ 交流的重点

（四）交流的特殊情况

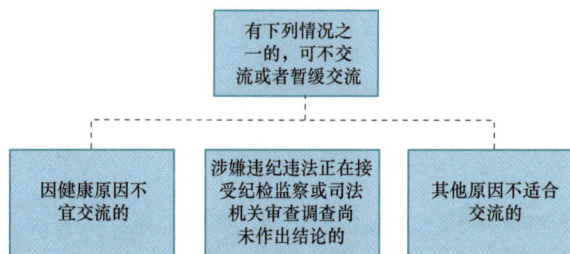

▲ 交流的特殊情况

（五）交流的工作纪律

公司组织部必须严格履行交流的工作程序。领导人员个人不得自行联系交流事宜。

交流领导人员调离时，不得违反规定随调工作人员，不准随带交通工具等公共物品；调离后，不准干预原单位的工作。

调出单位要严格按组织程序向调入单位转交交流领导人员的人事关系、工资关系、党的组织关系和档案等材料，严禁弄虚作假，调入单位应认真审核。

五、《国网四川省电力公司各单位领导班子和领导人员任期综合考核评价实施细则》（川电委干［2020］8号）

（一）考核评价周期

任期综合考核评价周期为 3 年，一般安排在每届任期届满前进行。任期综合考核评价与日常考核评价、年度考核评价共同构成"三位一体"的考核评价体系。

（二）综合考核评价的内容

任期综合考核评价对领导班子和领导人员在一届任期内总体表现进行全方位考核，突出对完成任期目标情况的考核。

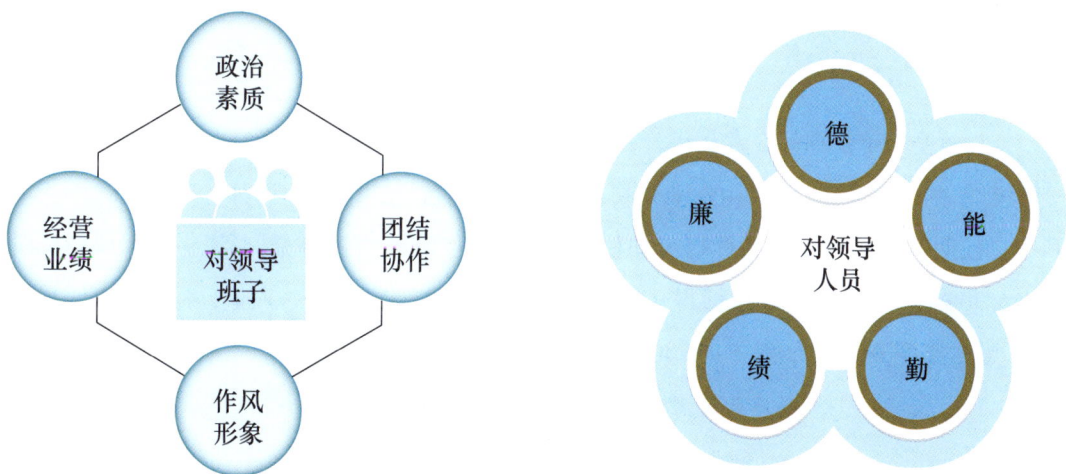

▲ 综合考核评价的内容

1. 领导班子任期综合考核评价

领导班子任期综合考核评价满分 100 分，包括测评指标评分和业绩（绩效）考核评分两部分。

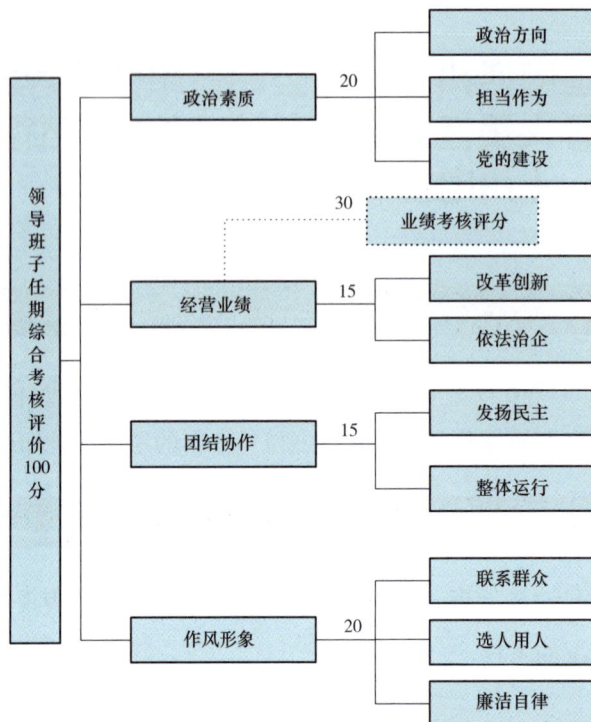

▲ 领导班子任期考核评价指标

领导班子任期综合考核评价得分 = 任期内各年度测评指标得分加权值 ×

70 分 + 任期业绩考核折算值 × 30 分

其中：任期内各年度测评指标得分加权值 =（第一年测评指标得分 ÷ 第一年测评指标满分）× 30%+（第二年测评指标得分 ÷ 第二年测评指标满分）× 30%+（本年度测评指标得分 ÷ 本年度测评指标满分）× 40%

任期业绩考核折算值 = 任期业绩考核得分 ÷

企业负责人任期业绩考核得分满分值

领导人员任期综合考核评价得分 = 任期内各年度测评指标得分加权值

其中：领导人员任期内在本企业参加三次测评的，测评指标得分按照 30%、30%、40% 权重加权计算；参加两次的，分别按照 40%、60% 权重加权计算；只参加一次的按 100% 计算。

2. 领导人员任期综合考核评价

领导人员任期综合考核评价分为测评指标评分和综合评价两部分。正职领导人员、副职领导人员任期综合考核评价指标见下图。

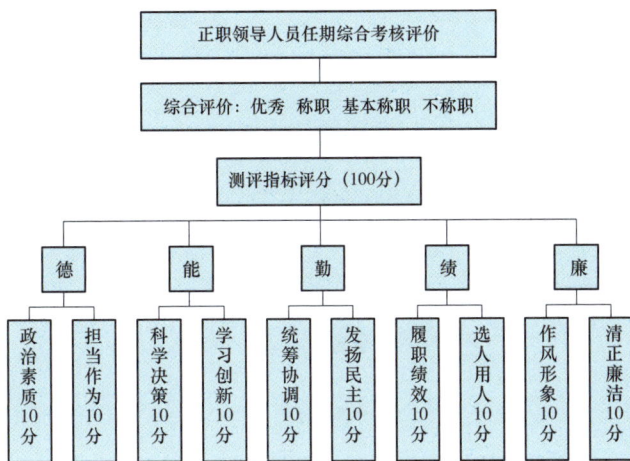

▲ 正职领导人员任期综合考核评价指标

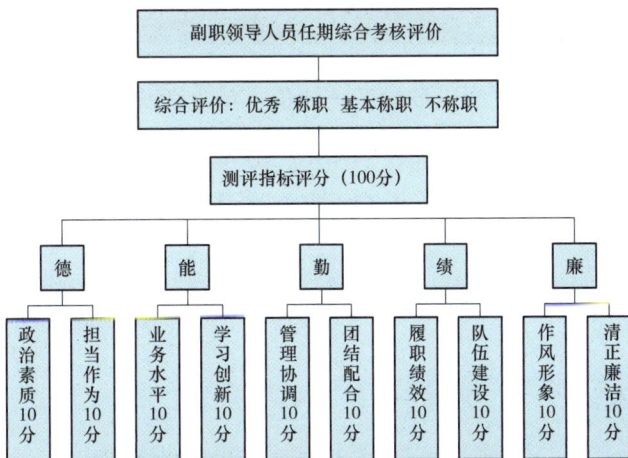

▲ 副职领导人员任期综合考核评价指标

（三）综合考核评价的方式

任期综合考核评价坚持定性与定量相结合、考人与考事相结合，综合运用民主测评、个别谈话、听取意见、了解核实、综合分析研判等方式进行。

（四）综合考核评价的程序

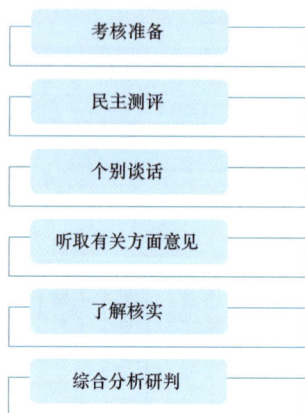

考核准备

民主测评

个别谈话

听取有关方面意见

了解核实

综合分析研判

▲ 综合考核评价的程序

（五）综合考核评价结果确定

任期综合考核评价结果应当以日常考核评价、年度考核评价为基础并相互补充印证，注重吸收运用巡视、巡察、审计、业绩（绩效）管理、工作督查、相关部门业务考核等成果，把敢不敢扛事、愿不愿做事、能不能干事作为识别领导人员、评判优劣的重要标准，增强考核结果的真实性、准确性。

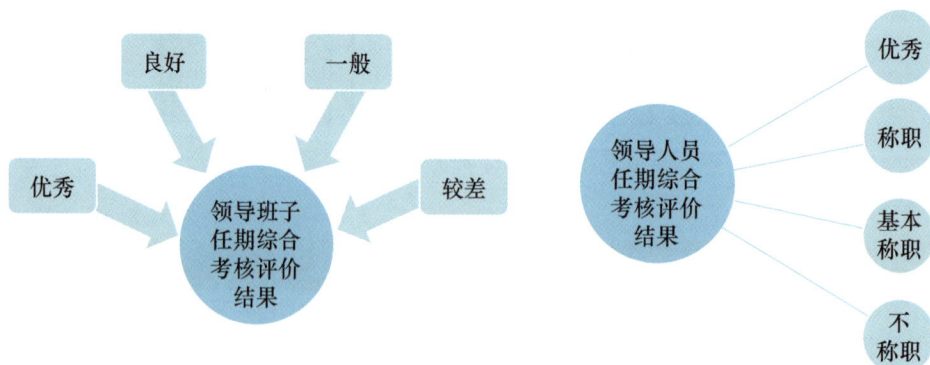

良好　一般

优秀　　领导班子任期综合考核评价结果　　较差

领导人员任期综合考核评价结果 —— 优秀　称职　基本称职　不称职

▲ 综合考核评价结果

各等次占比在充分考虑业务板块、地区差异等因素的基础上，按一定比例确定。

（六）综合考核评价结果的特殊情况

领导班子任期综合考核结果不得确定为优秀等次	1.贯彻上级决策部署成效不明显，落实公司党委工作要求不到位的。 2.干事创业精气神不够，拈轻怕重、患得患失，不敢直面矛盾，不愿动真碰硬，不担当不作为的。 3.本单位或领导班子受到公司党委及地方党委政府通报批评、责令检查的。 4.工作实绩不突出的。 5.组织领导能力较弱，任期目标任务完成不好的。 6.履行管党治党责任不力的。 7.其他原因不宜确定为优秀等次的。
领导班子任期综合考核结果应当确定为较差等次	1.违反政治纪律和政治规矩，政治上出现问题的。 2.不执行民主集中制，领导班子运行状况不好，不能正常发挥作用，影响较差的。 3.违规决策或决策失误造成重大损失，依法履职出现重大问题的。 4.表态多调门高，行动少落实差，敷衍塞责、庸懒散拖，作风形象不佳，职工群众意见大，造成恶劣影响的。 5.其他原因应当确定为较差等次的。
领导人员任期综合考核结果不得确定为优秀等次	1.贯彻上级决策部署成效不明显，落实公司党委工作要求不到位的。 2.干事创业精气神不够，拈轻怕重、患得患失，不敢直面矛盾，不愿动真碰硬，不担当不作为的。 3.受到公司党委及地方党委政府通报批评，责令检查的。 4.工作实绩不突出的。 5.组织领导能力较弱，任期目标任务完成不好的。 6.履行管党治党责任不力，违反廉洁自律规定的。 7.其他原因不宜确定为优秀等次的。
领导人员任期综合考核结果应当确定为不称职等次	1.违反政治纪律和政治规矩，政治上出现问题的。 2.不执行民主集中制，在班子中闹无原则纠纷，影响较差的。 3.责任心差、能力水平低，不能履行或者不胜任职责要求，依法履职出现重大问题的。 4.表态多调门高，行动少落实差，敷衍塞责、庸懒散拖，作风形象不佳，职工群众意见大，造成恶劣影响的。 5.不坚守工作岗位，擅离职守的。 6.其他原因应当确定为不称职等次的。

▲ 综合考核评价结果的特殊情况

（七）综合考核评价结果应用

　　坚持考用结合，将任期综合考核评价结果与选拔任用、培养教育、管理监督、激励约束、问责追究等结合起来，鼓励先进、鞭策落后，推动能上能下，促进担当作为，严厉治庸治懒。任期综合考核评价结果可以作为企业负责人业绩考核和薪酬分配的依据。领导班子、领导人员考核评价的结果应用见下图。

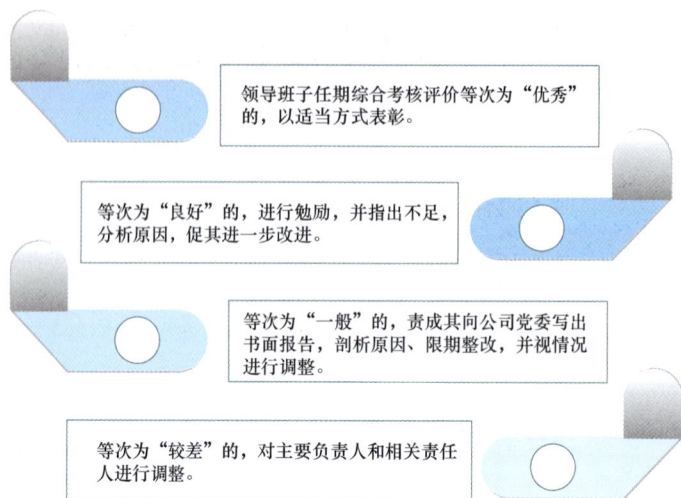

领导班子任期综合考核评价等次为"优秀"的，以适当方式表彰。

等次为"良好"的，进行勉励，并指出不足，分析原因，促其进一步改进。

等次为"一般"的，责成其向公司党委写出书面报告，剖析原因、限期整改，并视情况进行调整。

等次为"较差"的，对主要负责人和相关责任人进行调整。

▲ 领导班子考核评价的结果应用

等次为"优秀"的，以适当方式表彰，并将其任期综合考核评价情况作为培养使用的重要依据。

等次为"称职"的，进行勉励，并指出不足，分析原因，促其进一步改进。

等次为"基本称职"的，对其进行诫勉，限期改进，视情况进行岗位调整。

等次为"不称职"的，区分不同情形，采取调离岗位、免职、降职（降级）等方式予以调整。

▲ 领导人员考核评价的结果应用

考核中发现领导班子和领导人员存在问题的，区分不同情形，予以谈话提醒直至组织处理；发现违纪违法问题线索，移送纪检部门处理。

（八）综合考核评价的组织实施

领导班子和领导人员应当正确对待和接受组织考核，如实汇报工作和思想，客观反映情况。对不按照要求参加或者不认真配合考核工作，经教育后仍不改正的，领导班子年度考核结果直接确定为"较差"等次，领导人员年度考核结果直接确定为"不称职"等次。

六、《国网四川省电力公司各单位领导班子和领导人员年度考核评价实施细则（试行）》（川电委干〔2020〕8号）

（一）定义

年度考核是以年度为周期对领导班子和领导人员所进行的综合性考核，一般于每年10月启动，次年一季度完成。年度考核在公司党委领导下进行，公司组织部负责组织实施。

（二）年度考核的内容

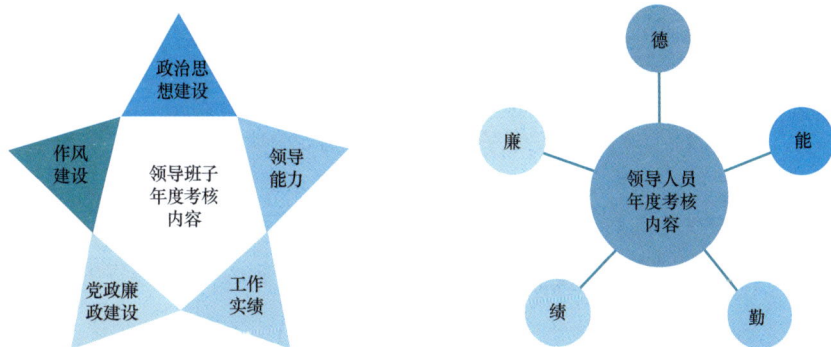

▲ 年度考核的内容

（三）年度考核的方式和程序

年度考核以测评为主、谈话为辅，一般按照总结述职、民主测评、个别谈话、了解核实等程序进行。

（四）年度考核结果确定

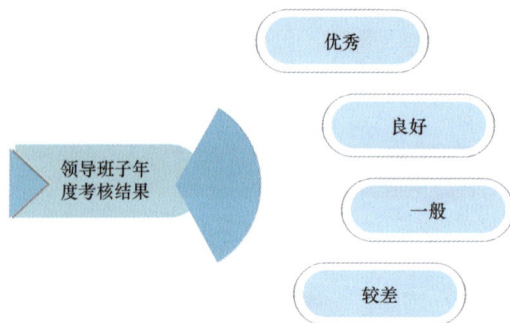

▲ 领导班子年度考核结果分类

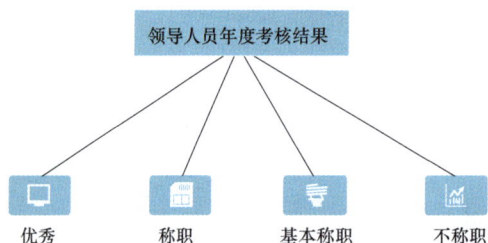

▲ 领导班子年度考核结果等次分类

年度考核结果以日常考核为基础。年度考核"优秀"等次应当在日常考核结果好的考核对象中产生。日常考核发现的问题，应当酌情计入年度考核，合理确定考核结果。

考核期内受到通报批评、责令检查及诫勉的领导人员，不得评为"优秀"等次。考核期内受党政纪处分的，参照《中央纪委、中央组织部、人事部关于受党纪处分的党政机关工作人员年度考核有关问题的意见》等制度规定，确定考核结果。

（五）年度考核的结果应用

加强领导班子和领导人员队伍建设，应当充分运用年度考核结果，作为领导人员选育管用的重要依据。年度考核结果可以作为企业负责人业绩考核和薪酬分配的依据。年度考核测评指标得分应当按照有关规定加权计入所在任期综合考核结果。

经考核认定，领导班子和领导人员在本职工作中成绩显著，或者在承担急难险重任务、应对和处置重大突发事件中作出突出贡献的，以适当方式予以表扬鼓励。对坚持原则、勇于负责、敢抓善管、真抓实干的，予以充分肯定和保护。

考核中发现领导班子存在问题的，应当对主要负责人和主要责任人进行谈话提醒；问题较多或者较严重的，按照有关规定责令检查或者通报批评。领导班子年度考核结果为"较差"或者连续两年为"一般"等次的，应当对主要负责人和相关责任人进行调整。

考核中发现领导人员存在问题的，区分不同情形，予以谈话提醒、批评教育直至组织处理；发现违纪违法问题线索，移送纪检部门处理。

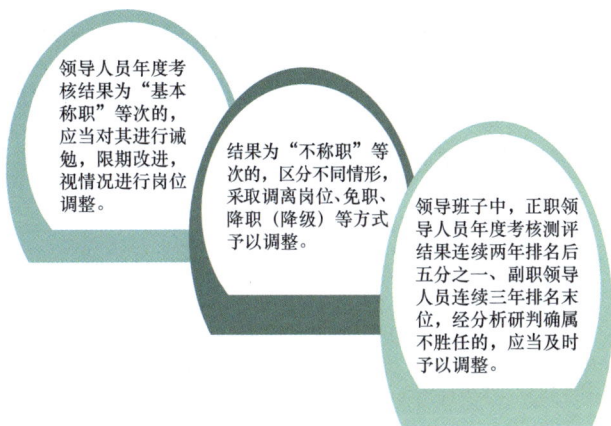

领导人员年度考核结果为"基本称职"等次的，应当对其进行诫勉，限期改进，视情况进行岗位调整。

结果为"不称职"等次的，区分不同情形，采取调离岗位、免职、降职（降级）等方式予以调整。

领导班子中，正职领导人员年度考核测评结果连续两年排名后五分之一、副职领导人员连续三年排名末位，经分析研判确属不胜任的，应当及时予以调整。

▲ 年度考核的结果应用

七、《中共国网四川省电力公司委员会关于印发〈关于加强公司领导人员梯队建设的意见〉的通知》（川电委干〔2021〕3号）

加强领导人员梯队建设的主要举措：

1. 优化成长路径，实施早识别、早发现、分类培养

靠前识别发现年轻骨干

针对入职1~3年的新进员工，可利用青年英才量化积分等评价内容，开展特质潜力初次识别，择优确定部分优秀苗子进行重点跟踪关注。针对入职3~5年的年轻员工，实施"电力雏鹰"培养、青年发展行动计划等项目，结合个人特质、岗位培训经历、能力提升、获奖荣誉等情况，定制职业生涯"初始跑道"，遴选一定数量的青年骨干，分类进行重点培养。针对入职5~10年的青年员工，结合青年英才十年全路径培养目标，重点实施职业生涯长远规划，做好成长记录跟踪识别，持续开展培养过程动态管理。

▲ 优化成长路径的举措（一）

分类培育优秀人才队伍

建立完善领导职务、职员职级、专家人才三条通道并行互通机制，有目的、有重点地对具有潜质和可塑性强的人员加以分类培育，优化年轻人才成长路径。对具有先进管理理念和较强生产经营管理能力的员工，可定位于领导职务序列；对工作勤奋、表现出色、能力出众的员工，可定位于职员职级序列；对具备专业引领、刻苦钻研精神的员工，可定位于专家人才序列。

▲ 优化成长路径的举措（二）

2. 科学规划储备，动态建立人选梯队库

建立省市两级梯队库

公司梯队库重点择优培养储备三级副职和四级正职，大力挖掘培育"两个200"年轻领导人员队伍；公司所属各单位梯队库建设主要是培养储备四级副职和优秀骨干，按照年龄、专业等结构要求，根据领导班子职数和进退需求的一定比例确定初步人选名额，并有序开展组织推荐和民主推荐，综合分析研判后提出优秀领导人员和优秀骨干建议名单纳入梯队库。

实施梯队库动态管理

建立健全定期调整、有进有出的动态机制，结合公司发展需求每3年开展一次优秀年轻领导人员调研，结合日常考核、年度考核工作动态调整在库人选，将综合素质好、勇于担当作为和班子建设需要的优秀领导人员及时吸纳进来，做到有为有位；对政治上不合格、工作不在状态、能力素质不适应的领导人员和不敢担当、不愿作为、坐等提拔的领导人员及时调整出去。

▲ 科学规划储备的举措

3. 系统培养锤炼，有效促进能力素质提升

分类开展素质培训

强化岗位交流历练

三级正副职注重强化忠诚意识、战略思维、创新能力、管理艺术等方面培训，着力提升适应新时代、推动新发展的素质和能力；四级正副职以形势任务、合规管理、创新思维等为重点，着力提升履职能力和综合素养；青年骨干注重从源头强化政治思想品德教育、专业培训和实践锻炼，着力提升能力素质，不断增强大局意识和责任意识，为公司长远发展奠定坚实基础。

基层单位要选拔推荐"觉悟高、能力强、肯吃苦、有担当"的优秀人员参加挂（任）职交流，并对表现突出、业绩显著的优秀年轻人员优先提拔重用。基层单位要结合自身实际，扎实开展本单位挂（任）职交流工作。常态化开展领导人员、青年骨干交流轮岗，通过放到基层单位实践锻炼、放到关键岗位压担子、放到艰苦地区挂职帮扶。

▲ 系统培养锤炼的举措

4.统筹选任配备，切实激发领导人员队伍活力

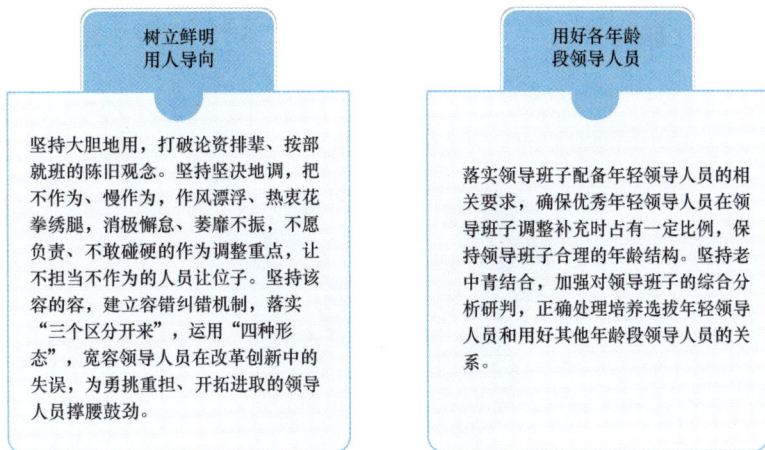

树立鲜明
用人导向

坚持大胆地用，打破论资排辈、按部就班的陈旧观念。坚持坚决地调，把不作为、慢作为，作风漂浮、热衷花拳绣腿，消极懈怠、萎靡不振，不愿负责、不敢碰硬的作为调整重点，让不担当不作为的人员让位子。坚持该容的容，建立容错纠错机制，落实"三个区分开来"，运用"四种形态"，宽容领导人员在改革创新中的失误，为勇挑重担、开拓进取的领导人员撑腰鼓劲。

用好各年龄
段领导人员

落实领导班子配备年轻领导人员的相关要求，确保优秀年轻领导人员在领导班子调整补充时占有一定比例，保持领导班子合理的年龄结构。坚持老中青结合，加强对领导班子的综合分析研判，正确处理培养选拔年轻领导人员和用好其他年龄段领导人员的关系。

▲ 统筹选任配备的举措

八、《中共国网四川省电力公司委员会关于印发〈关于加强领导人员挂（任）职交流的意见〉的通知》（川电委干〔2021〕4号）

（一）定义

领导人员挂（任）职交流是新形势下优化领导人员成长路径、搭建历练平台、锤炼素质能力的有效途径。

（二）挂（任）职交流对象

内部挂（任）职交流对象包括公司本部和所属单位四级正副职、优秀年轻骨干等，年度规模为150~200人；外部挂职交流培养对象包括三级副职、四级正副职领导人员等，具体根据挂职项目需求确定。

内外部挂（任）职交流以省、地市公司级单位两级梯队库成员或历届青干学员为主，采取基层推荐和组织点将相结合的方式，根据项目侧重，合理确定交流对象。

（三）交流方式

1. 内部挂（任）职

▲ 内部挂（任）职交流方式

（1）上挂下派。以"双增强"为目标，以公司本部处长、副处长及专责，基层单位四级正副职、优秀骨干为重点，在公司本部与基层单位之间开展跨层级锻炼。挂职锻炼期限一般为 1 年。

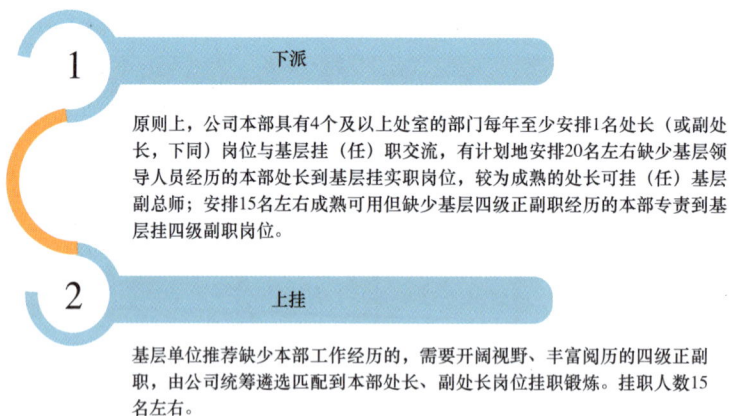

1　下派

原则上，公司本部具有4个及以上处室的部门每年至少安排1名处长（或副处长，下同）岗位与基层挂（任）职交流，有计划地安排20名左右缺少基层领导人员经历的本部处长到基层挂实职岗位，较为成熟的处长可挂（任）基层副总师；安排15名左右成熟可用但缺少基层四级正副职经历的本部专责到基层挂四级副职岗位。

2　上挂

基层单位推荐缺少本部工作经历的，需要开阔视野、丰富阅历的四级正副职，由公司统筹遴选匹配到本部处长、副处长岗位挂职锻炼。挂职人数15名左右。

▲ 上挂下派交流方式

（2）双向挂职。以"双突破"为目标，以公司所属各单位四级正副职为重点，在直属单位与供电企业之间或供电企业之间开展跨领域和跨单位锻炼。挂职锻炼期限一般为 1~2 年。每年度在供电企业中遴选 20 名左右优秀四级正副职领导人员进行交叉挂职锻炼；遴选供电企业（含藏区彝区供电企业）15 名左右的优秀四级正副职领导人员到直属单位、产业及上市公司挂职锻炼；遴选直属单位 15 名左右优秀四级正副职领导人员到供电企业挂职锻炼，其中四级正职领导人员挂职占比不低于 20%。

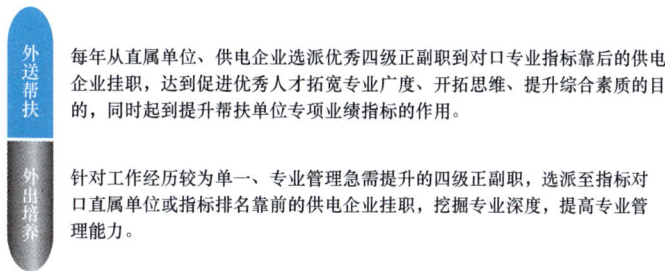

外送帮扶：每年从直属单位、供电企业选派优秀四级正副职到对口专业指标靠后的供电企业挂职，达到促进优秀人才拓宽专业广度、开拓思维、提升综合素质的目的，同时起到提升帮扶单位专项业绩指标的作用。

外出培养：针对工作经历较为单一、专业管理急需提升的四级正副职，选派至指标对口直属单位或指标排名靠前的供电企业挂职，挖掘专业深度，提高专业管理能力。

▲ 双向挂职交流方式

（3）援藏援彝。以"造血"为目标，以公司所属各单位优秀年轻四级领导人员为重点，组织公司藏区彝区供电企业（含岷江公司）与兄弟单位之间开展挂（任）职交流。挂职锻炼期限一般为 2 年。根据藏（彝）区供电企业需求和发展，每年度援藏援彝四级正副职领导人员（同层级职员）"派进去""送出来"总体规模为 50 人，其中四级正职领导人员挂职占比不低于 20%。

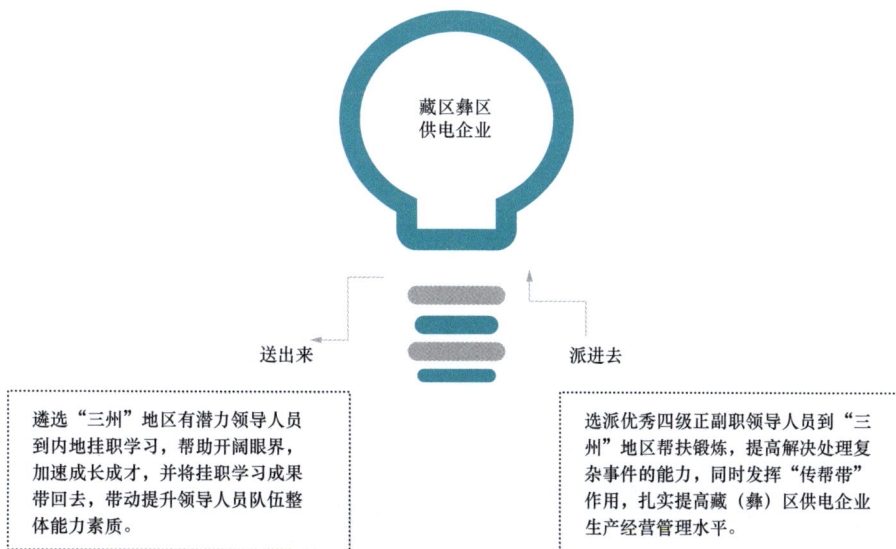

藏区彝区供电企业

送出来：遴选"三州"地区有潜力领导人员到内地挂职学习，帮助开阔眼界，加速成长成才，并将挂职学习成果带回去，带动提升领导人员队伍整体能力素质。

派进去：选派优秀四级正副职领导人员到"三州"地区帮扶锻炼，提高解决处理复杂事件的能力，同时发挥"传帮带"作用，扎实提高藏（彝）区供电企业生产经营管理水平。

▲ 援藏援彝交流方式

（4）公开选拔。以"输血"为目标，以各单位优秀四级正副职领导人员和年轻骨干为重点，每年根据甘孜、阿坝、凉山、岷江公司领导人员队伍建设需要，定期收集岗位需求，择时面向公司系统公开选拔一般管理技术人员担任四级副职领导职务，选拔四级副职领导人员担任四级正职领导职务，进一步充实艰苦边远地区本土领导人员队伍力量，以点带面促进整体业务水平提升。

（5）青干历练。以"学用结合"为目标，以历届青干班学员为重点，开展后续跟踪培养。在每届青干班培训结束后，遴选青干班优秀学员到改革发展一线、困难艰苦地方、关键吃劲岗位开展为期6个月的培养锻炼，强化青干班培训效果运用，激励青干班学员锤炼政治品格，练就高强本领。

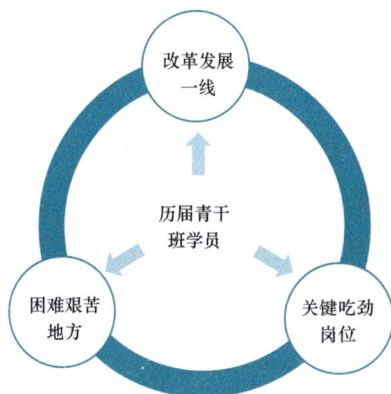

▲ 青干班学员历练方式

2. 外部挂职培养

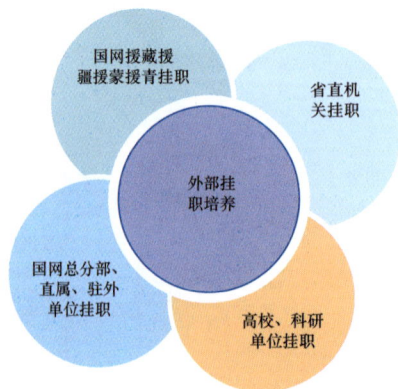

▲ 外部挂职培养交流方式

第二节
劳动组织管理制度办法核心条款展示

一、《国网四川省电力公司关于印发〈国网四川省电力公司所属单位内设机构设置标准〉的通知》
（川电人资〔2019〕122号）

（一）内设机构分类标准

内设二级机构包括职能部门和业务机构，内设三级机构包括专业室、班组。内设机构一般应不超过两级，供电所可下设班组。

（二）内设机构管理权限

公司所属非市场化单位根据内设机构设置标准和本单位人员编制及领导人员职数总量，动态调整内设机构，履行内部决策程序，并报省公司备案后实施，同时地市供电企业应负责所属县供电企业内设机构的管理。市场化单位可根据业务发展需要，在省公司相关专业部门指导下，履行内部决策程序，自主决策机构设置，并报省公司备案后实施。

01 非市场化单位

公司所属非市场化单位根据内设机构设置标准和本单位人员编制及领导人员职数总量，动态调整内设机构，履行内部决策程序，并报省公司备案后实施，同时地市供电企业应负责所属县供电企业内设机构的管理。

02 市场化单位

市场化单位可根据业务发展需要，在省公司相关专业部门指导下，履行内部决策程序，自主决策机构设置，并报省公司备案后实施。

▲ 内设机构管理权限

（三）内设机构设置通用规范

职能部门

管理定员或实际配置人员不足4人，一般不设置职能部门。

业务机构

班组数量不足2个、业务定员或实际配置人员不足14人，一般不单独设置业务机构。

专业室职能部门

管理、技术定员或实际配置人员不足4人，一般不设置专业室。

班组

技能、服务定员或实际配置人员不足7人，一般不设置班组。鼓励按区域或业务整合资源，组建综合型大班组。大班组定员编制不少于15人，大班组内可依据专业分工设置作业组。

▲ 内设机构设置通用规范

（四）其他规定

（1）对新业务的机构需求，可在个别单位先行试点，待具备一定规模，业务模式基本成熟，再纳入内设机构设置标准。新兴业务开展初期，原则上由业务相近的内设机构负责，也可采用矩阵式机构（柔性组织）项目化运作等灵活方式。

（2）内设机构实际配置的平均人数连续两年低于设立机构标准下限的，应撤销该内设机构。

（3）鼓励各单位结合实际，实施管理融合和业务集约，设置综合性职能部门和跨专业的复合型业务机构、班组。允许根据业务开展需要创新生产性质专业室和班组设置。针对跨机构进行职责调整的情况，可将相应专业室或班组随职责成建制划转至职责承接的机构。

二、《国网四川省电力公司关于印发〈国网四川省电力公司职员职级管理办法〉的通知》（川电人资〔2019〕148号）

（一）定义

职员职级序列与领导职务序列同为员工职业发展通道，二者互联互通，员工既可以在职员或职务序列内纵向晋升，又可以横向流动、交叉晋升。

（二）职级设置

职员职级按照单位层级由高至低依次设置为一至八级，各级职员职数按照机构设置和人员编制确定，并占用所在单位（机构）人员编制。

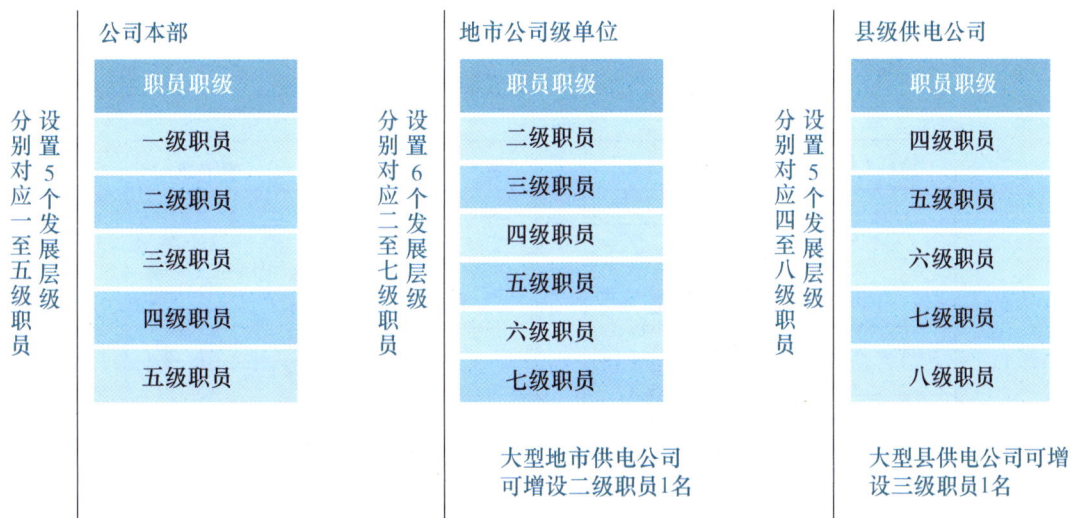

公司本部		地市公司级单位		县级供电公司	
分别对应一至五级职员	设置5个发展层级 职员职级	分别对应二至七级职员	设置6个发展层级 职员职级	分别对应四至八级职员	设置5个发展层级 职员职级
	一级职员		二级职员		四级职员
	二级职员		三级职员		五级职员
	三级职员		四级职员		六级职员
	四级职员		五级职员		七级职员
	五级职员		六级职员		八级职员
			七级职员		

大型地市供电公司可增设二级职员1名

大型县供电公司可增设三级职员1名

▲ 职员职级设置一览表

（三）职员职级序列

岗位（职务）等级序列	职员职级
省公司助理副总师	一级职员
省公司部门正职 （三级正职）	二级职员
省公司部门副职 （三级副职）	三级职员
省公司部门处长 （四级正职）	四级职员
省公司部门副处长 （四级副职）	五级职员
一般管理与技术人员、监控值长	

注：▶为聘任上一级职员职级或职级晋升　　▶为领导人员转任同级职员职级

▲ 公司本部岗位（职务）等级和职员职级序列示意图

岗位（职务）等级序列	职员职级
地市公司级单位正职 （三级正职）	二级职员
地市公司级单位副职 （三级副职）	三级职员
地市公司级单位中层正职 （四级正职）	四级职员
地市公司级单位中层副职 （四级副职）	五级职员
一般管理与技术人员、班长	六级职员
副班长	七级职员
班组员工	

岗位（职务）等级序列	职员职级
地市公司级单位副职 （三级副职）	三级职员 （仅大型县公司设置）
县公司正职 （四级正职）	四级职员
县公司副职 （四级副职）	五级职员
县公司中层正职	六级职员
县公司中层副职、 班组负责人	七级职员
一般管理与技术人员、 班组技术员、作业组长	八级职员
班组员工	

注：▶为聘任上一级职员职级或职级晋升　　▶为领导人员转任同级职员职级　　▶为聘任同级职员职级

▲ 地市公司级单位本部、业务机构、县公司级单位岗位（职务）等级和职员职级序列示意图

（四）职数管理

各职级职数由公司统一核定与管理，严禁超职数聘任职员。高职级职数空缺的可用于聘任低职级职员。

各单位优先在一线岗位推广职员聘任，一线岗位未开展的，管理部门（机构）不得新聘任职员。管理部门（机构）职数可用于生产一线职员聘任。

（五）聘任条件

● 国网四川省电力公司职员职级聘任和晋升条件一览表

职员职级	绩效结果	学历	职称技能等级	首次聘任最低年限	职员职级晋升最低年限
一级职员	近三年年度绩效等级积分累计达到4.5分且上年绩效等级达到B级及以上	大学本科及以上学历	高级职称（高级技师）	三级正职7年	二级职员7年
二级职员	近三年年度绩效等级积分累计达到4.5分且上年绩效等级达到B级及以上	大学本科及以上学历	高级职称（高级技师）	三级副职6年	三级职员6年
三级职员	近三年年度绩效等级积分累计达到4.5分且上年绩效等级达到B级及以上	大学本科及以上学历	高级职称（高级技师）	四级正职5年	四级职员6年
四级职员	近三年年度绩效等级积分累计达到4.5分且上年绩效等级达到B级及以上	大学本科及以上学历	中级职称（技师）	四级副职4年	五级职员5年
五级职员	近三年年度绩效等级积分累计达到4.5分且上年绩效等级达到B级及以上	大学本科及以上学历	中级职称（技师）	管理、技术类岗位6年（技能类岗位9年）	六级职员1年
六级职员	近三年年度绩效等级积分累计达到4.5分且上年绩效等级达到B级及以上	大学本科及以上学历	中级职称（技师）	管理、技术类岗位5年（技能类岗位8年）	七级职员1年
七级职员	近三年年度绩效等级积分累计达到4.5分且上年绩效等级达到B级及以上	大学本科及以上学历	初级职称（高级工）	管理、技术类岗位4年（技能类岗位7年）	八级职员1年

续表

职员职级	绩效结果	学历	职称技能等级	首次聘任最低年限	职员职级晋升最低年限
八级职员	近三年年度绩效等级积分累计达到 4.5 分且上年绩效等级达到 B 级及以上	大学本科及以上学历	初级职称（高级工）	技能类岗位 5 年	—

注：员工聘任和晋升职员职级应同时满足上述条件。

（六）优先聘任

各级职员首次晋升性聘任时，其学历、职称或技能等级比基本条件每高一个等级，任职（工作）年限可减少 1 年，最多减少 3 年。

在同等条件下，各级优秀人才、近三年年度绩效等级积分累计达到 5.5 分及以上、获得省公司及以上单位表彰奖励、有特殊贡献等人员，可优先聘任或晋升职员。

（七）破格聘任

1 获得省部级及以上表彰奖励的、有重大发明创造和科技创新成果的、对企业做出突出贡献的、长期扎根一线的、艰苦边远地区的员工聘任职员时，可适当放宽聘任条件；对于从事生产一线岗位工作满30年的可聘任三级职员。

2 各级专家人才聘任职员时，可减少任职（工作）年限，国家级、公司级、省公司级、地市公司级、县公司级专家人才可分别减少5、4、3、2、1年，其中具备多个级别称号的专家人才，在聘期内只能就高减少一次年限。

▲ 破格聘任职员条件

因工作需要，符合下列条件的可破格聘任职员，但必须从严把控，事前向上级单位报批。三级及以上职员破格聘任须报国网公司审核。

（八）限制聘任

有下列情形之一的，限制或不得聘任职员。

1	受到诫勉的，六个月内不得聘任或晋升职员。
2	受到党纪、政纪处分且在处分期内或影响期内的。
3	受到责令整改、免职问责的，一年内不得聘任或晋升职员。
4	法律法规、党内法规及企业规章制度另有规定的。

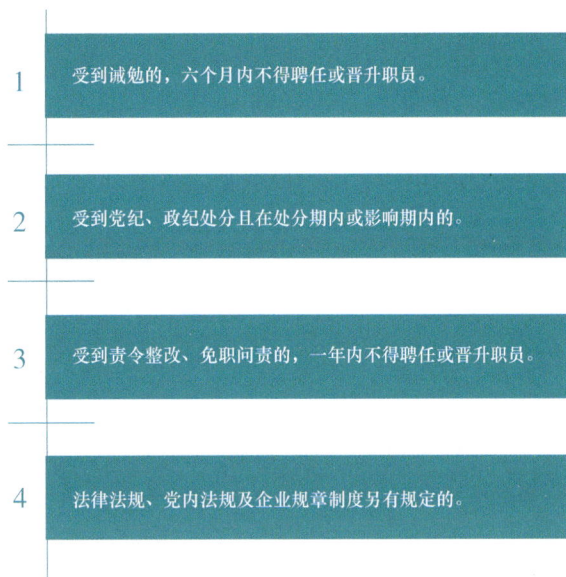

▲ 限制聘任职员情形

（九）聘任程序

职员聘任一般应经过下列程序。

拟定聘任方案 → 组织考察 → 征求纪检部门意见 → 集体研究 → 公示 → 首次晋升性聘任、职员晋升一年的试聘期

▲ 职员聘任程序

（十）领导人员与职员转任

1	2	3
职员职级和领导职务可双向流动，原则上不互相兼任；特殊情况下，一至三级职员因工作需要也可继续兼任领导职务。	公司助理副总师转任一级职员、三级正职转任二级职员、三级副职转任三级职员、四级正职转任四级职员、四级副职转任五级职员，不受任职资格和条件的限制；各单位领导人员因身体原因等特殊情况转任四、五级职员，须事前向省公司报批。	一级职员担任公司助理副总师、二级职员担任三级正职、三级职员担任三级副职、四级职员担任四级正职、五级职员担任四级副职，其任职资格、条件和程序按照领导人员管理相关规定执行，同时不再任原所聘职员。

▲ 领导人员与职员转任

（十一）职务年限中断

职务工作年限中断的，中断前的职务年限只可等同管理技术岗位工作年限纳入计算；管理技术岗位工作年限可等同技能岗位工作年限纳入计算。

（十二）职员跨地市级单位调动

职员跨地市级单位调动，如需继续聘任应重新履行聘任手续，其原职级任职时间可合并计算。

（十三）职员履职

职员聘任不改变员工的岗位类别。领导职务聘任或转任职员的，占用管理人员编制；一般人员聘任职员的，应担任管理、技术或技能岗位。

职员必须担任实际工作，根据工作需要应承担所在单位（机构）的相关工作。各级单位应健全职员考评制度，根据公司绩效管理规定，对职员开展绩效考核。

（十四）参照管理

原则上，一级职员参照公司助理副总师管理，二级职员参照三级正职管理，三级职员参照三级副职管理，四级职员参照四级正职管理，五级职员参照四级副职管理，其他各级职员由所在单位（机构）按照相应级别管理。

（十五）任期管理

各级职员实行任期制管理，各单位根据实际情况确定聘任期限，原则上任期为3年。

职员任期考核结果合格的履行决策程序后可续聘，优秀的同等条件下可优先晋升上一级职员。

（十六）职员降级

出现下列情况之一的，应降低职级。

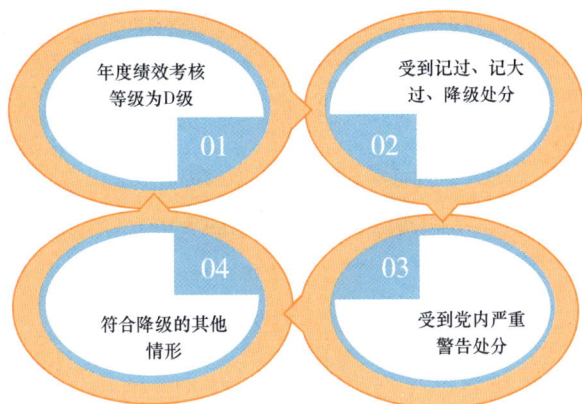

▲ 职员降级情形

职员降级后一年内，不得聘任或晋升职员。

（十七）职员解聘

出现下列情况之一的，应解聘职员。

[1] 连续两个年度绩效考核等级为D级。

[2] 受到行政撤职处分。

[3] 受到撤销党内职务、留党察看、开除党籍处分。

[4] 因工作失误失职给单位造成重大损失或恶劣影响的。

[5] 已为本单位最低职级且出现应降低职级的情况。

[6] 符合解聘职级的其他情形。

▲ 职员解聘情形

职员解聘后重新聘任的，按首次聘任条件执行。

（十八）薪酬待遇

职员薪酬待遇总体水平与职级对应，通过调整绩效工资实施。原则上，一级职员参照公司助理副总师标准，二级职员介于三级正职与三级副职之间；三级职员介于三级副职与四级正职之间；四级职员介于四级正职与四级副职之间；五级及以下职员依次合理拉开差距。

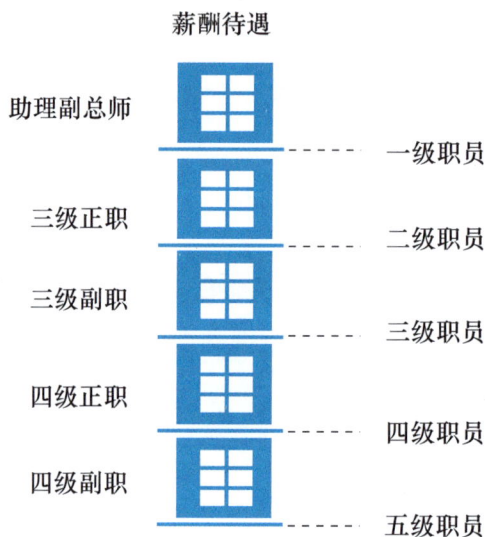

薪酬待遇

助理副总师	一级职员
三级正职	二级职员
三级副职	三级职员
四级正职	四级职员
四级副职	五级职员

职员试聘期待遇

- 职员试聘期按照试聘期高于聘任前岗位待遇水平，低于正式聘任后待遇水平执行。

领导人员转任职员

- 公司助理副总师转任一级职员、三级正职转任二级职员、三级副职转任三级职员、四级正职转任四级职员、四级副职转任五级职员，原则上执行原领导人员薪酬标准。

▲ 职员薪酬待遇

第三节
员工管理制度办法核心条款展示

一、《国网四川省电力公司关于加强退休、返聘、职员聘任和退二线规范管理的通知》（川电人资〔2017〕72号）

（一）加强退休规范管理

严格执行国家退休政策

按照《国务院关于工人退休、退职的暂行办法》《国务院关于安置老弱病残干部的暂行办法》（国发〔1978〕104号）等文件规定，按男年满60周岁、女干部年满55周岁、女工人年满50周岁办理退休。从事特殊工种、因病等提前申请退休的，按国家相关政策规定规范办理。遇国家颁布新的退休年龄政策，从其规定。

建立退休常态管控机制

加强拟退休员工个人信息、档案资料核查，及时办理退休手续。从事特殊工种、因病符合提前退休条件的，严格按照《关于制止和纠正违反国家规定办理企业职工提前退休有关问题的通知》（劳社部发〔1999〕9号）和地方政府部门要求进行办理。延长退休年龄或地方提出延迟办理申领养老金的，报国家电网公司审批。

加强超龄未退人员整改规范

严格执行国家和地方退休相关政策，对人力资源管理信息系统中按"出生年月"超龄未退人员进行彻底核查，分析具体原因。对因人力资源信息系统年龄信息与档案信息不一致造成超龄未退的，所在单位应及时按照社保部门审核退休年龄的规定变更系统相关信息。对超龄人员要彻底清理上报，由所在单位制定整改措施落实。

▲ 退休规范管理要求

（二）加强返聘规范管理

◆ 按照《关于进一步规范党政领导干部在企业兼职（任职）问题的意见》（中组发〔2013〕18号）和《国网人事部关于进一步规范公司系统退（离）休领导干部在企业兼职（任职）问题的通知》（人干一〔2014〕197号）等文件规定，对各级退（离）休领导干部到企业必须从严掌握、从严把关，按照干部管理权限严格审批。

◆ 退（离）休领导干部退休后三年内，不得到本人原任职务管辖的地区和业务范围内的企业兼职（任职）。

◆ 三年后到本人原任职务管辖的地区和业务范围内的企业兼职（任职）的，由所在单位党委严格审批。

◆ 经批准在企业兼职的退（离）休领导干部，不得在企业领取薪酬、资金、津贴等报酬。

> 严格执行退（离）休领导干部在企业兼职（任职）相关

◆ 《关于规范退（离）休领导干部在社会团队兼职问题的通知》（中组发〔2014〕11号）规定，退（离）休领导干部在社会团队兼任职务（包括领导职务和名誉职务、常务理事、理事等），须按干部管理权限审批或备案后方可兼职，且不得兼任社会团体法定代表人。

◆ 兼职不得领取社会团体的薪酬、奖金、津贴等报酬和获取其他额外利益，也不领取各种名目的补贴，兼职的任职年龄界限为70周岁。

> 严格执行退（离）休领导干部在社会团体兼职相关规定

◆ 一般人员（科级以下人员）退休后确需返聘到公司系统内单位和各级单位主办集体企业的，由地市级单位统一严格审批，报公司备案。

◆ 签订了保密协议或竞业限制协议的，须严格遵守相关协议规定，履行相应义务。

> 从严强化一般人员返聘审批

◆ 按照劳动部《关于实行劳动合同制度若干问题的通知》（劳部发〔1996〕354号）规定，已享受养老保险待遇的离退休人员被再次聘用时，用人单位应与其签订书面协议，明确聘用期内的工作内容、报酬、医疗、劳保待遇等权利和义务。

> 严格落实返聘工作要求

▲ 返聘规范管理要求

（三）加强职员聘任、退二线规范管理

严格职员聘任审批备案制度	★ 各单位要加强职员聘任管理，严禁超职数聘任职员，管理技术类职员和技能类职员不得调剂使用，现职科级干部严禁未经公司同意转任四、五级职员。
严格执行退二线政策	★ 严格执行《国家电网公司员工退出管理规定》（国家电网企管〔2017〕124号）、《国网四川省电力公司二线领导干部管理办法》（川电委干〔2016〕4号）有关退二线干部年龄规定。 ★ 不得提前办理科级干部退二线。 ★ 严禁科级以下人员退二线或变相退二线。
强化退二线人员管理	★ 明确退二线人员的工作职责和应履行义务，按在岗人员严格考勤考核。 ★ 加强退二线人员任职回避、个人重大事项请示报告、出国（境）等方面的管理。 ★ 对符合解聘条件的，予以解聘，由单位研究重新安排工作。 ★ 为退二线人员提供必要的工作条件，使其充分发挥作用。 ★ 严禁退二线人员在外违规兼职和经商办企业。

▲ 职员聘任、退二线规范管理要求

二、《国网四川省电力公司关于印发国网四川省电力公司贯彻落实国家电网公司内部人力资源市场通用制度工作方案的通知》（川电人资〔2017〕77号）

（一）国网四川省电力公司内部人力资源市场流动积分制试点工作方案

1. 流动积分规则

流动积分计算为

流动积分 = 基础积分 × 地区系数 × 时间系数 × 层级系数 × 考核系数

尾数不足 0.1 分的，计 0.1 分。四种软流动方式基础积分和积分系数。

流动方式	基础积分	地区系数（流入地区）													层级系数			考核系数				时间系数
		公司范围内流动										各单位范围内流动			跨地市级及以上单位间	地市级单位组织的内部跨县级单位间	县级单位组织到其内部欠发达一、二类地区的供电所、有人值班变电站等	优秀	良好	一般	较差	
		西藏一类藏区	西藏二类藏区	西藏三类藏区	西藏四类藏区	艰苦边远一类地区	艰苦边远二类地区	艰苦边远三类地区	艰苦边远四类地区	艰苦边远五类地区	艰苦边远六类地区	非艰苦边远和发达地区	欠发达一类地区	欠发达二类地区								
人才帮扶	1.3	1.4	1.6	1.8	2.0	0.8	0.9	1	1.1	1.3	1.6	0.6	0.8	0.9	1	0.5~0.9	0.5	1	0.8	0.5	0	满1年，时间系数为1.0，超出1年或不足1年的，按照实际月份折算。
劳务协作	1.2	1.4	1.6	1.8	2.0	0.8	0.9	1	1.1	1.3	1.6	0.6	0.8	0.9	1	0.5~0.9	0.5	1	0.8	0.5	0	
挂职锻炼	1.1	1.4	1.6	1.8	2.0	0.8	0.9	1	1.1	1.3	1.6	0.6	0.8	0.9	1	0.5~0.9	0.5	1	0.8	0.5	0	
人员借用	0.7	1.4	1.6	1.8	2.0	0.8	0.9	1	1.1	1.3	1.6	0.6	0.8	0.9	1	0.5~0.9	0.5	1	0.8	0.5	0	
备注	1.尾数不足0.1分的，计0.1分。 2.基础积分：期限不足3个月的，不计流动积分。 3.异地：指跨县级及以上行政区域，以及县级行政区域内到其一、二类欠发达地区供电所、有人值班变电站（含集中监控站点）、抽水蓄能电站、生物发电站等，但不包括城市中心城区范围内的跨行政区域：成都市锦江区、武侯区、青羊区、成华区、金牛区、高新区；绵阳市涪城区、游仙区；攀枝花市西区、东区、仁和区；南充市顺庆区、嘉陵区、高坪区；自贡市自流井区、贡井区、大安区、沿滩区；泸州市江阳区、龙马潭区、纳溪区；内江市市中区、东兴区；广安市广安区、前锋区。 4.地市级单位组织的内部跨县级单位间流动系数，各单位可根据其内部县域、地区地形地貌、交通状况、距中心城镇距离等因素研究确定具体系数值。																					

▲ 四种软流动方式基础积分和积分系数

2. 临时借用特别规定

根据四川省地域状况、经济发展水平和人员流动特点，对临时借用方式，满足以下情形之一的，区别进行积分或不积分。

1　从非艰苦边远和发达地区流动到艰苦边远和欠发达地区，以及在艰苦边远和欠发达地区间，从条件相对较好的流向相对较差的，纳入流动积分。同等条件地区之间流动和反流动不积分。

2　从上级单位流动到下级单位的，除在地市级及以上城市中心城区范围内设置的跨区行政区域内部流动不积分外，纳入流动积分。同级单位之间流动和反向流动不积分。

3　根据城市等级，从成都市中心城区向省内各地级市或县流动的，以及各地级市向县流动的，纳入流动积分。同层级城市之间流动和反向流动不积分。

4　国家电网公司组织，按国家电网公司规定执行。

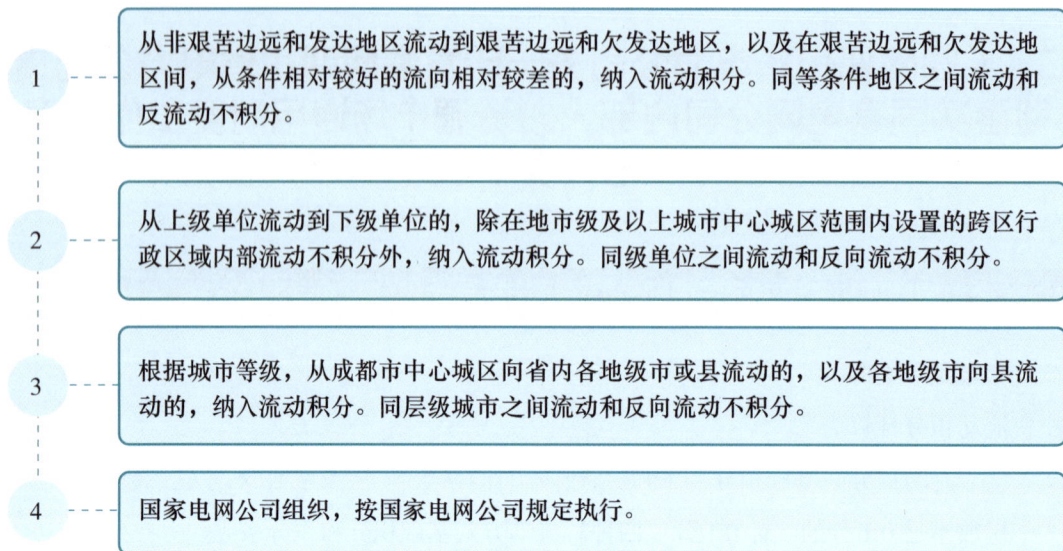

▲ 临时借用积分规则

3. 挂职锻炼特别规定

对挂职锻炼，针对临时借用特别规定中所述的同等级地区之间、同级单位之间、同层级城市之间以及反向流动的情形，按计算流动积分的 50% 折算积分。

4. 流动积分管理

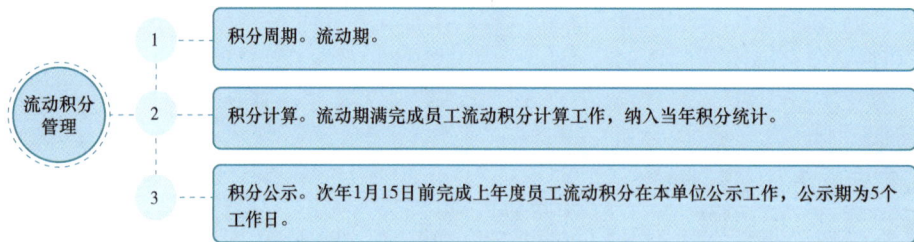

流动积分管理

1　积分周期。流动期。

2　积分计算。流动期满完成员工流动积分计算工作，纳入当年积分统计。

3　积分公示。次年1月15日前完成上年度员工流动积分在本单位公示工作，公示期为5个工作日。

▲ 流动积分管理

5. 流动积分运用

员工流动积分试点工作在公司系统各单位全面开展。流动积分主要运用于员工个人薪档调整、荣誉激励等。

薪档调整

纳入岗位薪点工资薪级动态调整积分，由地市级及以上单位人力资源管理部门统一认定管理，履行相关程序后，运用于个人工资总额分配上。个人流动积分与绩效等级积分等值。

荣誉激励

每年度参加挂职锻炼、人才帮扶、劳务协作的员工，在同等条件下，优先推荐参加各级各类表彰奖励。

▲ 流动积分运用

（二）国网四川省电力公司劳动用工规范管理工作方案

劳动用工各类问题及整改要求如下。

工作内容	问题与整改	工作要求
生产一线岗位工作年限要求执行方面	存在的主要问题	★ 部分单位对2010年1月1日起新入职的主业长期职工，未严格执行国家电网公司关于生产一线岗位工作年限要求，将未达3、5、8年限要求的员工通过岗位竞聘、挂职锻炼、临时借用、组织调配等方式配置到管理或技术类岗位工作。
	落实整改要求	★ 各单位要对2010年1月1日起新入职的主业长期职工上岗位情况进行梳理，重点对员工所学专业分类、入职时间和配置方式等进行分析，将不满足3、5、8年限要求配置到管理或技术类岗位工作的人员，按照通用制度相关规定，于2017年8月31日前完成整改。 ★ 自2017年3月15日之后，员工通过岗位竞聘、挂职锻炼、临时借用、组织调配等方式配置到管理、技术类岗位，必须满足生产一线岗位3、5、8年限要求，对继续违规配置的，一经查实，严格考核，相关人员须立即退回原岗位。
临时借用人员管理方面	存在的主要问题	★ 部门、班组超编时，仍临时借用人员； ★ 将不符合生产一线工作年限要求的员工借用至管理或技术类岗位； ★ 存在临时借用人员超期借用现象； ★ 存在未按规定办理临时借用手续现象。
	落实整改要求	★ 严控借用人员规模，总量不得超过借用部门、班组缺编数，确因重点工作、专项任务需要的，可在编制外履行审批程序申请临时借用人员。违规超编借用的人员须在2017年8月31日前清退回原单位（岗位）。 ★ 严格执行借用人员一线生产岗位工作年限要求，临时借用至管理或技术类岗位人员，在生产一线岗位工作年限必须满足3、5、8要求，对未满足要求的借用人员，须在2017年8月31日前清退回原单位（岗位）。 ★ 严格控制借用期限，临时借用期限一般不超过6个月，确因工作需要延期借用，须重新履行借用手续，累计不超过1年。借用到系统外单位的，累计不超过2年。对超期借用人员，须在2017年8月31日前清退回原单位（岗位）。 ★ 规范临时借用手续。严格按照规定程序履行临时借用人员审批手续。对于没有借用手续或借用手续不完善的，须在2017年8月31日前完成相关手续完善工作，否则清退回原单位（岗位）。

▲ 劳动用工各类问题及整改要求（一）

工作内容	问题与整改	工作要求
不在岗人员管理方面	存在的主要问题	★ 部分单位存在停薪留职、长学、长病等不在岗人员。
	落实整改要求	★ 各单位对已办理停薪留职或长学人员进行清理上报，并最迟于2017年8月31日前通知其回本单位工作，30日内未返回的，按照国家电网公司规定，所在单位应依法与员工解除劳动合同； ★ 员工个人不得申请脱产参加学历教育或出国留学，违规私自脱产参加学历教育或出国留学的，所在单位应依法与员工解除劳动合同； ★ 自2017年3月15日起，不再新增内部退养、停薪留职和长学等各类人员。在此之前已办理内部退养的，维持原管理模式不变，待遇标准继续按各单位原规定和内部退养协议执行； ★ 各单位对因病长期不在岗的员工实际情况进行摸底调查，重点对手续完善情况、病因、病假时间、薪酬待遇等进行核查。对于长病人员，各单位应按照国家法律法规、地方政府相关政策及国家电网公司有关规定加强管理； ★ 各单位于2017年12月31日前完成本单位不在岗人员清理规范工作。
退二线人员管理方面	存在的主要问题	★ 对退二线人员疏于管理，自行制定科级以下退二线政策； ★ 退二线人员没有明确工作任务，未对退二线人员严格考勤考核。
	落实整改要求	★ 加强退二线人员管理，自2017年3月15日起，不得新增办理科级以下人员退二线或变相退二线，对继续违规办理的，一线查实，严格考核，并立即纠正； ★ 各单位应加强退二线人员管理，建立对退二线人员的考勤考核机制，强化考勤考核与薪酬联动。
超龄未退人员清理规范方面	存在的主要问题	★ 退休管理工作不规范，部分单位还存在超龄未退人员。
	落实整改要求	★ 严格执行国家和地方退休相关政策，对人员资源管理信息系统中按"出生时间"超龄未退人员进行彻底核查，分析具体原因； ★ 对因人力资源信息系统年龄信息与档案信息不一致造成超龄未退的，所在单位应及时按照社保部门审核退休年龄的规定变更系统相关信息； ★ 对超龄人员要彻底清理上报，由所在单位提出整改措施，在2017年8月31日前全部完成超龄未退人员整改工作，确保不再存在超龄未退人员。

▲ 劳动用工各类问题及整改要求（二）

（三）《国网四川省电力公司实施考核降岗和待岗工作方案》

1. 考核降岗

（1）考核降岗提出。员工所在单位人力资源管理部门依据员工年度绩效考评结果，对年度绩效等级为D且上年度为C的员工提出降岗处理建议，报地市级单位人力资源管理部门。

（2）考核降岗方式。

```
                    ┌─────────────────────────────────────────────┐
                    │ 降岗处理分为将员工调整至较低岗级岗位或现岗位降低岗级使用两种方式。 │
 考核降岗            └─────────────────────────────────────────────┘
   方式             ┌─────────────────────────────────────────────┐
                    │ 原则上一般采用现岗位降低岗级（降低1个岗级及以上）的方式，对于确实不适应岗位 │
                    │ 工作要求的，采用调整至较低岗级岗位使用的方式。 │
                    └─────────────────────────────────────────────┘
```

▲ 考核降岗方式

（3）考核降岗流程。

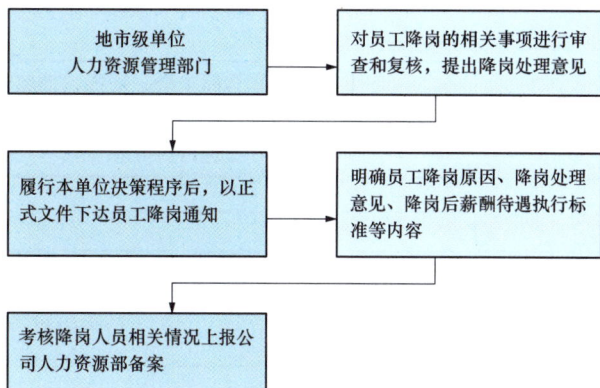

▲ 考核降岗流程

（4）后续管理。

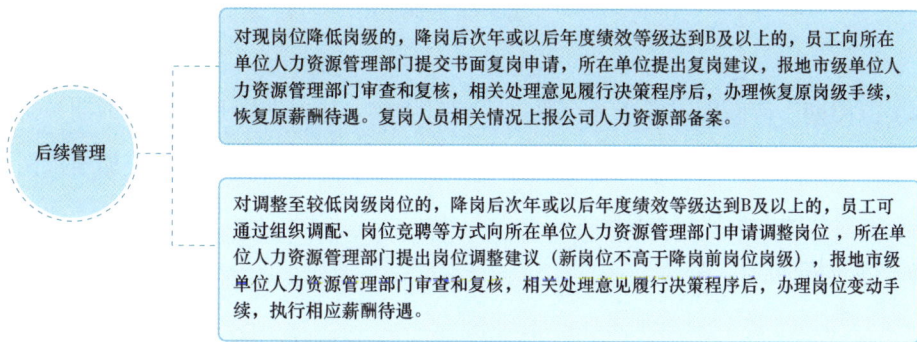

▲ 后续管理

2. 待岗

（1）待岗条件。

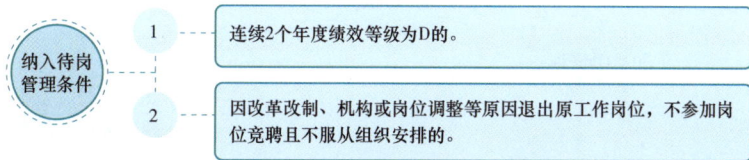

▲ 待岗条件

（2）待岗提出。员工所在单位人力资源管理部门依据员工年度绩效考评结果等，对达到待岗条件的员工提出待岗处理建议，报地市级单位人力资源管理部门。

（3）待岗流程。

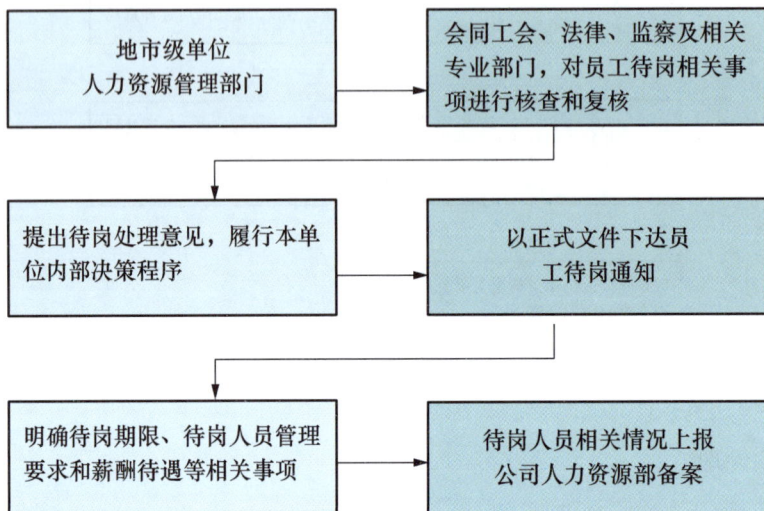

| 地市级单位
人力资源管理部门 | → | 会同工会、法律、监察及相关
专业部门，对员工待岗相关事
项进行核查和复核 |

| 提出待岗处理意见，履行本单
位内部决策程序 | → | 以正式文件下达员
工待岗通知 |

| 明确待岗期限、待岗人员管理
要求和薪酬待遇等相关事项 | → | 待岗人员相关情况上报
公司人力资源部备案 |

▲ 待岗流程

（4）待岗期。待岗期不低于 3 个月，不超过 1 年。待岗期即是学习培训期，待岗人员应当遵守本单位的各项规章制度和劳动纪律，服从组织安排。所在单位应加强待岗人员日常管理，按照在岗人员进行考勤。

（5）待岗培训。

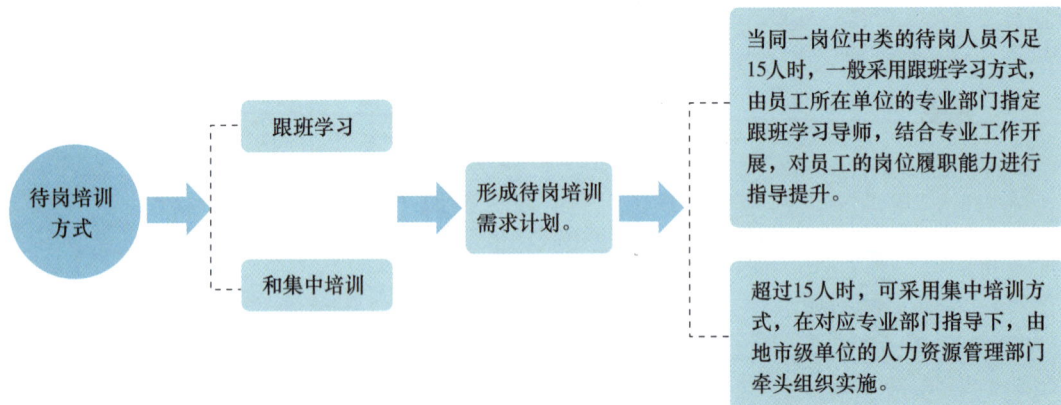

待岗培训方式 → 跟班学习 / 和集中培训 → 形成待岗培训需求计划 →

当同一岗位中类的待岗人员不足 15 人时，一般采用跟班学习方式，由员工所在单位的专业部门指定跟班学习导师，结合专业工作开展，对员工的岗位履职能力进行指导提升。

超过 15 人时，可采用集中培训方式，在对应专业部门指导下，由地市级单位的人力资源管理部门牵头组织实施。

▲ 待岗培训方式

（6）后续管理。

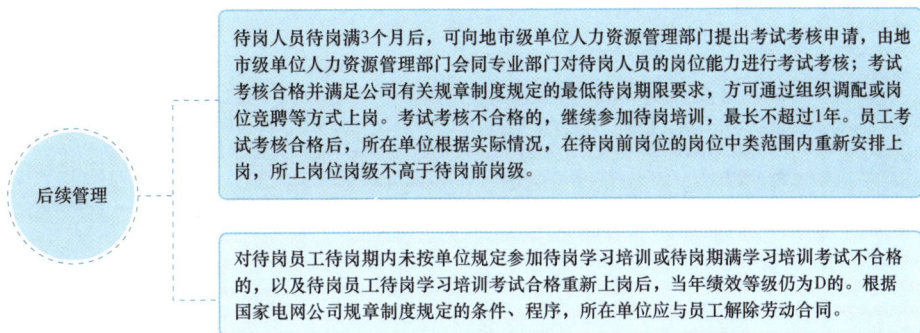

待岗人员待岗满3个月后，可向地市级单位人力资源管理部门提出考试考核申请，由地市级单位人力资源管理部门会同专业部门对待岗人员的岗位能力进行考试考核；考试考核合格并满足公司有关规章制度规定的最低待岗期限要求，方可通过组织调配或岗位竞聘等方式上岗。考试考核不合格的，继续参加待岗培训，最长不超过1年。员工考试考核合格后，所在单位根据实际情况，在待岗前岗位的岗位中类范围内重新安排上岗，所上岗位岗级不高于待岗前岗级。

后续管理

对待岗员工待岗期内未按单位规定参加待岗学习培训或待岗期满学习培训考试不合格的，以及待岗员工待岗学习培训考试合格重新上岗后，当年绩效等级仍为D的。根据国家电网公司规章制度规定的条件、程序，所在单位应与员工解除劳动合同。

▲ 后续管理

三、《国网四川省电力公司关于印发开展不在岗人员专项清理工作方案的通知》（川电人资〔2018〕72号）

（一）不在岗人员分类

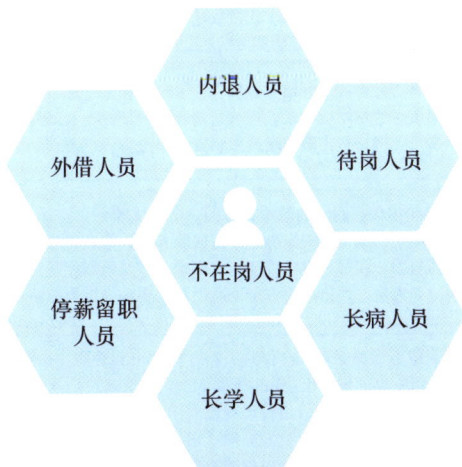

▲ 不在岗人员分类

（二）不在岗人员规范方式及要求

内退人员	★ 一般指符合1993年国务院颁布《国有企业富余职工安置规定》第九条规定的情形，即距退休年龄不到五年的，经本人申请，企业领导批准，已经退出工作岗位休养；或按照公司系统各单位原内部退养相关文件规定，经本人申请、企业领导批准，已经退出工作岗位休养的人员。 ★ 各单位应严格执行国家电网有限公司员工退出管理通用制度要求，加强内退人员管理，严禁新增办理内部退养人员。可通过岗位管理、绩效考核、差异化薪酬等综合措施，妥善解决少量年龄较大、文化程度偏低和工作能力较差的人员管理问题。 ★ 各单位应对现有内退人员材料进行逐一审核评价，对办理程序不规范、手续不齐全，以及内退时间不符合国家或本单位原规定人员进行清理规范，根据清理规范情况开展转岗培训、重新上岗或依法依规解除劳动合同；对符合国家或本单位原规定办理的内退人员，按照内部市场通用制度要求，维持管理模式不变，待遇标准继续按原规定和内部退养协议执行。
待岗人员	★ 指连续2个年度绩效等级为D的：因改革改制、机构或岗位调整等原因退出原工作岗位，不参加岗位竞聘且不服从组织安排的；公司规章制度规定其他符合待岗条件的人员。 ★ 待岗期不低于3个月，不超过1年。待岗人员待岗满3个月，即可参加考试考核，合格后可通过组织调配或岗位竞聘等方式上岗，所上岗位岗级不高于待岗前岗级。考试考核不合格的，继续参加待岗培训，最长不超过1年。员工待岗期间的工资执行当地月最低工资标准（扣除保险后）。 ★ 待岗员工待岗期内未按单位规定参加待岗学习培训或待岗期满学习培训考试不合格的，待岗员工待岗学习培训考试合格重新上岗后当年绩效等级仍为D的，均应解除劳动合同。 ★ 各单位应严格按照通用制度要求对待岗人员进行规范，严禁长期待岗或名为待岗实为停薪留职、长病、长学等其他人员。
长病人员	★ 指因患病或非因公负伤需要停止工作去医疗，连续休假六个月及以上的人员。 ★ 请长病假应按各单位规定，提供相应级别医疗机构的诊断证明及病休医嘱，履行审批程序。销假时须提供相关医疗机构开具的相应诊疗记录、病历、医嘱、发票等资料。 ★ 严格执行国家关于医疗期的相关规定，对于长期泡病假、小病大养、名为长病实际在外工作或自谋职业等人员，通知其上岗工作或依法依规解除劳动合同。
长学人员	★ 指参加全日制学历教育或出国留学人员。 ★ 严格执行内部市场通用制度要求，严禁新增长学人员。本人坚持脱产学习的，解除劳动合同。 ★ 对现有长学人员，严格按内部市场通用制度要求进行规范清理。
停薪留职人员	★ 是国家上世纪80年代初制定的政策，按照《劳动人事部、国家经济委员会关于企业职工要求"停薪留职"问题的通知》规定办理停薪留职人员，停薪留职时间一般不超过二年。 ★ 按照国家电网有限公司员工退出管理制度要求，严禁新增停薪留职人员。 ★ 对现有停薪留职人员，严格按内部市场通用制度要求进行规范清理。
外借人员	★ 指与原单位保留劳动关系和社会保险关系，被派出到政府、事业单位或公司系统外其他企业工作（不含公司主办的集体企业）的人员。 ★ 按照国家电网有限公司人员借用管理制度要求，公司系统员工需借用到系统外单位的，由借出单位报省公司人力资源部审批后办理借用手续。借用到省级政府部门的，须报国家电网有限公司人力资源部备案；借用到中央国家机关、各部委的，须逐级报送至国家电网有限公司党组组织部（人事董事部）审批。借用到系统外单位的，累计借用时间不超过2年。各单位应对各种违规、超期借用人员进行规范清理。

▲ 不在岗人员规范方式及要求

四、《国网四川省电力公司关于印发实施管理、技术和重要技能岗位聘期制管理意见（试行）的通知》（川电人资〔2018〕124号）

（一）适用范围

公司本部、全资、控股单位的科级以下（不含科级及以上领导人员和五级及以上职员）管理、技术和重要技能（班组站长、技术员、作业组长、供电所"一长三员"等）岗位，代管单位和集体企业参照执行。

（二）聘期设置

员工在管理、技术和重要技能岗位工作，一个聘用周期为3年。

（三）考评管理

聘期考评分为聘期内动态考评和聘期结束考评两种方式。聘期结束考评采用积分制，应用年度绩效等级结果积分，年度绩效A积2分，B积1.5分，C积1分。

考评方式	考评结果	执行要求
聘期内动态考评	员工发生关键事项符合年度绩效等级直接归D的	不再聘任现岗位，及时进行同级或向下调整岗位
	本年度结束且年度绩效等级结果为D的	不再聘任现岗位，进行同级或向下调整岗位
聘期结束考评	3年累计积分达到5.5分及以上	高层级岗位有空缺的，优先推荐聘任更高层级岗位
	3年累计积分在4.5分（含4.5分）至5.5分之间	可继续在现岗位续聘，也可聘任同层级或更高层级岗位
	3年累计积分在3分（不含3分）至4.5分之间的	可继续在现岗位续聘，也可向同层级岗位流动
	3年累计积分在3分及以下的	不再聘任现岗位，其调整后的岗位岗级低于调整前岗位岗级

▲ 聘期考评管理

（四）日常管理

1. 岗位聘期考评管理日常工作

工作内容	工作要求
岗位聘任协议签订	1.各级单位、部门、班组负责人分级负责，组织在岗员工签订岗位聘任协议，确保全覆盖。 2.岗位聘任协议一式两份，经员工本人签字盖手印，加盖所在单位（与员工劳动合同签订主体单位保持一致）公章或劳动合同专用章后生效，分别由员工所在单位人力资源管理部门和员工本人各执1份。 3.人力资源管理部门须将岗位聘任协议归入员工人事档案。岗位聘任协议作为员工劳动合同书的附件具有同等法律效力。 4.当员工岗位调整时，所在单位（部门、班组）应根据岗位续聘或调整情况，组织员工在上岗后10个工作日内，完成岗位聘任协议签订工作。
聘期考评资料收集和重要档案归档	1.员工所在单位（部门、班组）应分级指定负责人员，及时对员工聘期考评相关的绩效资料、关键事项资料及其他资料进行收集，由所在单位（部门、班组）负责人审核，检查无误后报人力资源管理部门统一保管。 2.对其应纳入员工人事档案范围的重要资料，原件及时提交本单位人力资源管理部门进行归档。 3.各级单位人力资源管理部门负责保管的员工岗位聘期考评资料应至少保存10年。
聘期积分计算和建立考评台账	1.每年绩效等级评价结束后，各级人力资源管理部门应指导、组织各单位（部门、班组）同步建立、更新员工岗位聘期积分台账；关键事项要及时在台账中进行记录。 2.对关键事项触发调整岗位条件时，1个月内完成员工岗位调整工作。
聘期结束总积分计算提报	1.聘期结束后，各级人力资源管理部门会同相关部门、班组根据员工岗位聘期总积分情况对员工开展后续的岗位续聘和调整等工作。 2.当员工续聘或调整岗位后，当期聘期积分归零，根据新签订的岗位聘任协议重新开展积分计算。

▲ 聘期考评日常管理工作要求

2. 聘期积分公示及申诉

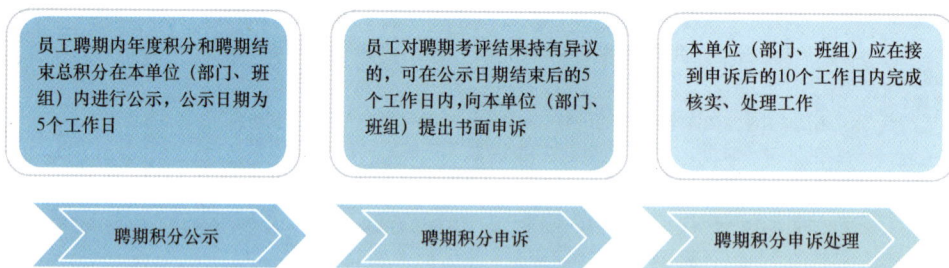

员工聘期内年度积分和聘期结束总积分在本单位（部门、班组）内进行公示，公示日期为5个工作日	员工对聘期考评结果持有异议的，可在公示日期结束后的5个工作日内，向本单位（部门、班组）提出书面申诉	本单位（部门、班组）应在接到申诉后的10个工作日内完成核实、处理工作
聘期积分公示	聘期积分申诉	聘期积分申诉处理

▲ 聘期积分公示及申诉处理

3. 追溯考核

对在以往考评期内发生，在本聘期考评期内发现且被认定的事件，在本聘期内进行追溯考核。

4. 后续管理

- 01 开展面谈，反馈工作岗位调整的原因、结果
- 02 帮助员工查找问题
- 03 辅助员工制定工作改进计划
- 04 指导员工持续提升工作效果

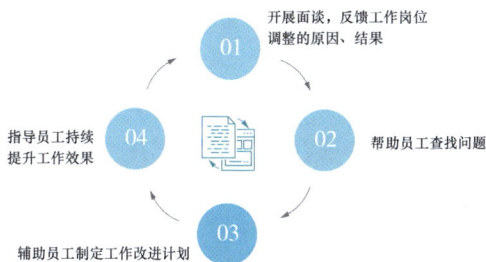

▲ 岗位聘期后续管理

（五）其他相关事宜

"子改分"（控股）县公司员工通过组织调配或岗位竞聘方式到直供直管单位工作，实行岗位（包含科级以下所有岗位）聘期管理，聘期内动态考核为D，或任意连续3年绩效等级积分累计未达到4.5分的，退回原单位，不再续聘。

按照国家关于女职工劳动保护相关规定，各单位（部门）岗位聘期内，不得因女职工怀孕、生育、哺乳而向下调整其岗位。

▲ 其他相关事宜

五、《国家电网有限公司关于印发〈国家电网有限公司劳动合同管理办法〉的通知》（国家电网人资〔2018〕720号）

（一）总则

1. 用人单位及员工定义

用人单位

用人单位是指具有用人权利能力和用人行为能力，配置运用劳动力、组织员工进行生产活动，并向员工支付劳动报酬的法人单位或其分支机构。

员工

员工是指给经公司标准，在公司系统各级单位工作，并由其直接支付工资的人员，不包括聘用的离退休等其他从业人员。

▲ 用人单位及员工定义

2. 劳动合同定义及内容

本办法所称的劳动合同是指用人单位和员工依法建立劳动关系，明确双方权利和义务的协议。

劳动合同一般包括劳动合同书及其附件。附件包括试用期协议书、专项培训协议书、竞业限制协议书等附件，与劳动合同具有同等法律效力。

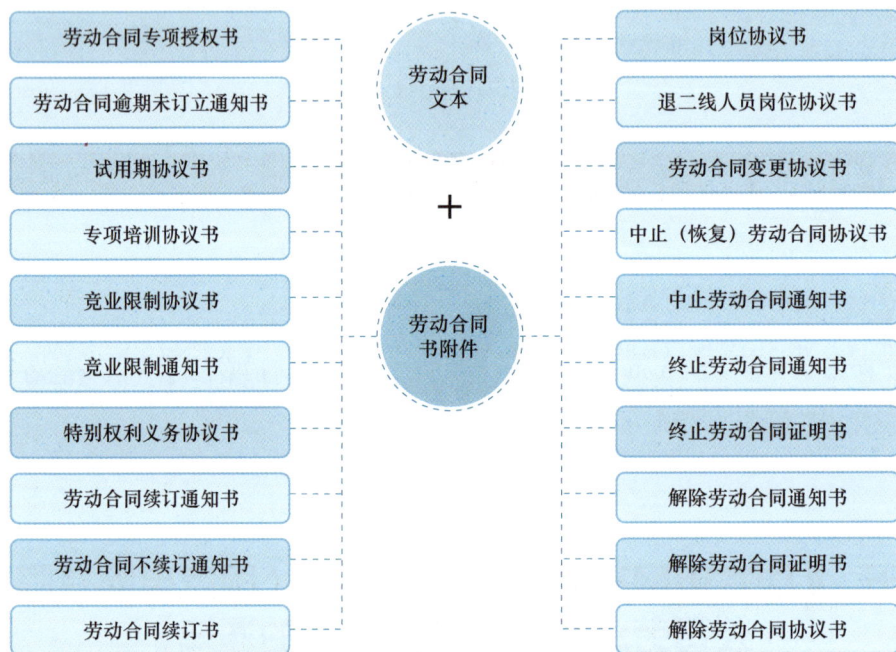

劳动合同专项授权书
劳动合同逾期未订立通知书
试用期协议书
专项培训协议书
竞业限制协议书
竞业限制通知书
特别权利义务协议书
劳动合同续订通知书
劳动合同不续订通知书
劳动合同续订书

劳动合同文本

＋

劳动合同书附件

岗位协议书
退二线人员岗位协议书
劳动合同变更协议书
中止（恢复）劳动合同协议书
中止劳动合同通知书
终止劳动合同通知书
终止劳动合同证明书
解除劳动合同通知书
解除劳动合同证明书
解除劳动合同协议书

▲ 劳动合同书附件概览

3. 适用范围

公司总（分）部、公司所属
全资和控股单位　→　适用

＋

代管单位和集体企业　→　参照执行

▲ 劳动合同适用范围

（二）劳动合同的订立

1. 订立原则

用人单位应遵循合法、公平、平等自愿、协商一致、诚实信用的原则，自用工之日起，与员工协商一致订立书面劳动合同。

2. 订立有效性

员工新订或续订劳动合同使用
劳动合同书文本

＋

本办法施行前已依法订立且在本办法
施行后仍存续的劳动合同继续有效

▲ 劳动合同订立的有效性

3. 订立主体

1　劳动合同的订立主体原则为法人单位，其分支机构应在取得上级法人单位劳动合同专项授权书后，方可与员工订立劳动合同。

2　法人单位领导班子原则上与本单位订立劳动合同，分支机构领导班子劳动合同订立的单位主体由其上级单位确定。

▲ 订立主体概述

（1）订立细节。

员工不与用人单位订立劳动合同的，用人单位向员工下达劳动合同逾期未订立通知书后，员工仍不订立的，用人单位应在用工之日起一个月内与其终止劳动关系。

劳动合同书及重要附件应由员工本人签字，用人单位应验证员工签字的真实性，各单位可视情况要求员工同时盖手印；劳动合同加盖用人单位公章或劳动合同专用章，以及法定代表人或委托代理人印章。对于电子化劳动合同和相关附件，采用电子签字、脸谱识别等方式认证和核实员工身份。

▲ 订立细节概览（一）

与其他单位存在劳动关系的人员，用人单位不得与其建立劳动关系和订立劳动合同。已与其他单位解除或者终止劳动合同的人员，与用人单位订立劳动合同时，应提供解除或者终止劳动合同的相应证明材料。合同执行过程中，发现本单位员工与其他单位存在劳动关系的，用人单位应要求员工解除与其他单位或本单位的劳动合同，用人单位受损失的，有权向劳动者追偿。

用人单位与员工首次订立劳动合同并约定试用期，应同时订立试用期协议书。试用期间，用人单位可按照试用期协议与不符合相关要求的员工解除劳动合同。

▲ 订立细节概览（二）

（2）劳动合同签订的期限。

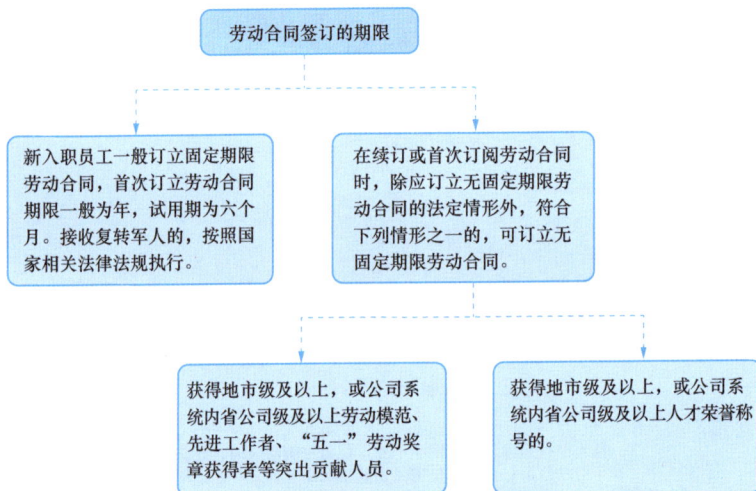

```
                    劳动合同签订的期限
         ┌─────────────────────┴─────────────────────┐
  新入职员工一般订立固定期限          在续订或首次订阅劳动合同
  劳动合同，首次订立劳动合同          时，除应订立无固定期限劳
  期限一般为年，试用期为六个          动合同的法定情形外，符合
  月。接收复转军人的，按照国          下列情形之一的，可订立无
  家相关法律法规执行。              固定期限劳动合同。
                          ┌──────────────┴──────────────┐
               获得地市级及以上，或公司系          获得地市级及以上，或公司系
               统内省公司级及以上劳动模范、         统内省公司级及以上人才荣誉称
               先进工作者、"五一"劳动奖          号的。
               章获得者等突出贡献人员。
```

▲ 劳动合同签订的期限

（3）工作岗位和工作地点。

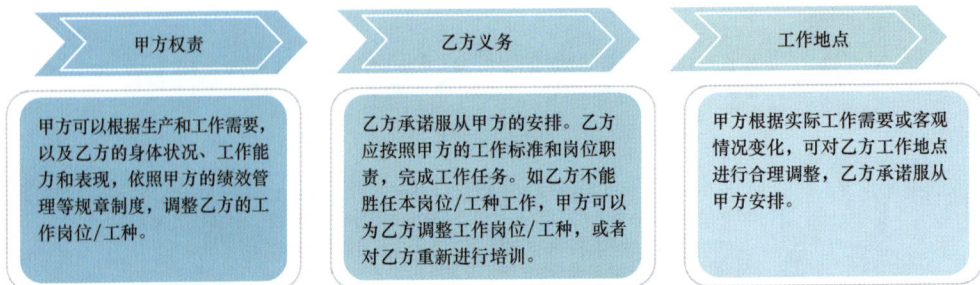

甲方权责	乙方义务	工作地点
甲方可以根据生产和工作需要，以及乙方的身体状况、工作能力和表现，依照甲方的绩效管理等规章制度，调整乙方的工作岗位/工种。	乙方承诺服从甲方的安排。乙方应按照甲方的工作标准和岗位职责，完成工作任务。如乙方不能胜任本岗位/工种工作，甲方可以为乙方调整工作岗位/工种，或者对乙方重新进行培训。	甲方根据实际工作需要或客观情况变化，可对乙方工作地点进行合理调整，乙方承诺服从甲方安排。

▲ 工作岗位和工作地点说明

（4）有关涉外事项。

1 —— 中国境内的用人单位拟聘用海外高层次人才，或台湾居民、香港和澳门居民中的中国公民，应按照公司相关规定履行审批程序，并按照《外国人在中国就业管理规定》《台湾香港澳门居民在内地就业管理规定》等办理就业许可后订立劳动合同。

2 —— 公司驻外机构中方人员驻外期间劳动合同管理按照公司驻外人员管理办法相关规定执行；聘用外籍员工，应按照驻外机构所在国的劳动、个人信息等法律法规要求执行并纳入公司人力资源计划管理。

3 —— 外籍劳动者所签订的中外文劳动合同文本不一致的，应以中文文本为准。

▲ 涉外事项

4. 附加协议

用人单位可根据工作需要，与员工订立专项培训协议书、保密协议书、竞业限制协议书、特别权利义务协议书等。

专项培训协议书
用人单位为员工提供专项培训，且支付相关费用的，可订立专项培训协议书，约定服务期和违约金。

竞业限制协议书
用人单位应针对涉密的经营、管理、技术及重要技能岗位职责内容，建立竞业限制岗位范围或名录，经各单位履行决策程序，公示后印发正式文件。相关岗位人员上岗时，用人单位应与其订立竞业限制协议书。

特别权利义务协议书
用人单位和员工均应做到诚实信用，恪守诺言。用人单位为员工提供特殊待遇、办理特殊地区户口等，应与员工订立特别权利义务协议书。

竞业限制通知书
在解除或终止劳动合同时，根据竞业限制岗位范围或名录及员工相关工作情况确定竞业限制是否施行。用人单位与订立竞业限制协议的员工解除或者终止劳动合同时，经履行决策程序，向员工送达竞业限制通知书的，竞业限制协议生效。用人单位未发出竞业限制通知书的，竞业限制协议自始无效。

▲ 涉及经济补偿的几种重要附加协议

5. 劳动保护、劳动条件和职业危害防护

1 甲方为乙方提供必要的劳动条件、劳动保护和劳动工具，建立健全生产和安全操作规程、工作规范和劳动安全卫生制度及其标准。

2 甲方负责对乙方进行业务素质、技术水平、劳动安全卫生及有关规章制度的教育和培训。

▲ 劳动保护、劳动条件和职业危害防护（一）

3	乙方应当按照甲方的规定参加培训，达到相关岗位对其知识、技能等的要求，取得相应的职（执）业资格证书和培训合格证书，持证上岗。
4	除乙方已经参加专门培训取得特种作业资格外，甲方安排乙方从事特种作业的，必须按国家规定对乙方进行专门培训并取得特种作业资格。
5	乙方违反安全操作规程，造成人身、设备事故或财产损失的，应按规定承担相应责任，接受甲方的调查处理。
6	甲乙双方严格执行国家和甲方所在地政府有关工伤事故和职业病报告制度。
7	甲方按国家和甲方所在地政府有关规定对女员工实行特殊劳动保护。

▲ 劳动保护、劳动条件和职业危害防护（二）

6. 合同到期续签

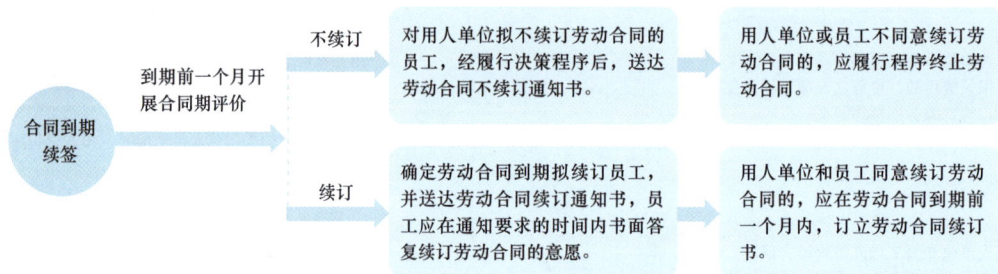

▲ 合同到期续签程序

首次订立固定期限劳动合同的员工，在合同期限内有以下情形之一的，用人单位原则上不得与其续订劳动合同。

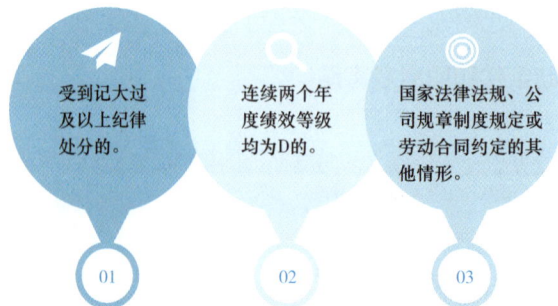

受到记大过及以上纪律处分的。 **01**

连续两个年度绩效等级均为D的。 **02**

国家法律法规、公司规章制度规定或劳动合同约定的其他情形。 **03**

▲ 原则上不得续订劳动合同的三种情形

7. 合同地址

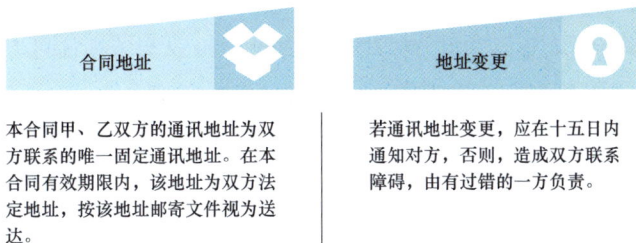

合同地址	地址变更
本合同甲、乙双方的通讯地址为双方联系的唯一固定通讯地址。在本合同有效期限内，该地址为双方法定地址，按该地址邮寄文件视为送达。	若通讯地址变更，应在十五日内通知对方，否则，造成双方联系障碍，由有过错的一方负责。

▲ 合同地址规定

8. 紧急联系人

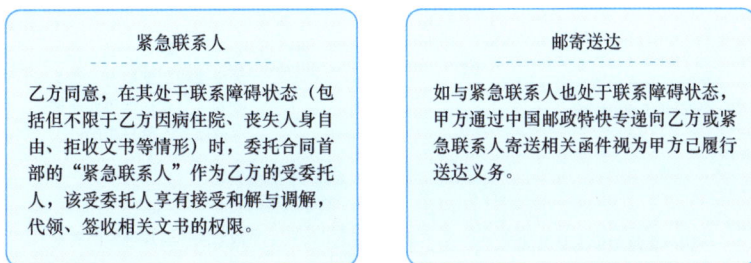

紧急联系人	邮寄送达
乙方同意，在其处于联系障碍状态（包括但不限于乙方因病住院、丧失人身自由、拒收文书等情形）时，委托合同首部的"紧急联系人"作为乙方的受委托人，该受委托人享有接受和解与调解，代领、签收相关文书的权限。	如与紧急联系人也处于联系障碍状态，甲方通过中国邮政特快专递向乙方或紧急联系人寄送相关函件视为甲方已履行送达义务。

▲ 紧急联系人

（三）劳动合同的变更

1. 系统内跨单位调动合同签订

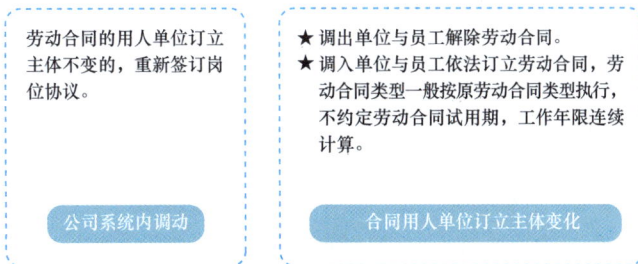

劳动合同的用人单位订立主体不变的，重新签订岗位协议。	★ 调出单位与员工解除劳动合同。 ★ 调入单位与员工依法订立劳动合同，劳动合同类型一般按原劳动合同类型执行，不约定劳动合同试用期，工作年限连续计算。
公司系统内调动	合同用人单位订立主体变化

▲ 系统跨单位调动合同签订概述

2. 甲方发生变更

甲方变更名称、法定代表人、主要负责人或者投资人等事项，不影响本合同的履行。甲方发生合并或者分立等情况，本合同继续有效，由承继其权利和义务的用人单位继续履行。

3. 变更注意事项

甲方与乙方协商一致，可以变更劳动合同约定的内容。变更劳动合同，应当采用书面形式。

（四）劳动合同的中止

1. 中止的定义

劳动合同的中止是指劳动合同存续期间，由于某些因素导致劳动关系主体双方主要权利义务在一定时期内暂时停止履行。

2. 中止适用范围

员工有以下情形之一的，用人单位可与其中止劳动合同。

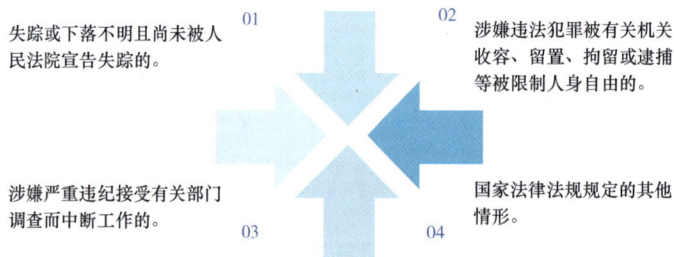

01 失踪或下落不明且尚未被人民法院宣告失踪的。

02 涉嫌违法犯罪被有关机关收容、留置、拘留或逮捕等被限制人身自由的。

03 涉嫌严重违纪接受有关部门调查而中断工作的。

04 国家法律法规规定的其他情形。

▲ 中止劳动合同的适用范围

3. 订立中止（恢复）劳动合同协议书

劳动合同中止期间，社会保险、住房公积金关系随之中断，统筹地区政策另有规定的，从其规定。期间，用人单位暂停履行劳动合同规定的相应义务。

劳动报酬　　休息休假　　企业年金

福利待遇　　补充医疗保险

▲ 劳动合同中止期间用人单位暂停履行的义务概览

4. 中止的恢复

具有下图情况的员工，自期满或解除强制措施之日起，员工应在一个月内与用人单位办理相关手续，恢复劳动合同的正常履行。出现解除和终止劳动合同情形的，按公司员工退出管理规定相关程序办理。

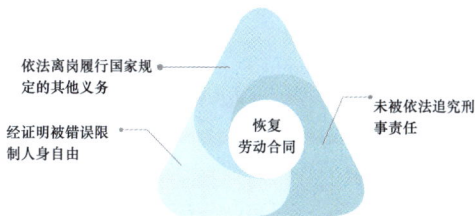

▲ 劳动合同中止的恢复情况概览

（五）劳动合同的解除和终止

1. 解除劳动合同方式

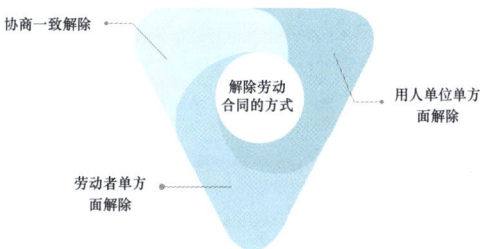

▲ 解除劳动合同的三种方式

2. 协商一致解除劳动合同

用人单位与员工协商一致，可以解除劳动合同。

3. 劳动者单方面解除劳动合同

类别	条款内容
劳动者无需告知用人单位，可立即解除劳动合同情形（2种）	1.甲方以暴力、威胁或者非法限制人身自由的手段强迫劳动的。
	2.违章指挥、强令冒险作业危及乙方人身安全的。
劳动者可解除劳动合同情形（7种）	1.甲乙双方协商一致的。
	2.未按照本合同约定提供劳动保护或者劳动条件的。
	3.未及时足额支付劳动报酬的。
	4.未依法为乙方缴纳社会保险费的。
	5.甲方的规章制度违反法律、法规的规定，损害乙方权益的。
	6.以欺诈、胁迫的手段或者乘人之危，使乙方在违背真实意思的情况下订立或者变更本合同的。
	7.劳动合同免除甲方的法定责任、排除乙方权利，导致合同无效的。

▲ 劳动者单方面解除劳动合同的情形

4. 用人单位单方面解除劳动合同

类别	条款内容
用人单位单方面解除劳动合同的情形（31种）	1.在试用期间被证明不符合录用条件或违反试用期协议相关约定的。
	2.严重违反甲方规章制度的。
	3.严重失职，营私舞弊，给甲方造成重大损害的。
	4.同时与其他用人单位建立劳动关系，或在外从事兼职，对完成甲方的工作任务造成严重影响，或者经甲方提出，拒不改正的。
	5.以欺诈、胁迫的手段或者乘人之危，使甲方在违背真实意思的情况下订立或者变更本合同的。
	6.被依法追究刑事责任的。
	7.留用察看期内再次发生违规违纪行为的。
	8.连续旷工15天及以上的，或一年累计旷工30天及以上的。
	9.乙方提出脱产参加学历教育或出国留学的。
	10.原停薪留职或长学人员，甲方通知其回本单位工作，在30日内未返回的。
	11.待岗员工待岗期内未按甲方规定参加待岗学习培训或待岗期满学习培训考试不合格的。
	12.待岗员工待岗学习培训考试合格重新上岗后，当年绩效等级仍为D的。
	13.无理取闹或以胁迫等手段强求企业满足个人不正当利益、聚众闹事，影响生产、工作秩序，情节严重或给企业造成重大及以上经济损失的。
	14.出国（境）人员违反外事工作纪律，触犯驻在国法律法规，被追究法律责任，给企业造成恶劣影响，或造成特大经济损失，或在外停留不归的。
	15.利用职务便利，贪污、侵吞、窃取、骗取或以其他手段非法占有企业财物，情节严重或给企业造成重大及以上经济损失的。
	16.违反有关规定，将国有资产（含集体资产）私分给个人，情节严重或给企业造成重大及以上经济损失的。
	17.利用职务便利，将应当由个人支付的费用，由企业、下属单位、其他单位支付或报销，情节严重或给企业造成重大及以上经济损失的。
	18.利用职务便利，从事有偿中介谋取不正当利益，将经济往来中的佣金、回扣、中介费等据为己有或私分，情节严重或给企业造成重大及以上经济损失的。
	19.利用职务便利，通过同业经营或关联交易为本人或特定关系人谋取利益，为亲友从事经营活动提供便利条件，损害企业利益，情节严重或给企业造成重大及以上经济损失的。
	20.利用职务便利，索取、非法收受、变相非法收受他人礼品、礼金、有价证券、支付凭证等贿赂，情节严重或给企业造成重大及以上经济损失的。
	21.参加可能影响公正执行公务的宴请、庆典活动，参加业务相关单位提供的休闲娱乐、旅游等活动，以操办婚丧喜庆、本人或亲属生病住院、升学、出国等为由，借机敛财，情节严重或给企业造成重大及以上经济损失的。
	22.利用职务便利，违反规定配备、使用公务用车的，公款高档消费，公款旅游等挥霍浪费企业财产，情节严重或给企业造成重大及以上经济损失的。
	23.捏造事实，煽动、组织、胁迫、以财物诱使、幕后操纵到政府有关部门群体上访的。
	24.乙方未能在到岗后30天内提供其被录用的相关资料，致使甲方无法办理录用及社会保险缴纳手续的。
	25.乙方被查实在应聘时向甲方提供的个人履历及其他资料（包括但不限于离职证明、身份证明、户籍证明、学历证明、体检证明等）是虚假或伪造的。
	26.乙方在应聘前患有精神病、国家明确的传染性疾病及其他严重影响工作的疾病，未治愈而在应聘时未声明的。
	27.乙方隐瞒或未提供真实的违法违纪历史的。
	28.乙方患病或者非因工负伤，在规定的医疗期满后不能从事原工作，也不能从事由甲方另行安排的工作的。

▲ 用人单位单方面解除劳动合同的情形（一）

类别	条款内容
用人单位单方面解除劳动合同的情形（31种）	29.乙方不能胜任工作，经过培训或者调整工作岗位，仍不能胜任工作的。
	30.本合同订立时所依据的客观情况发生重大变化，致使本合同无法履行，经甲乙双方协商，未能就变更本合同内容达成协议的。
	31.甲方濒临破产进行法定整顿期间，或者生产经营发生严重困难，经向工会或者全体员工说明情况，听取工会或者员工的意见，并向劳动保障行政部门报告后。

▲ 用人单位单方面解除劳动合同的情形（二）

5. 单方面解除劳动合同流程

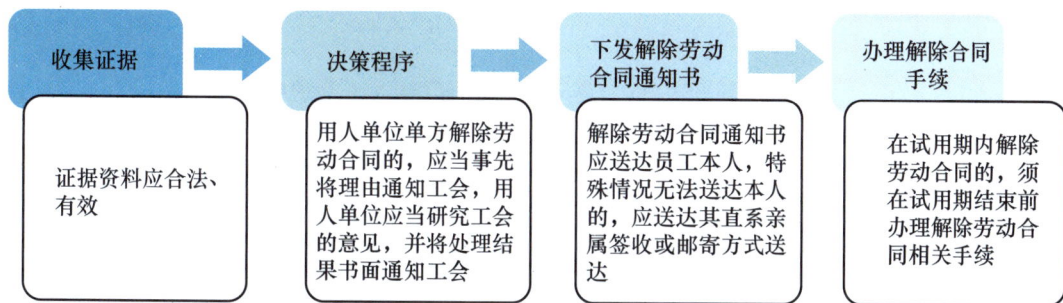

收集证据	决策程序	下发解除劳动合同通知书	办理解除合同手续
证据资料应合法、有效	用人单位单方解除劳动合同的，应当事先将理由通知工会，用人单位应当研究工会的意见，并将处理结果书面通知工会	解除劳动合同通知书应送达员工本人，特殊情况无法送达本人的，应送达其直系亲属签收或邮寄方式送达	在试用期内解除劳动合同的，须在试用期结束前办理解除劳动合同相关手续

▲ 用人单位单方面解除劳动合同流程

6. 劳动合同的终止

劳动合同终止的6种情形。

★ 本合同期满，或合同约定的工作任务已经完成的

★ 乙方开始依法享受基本养老待遇或达到法定退休年龄的

★ 乙方死亡、被人民法院宣告死亡或者宣告失踪的

★ 甲方被依法宣告破产的

★ 甲方被吊销营业执照、责令关闭、撤销或者甲方决定提前解散的

★ 法律、行政法规规定的其他情形

▲ 劳动合同终止的6种情形

劳动合同期满需延续至情形消失后终止的 6 种情形。

1.从事接触职业病危害作业的劳动者未进行离岗前职业健康检查，或者疑似职业病病人在诊断或者医学观察期间的；

2.在本单位患职业病或者因工负伤并被确认丧失或者部分丧失劳动能力的；（丧失或者部分丧失劳动能力劳动者的劳动合同的终止，按照国家有关工伤保险的规定执行。）

3.患病或者非因工负伤，在规定的医疗期内的；

4.女职工在孕期、产期、哺乳期的；

5.在本单位连续工作满十五年，且距法定退休年龄不足五年的；

6.法律、行政法规规定的其他情形。

▲ 劳动合同期满需延续至情形消失后终止的 6 种情形

7. 经济补偿、赔偿金和违约金

条款内容	类别
用人单位应按照《劳动合同法》等法律法规规定额度支付经济补偿，在员工办结工作交接并签收解除劳动合同证明书时支付。竞业限制期间，用人单位按照竞业限制协议约定按月向相关人员支付经济补偿，补偿标准根据其离职前十二个月平均工资的30%确定(地方另有规定的，从其规定)，低于劳动合同履行地最低工资标准的，按最低工资标准执行。	经济补偿
在约定服务期内，因员工过错，用人单位依法解除或者终止劳动合同的，员工应按照劳动法律和劳动合同的约定向用人单位支付违约金。违反竞业限制约定的，应按协议约定向用人单位支付违约金，违约金不低于其离职前一年度应发工资的三倍。	违约金
员工签订特别权利义务协议书后，违反诚实信用原则提前解除劳动合同的，应承担赔偿责任并支付赔偿金。	赔偿金

▲ 经济补偿、赔偿金和违约金概览

8. 解除、终止劳动合同后续

情形	条款内容
用人单位应提供的交接资料	★甲方应当为乙方出具解除或终止劳动合同证明。 ★在十五日内为乙方办理档案和社会保险关系转移手续。
劳动者应提供的交接资料（包括但不限于）	★归还所有代表甲方员工身份的证明文件，如工作证、介绍信函、员工信息卡等。 ★归还所有甲方文件、资料、记录、设备、工具、文具、通讯设备等；删除带有甲方商业秘密或甲方要求删除的文件、资料等电子文档，且不得保留和使用。 ★归还更衣箱、工具箱以及员工保管的所有甲方的钥匙。 ★向继任者或甲方指派的其他同事交代清楚所有工作。 ★从事接触职业病危害作业的乙方未进行离岗前职业健康检查，或者疑似职业病病人在诊断或者医学观察期间的。 ★与财务部门结算所有应付款项、应收款项。 ★其他根据甲方规定必须移交的物品。
甲方不能及时办理相关手续需乙方承担的情形	★乙方未按时领取和签收《解除、终止劳动合同通知书》的；乙方不配合，致使甲方无法将有关解除、终止劳动合同文书按时送达乙方的。 ★乙方未按合同约定办妥工作交接手续的。 ★乙方未按规定配合甲方办理档案和社会保险的转移手续的。

▲ 解除、终止劳动合同后续

（六）其他

1. 劳动合同书管理

1 劳动合同书编号由16位字符组成，采用以下规则：前8位字符为公司人力资源管理信息系统中人员编号，后8位字符为本次合同的开始日期。

2 用人单位应加强劳动合同台账管理，及时维护劳动合同信息，劳动合同台账内容包括但不限于员工姓名、合同编号、身份证号码、性别、岗位类别、劳动合同种类、劳动合同起止时间、订立次数、联系方式等。用人单位应对劳动合同到期等情况进行预控预报，及时做好劳动合同的变更、续订、中止、解除或者终止等工作。

3 劳动合同书原则上一式两份，用人单位和员工各执一份。用人单位人力资源管理部门应对劳动合同书及相关协议文本等进行集中管理，加强劳动合同日常管理。用人单位应根据公司要求，逐步推进劳动合同电子化管理。

4 用人单位对已经解除或者终止劳动合同的文本，应至少保存三年备查，其中对退出公司系统单位涉及解除或者终止劳动合同的文本，以及员工辞职申请书等相关材料应永久保存。员工个人档案转移到公司系统外的。企业应留存员工辞职申请书原件、解除（终止）劳动合同相关文本、竞业限制通知书和协议等材料。

5 用人单位应根据公司要求，将离职人员相关材料，包括员工辞职申请书、解除或者终止劳动合同有关的通知书、签收单、证明书、各类协议、法律文书等，于离职手续全部办理完毕的5日内上传至相关信息系统。

▲ 劳动合同书管理

2. 集体合同管理

1 工会代表企业员工一方与用人单位通过平等协商，可以就劳动报酬、工作时间、休息休假、劳动安全卫生、保险福利等事项订立集体合同。集体合同草案应提交职工代表大会或全体员工讨论通过。集体协商工作流程按照公司平等协商和签订集体合同办法相关规定执行。

2 集体合同的订立、变更、解除或者终止应符合相关法律法规要求。

3 集体合同中劳动报酬和劳动条件等标准不得低于当地人民政府规定的最低标准；用人单位与员工订立的劳动合同中劳动报酬和劳动条件等标准不得低于集体合同规定的标准。

4 用人单位违反集体合同，侵犯员工劳动权益的，工会可依法要求用人单位承担责任；因履行集体合同发生争议，经协商解决不成的，工会可依法申请仲裁、提起诉讼。

▲ 集体合同管理

3.劳动争议处理

1　用人单位应设立劳动争议调解委员会，由职工代表和企业代表组成。劳动争议调解委员会负责调解本单位与员工发生的劳动争议。

2　在订立、履行、变更、中止、解除或者终止劳动合同过程中发生劳动争议的，应优先选择协商解决，不愿协商、协商不成或者达成协议后不履行的，可向用人单位劳动争议调解委员会申请调解。

3　劳动争议调解委员会应遵循双方自愿原则进行劳动争议调解，经调解达成协议的，出具调解协议书，由员工与用人单位签名或盖章，经调解员签名并加盖劳动争议调解委员会印章后生效，员工与用人单位双方应当自觉履行。

4　劳动争议调解委员会收到调解申请之日起十五日内未达成调解协议的，或者达成调解协议后不履行的，员工或用人单位均可依法向劳动合同约定的劳动争议仲裁机构申请仲裁。

5　对劳动争议仲裁裁决不服的，自收到仲裁裁决书之日起十五日内，向具有管辖权的人民法院提起诉讼。

▲ 劳动争议处理

六、《国网四川省电力公司关于印发贯彻落实〈国家电网有限公司劳动合同管理办法〉意见的通知》（川电人资［2019］17号）

（一）实施范围

公司所属全资、控股单位。本办法所称的员工是指经公司核准，在公司系统各级单位建立劳动关系，并由其直接支付工资的人员，不包括聘用的离退休等其他从业人员。

（二）劳动合同及各类协议订立工作

合同协议	签订类别	具体签订工作
劳动合同	新订或续订	★ 各级单位应参考使用劳动合同管理办法明确的劳动合同文本。 ★ 根据本单位实际需对参考文本重要内容进行适当调整的，履行本单位决策程序并报省公司同意后使用。

▲ 劳动合同及各类协议订立工作（一）

合同协议	签订类别	具体签订工作
劳动合同	双方主体	★ 法人单位领导班子成员原则上与本单位订立劳动合同。 ★ 公司及其所属各级单位设立的子公司、依法取得营业执照或登记证书的分公司性质单位，作为用人单位直接与员工订立劳动合同。 ★ 未依法取得营业执照或者登记证书的分公司性质单位，由其具有劳动合同签订主体资格的上一级单位与员工订立劳动合同。控（参）股单位维持原管理模式不变。
	跨用人主体单位调动的员工	★ 调出单位应及时办理员工解除劳动合同手续。 ★ 调入单位应于30日内办理员工签订劳动合同手续。
	新进员工	★ 劳动合同期限一般为5年，同时订立试用期协议书，试用期为6个月。 ★ 接收复转军人的，按照国家相关法律法规执行。
其他协议	岗位协议书	★ 员工定岗、岗位调整时应印发岗位聘任文件或订立岗位协议书。 ★ 对于新增退二线人员应订立退二线人员岗位协议书。
	竞业限制协议书	★ 公司制定竞业限制岗位名录，各级单位按照公司明确的竞业限制岗位，与新上或已在竞业限制岗位上的员工签订竞业限制协议书。 ★ 竞业限制协议书生效后，对已施行竞业限制的人员，按月按标准发放竞业限制经济补偿金。 ★ 竞业限制期内经济补偿金按照国家电网有限公司规定的列支渠道执行。
	专项培训协议书	★ 原则上对于培训费用超过1万元或者培训时间超过一个月的培训，培训前，员工应与用人单位签订专项培训协议书。
	特别权利义务协议书	★ 对于员工享受单位提供的安家费、分房、特殊地区户口等特殊待遇，需要签订特别权利义务协议书的，应报公司批准后签订。 ★ 员工违反诚实信用原则解除劳动合同的，应承担赔偿责任，用人单位同时将诚信失约事件存入员工个人档案，待条件成熟时，逐步将员工失信情况纳入社会通用的个人征信系统。

▲ 劳动合同及各类协议订立工作（二）

已订立无固定期限劳动合同的，原则上可不重新订立劳动合同，但对于原劳动合同订立不规范的，应重新订立劳动合同或重点针对应解除劳动合同的 31 种情形等涉及员工切身利益的条款签订劳动合同变更协议书（含补签各类协议）。

（三）员工通道

1. 严格实施考勤管理

严肃劳动纪律，加大员工考勤力度，着重规范的考勤管理内容如下图所示。

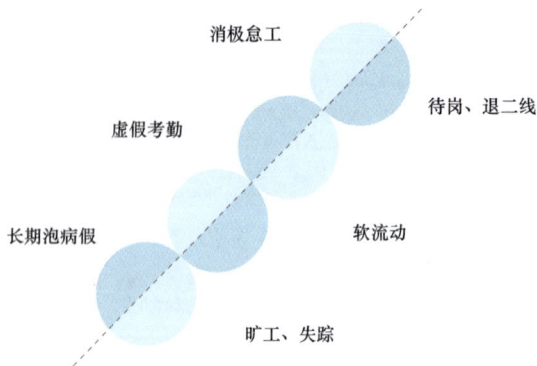

▲ 规范考勤管理内容

2. 严格实施绩效管理

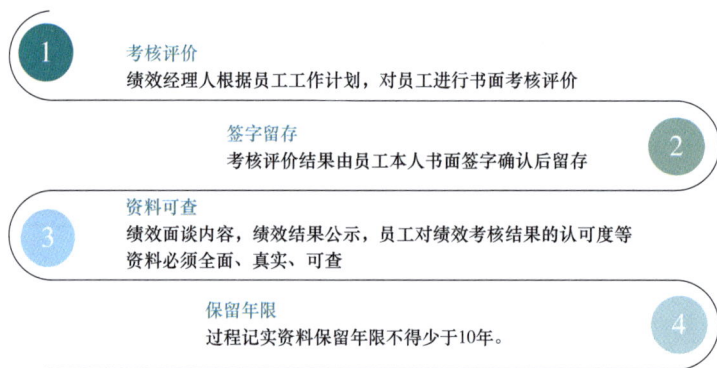

1 **考核评价**
绩效经理人根据员工工作计划，对员工进行书面考核评价

2 **签字留存**
考核评价结果由员工本人书面签字确认后留存

3 **资料可查**
绩效面谈内容，绩效结果公示，员工对绩效考核结果的认可度等
资料必须全面、真实、可查

4 **保留年限**
过程记实资料保留年限不得少于10年。

▲ 绩效管理概览

3. 严格实施转岗、降岗、待岗管理

按照《国家电网公司转岗培训管理规定》和《国家电网公司员工退出管理规定》相关规定执行。

4. 严格实施待（复）岗培训管理

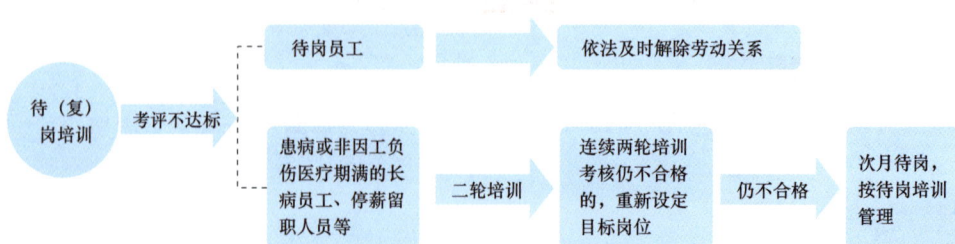

▲ 待（复）岗培训管理概览

（四）严格实施劳动合同解除或终止管理

（1）对证据链完整显示已达到解除（终止）劳动合同条件的员工，依法依规办理解除（终止）员工劳动合同手续。

（2）对于用人单位提出解除（终止）劳动合同的，用人单位均应与员工签订解除（终止）劳动合同协议书，明确工资支付、经济补偿金支付、工作交接、竞业限制等事项详细内容如下图所示。

试用期和首次订立劳动合同的员工	★各级单位要充分用好试用期和首次订立劳动合同两个重要窗口期。 ★对不符合试用期协议、劳动合同书相关条款要求的员工，严格按照试用期协议书依法解除劳动合同，或在首次订立的劳动合同期满后不再续订。
患病或非因工负伤医疗期满的员工	★由本人提出申请，出具县级以上（含县级）医院证明，经市级劳动能力鉴定委员会确认和单位同意，参加用人单位组织的复岗培训期满并考评合格后方可重新上岗。 ★按公司规定程序完成全部培训考评流程仍达不到岗位要求的，用人单位应依法与其解除劳动合同。
针对历史遗留的停薪留职人员	★停薪留职的时间一般不超过2年。 ★停薪留职期满，本人愿意回单位继续工作的，需在期满前30日向原单住或已关停企业的上级主管部门提出申请，经单位组织的复岗培训期满考评合格后方可重新上岗。 ★按公司规定程序完成全部培训考评流程仍达不到岗位要求的，用人单位应依法与其解除劳动合同。 ★用人单位通知停薪留职人员回单位工作，停薪留职人员在30日内未返回的，用人单位应依法与其解除劳动合同。
旷工员工	★各级单位要严格执行考勤制度，做好考勤记录，区别性质依法进行处理。 ★对连续无故旷工15天及以上的，或1年内累计无故旷工30天及以上的，所在单位应与员工解除劳动合同。 ★对因有不可抗拒的因素影响，员工无法履行请假手续的旷工员工，用人单位须严格按照劳动合同管理办法中关于劳动合同的中止相关规定办理。
失踪员工	★员工失踪或下落不明已在公安机关立案，但尚未被人民法院宣告失踪的，用人单位须严格按照劳动合同管理办法中关于劳动合同的中止相关规定办理。 ★对依法被人民法院宣告失踪或宣告死亡的员工，根据《劳动合同法》《国家电网公司员工退出管理规定》和劳动合同管理办法，用人单位应依法依规终止与该员工的劳动合同。

▲ 劳动合同解除或终止情况概览

七、《国网四川省电力公司关于印发进一步盘活存量加强员工有序流动指导意见的通知》（川电人资〔2019〕50号）

（一）流动方式

1. 县公司、地市支撑机构内部流动

县公司、地市支撑机构内部流动
由县公司、地市支撑机构组织，通过组织调配、岗位竞聘等方式将超员专业员工经转岗培训考核合格后调剂到缺员专业岗位，重点加大一般和辅助岗位员工转岗培训，合格后调整补充到一线核心企业岗位。

▲ 县公司、地市支撑机构内部流动方式

2. 地市公司内部（地市本部、县公司、地市支撑机构）流动

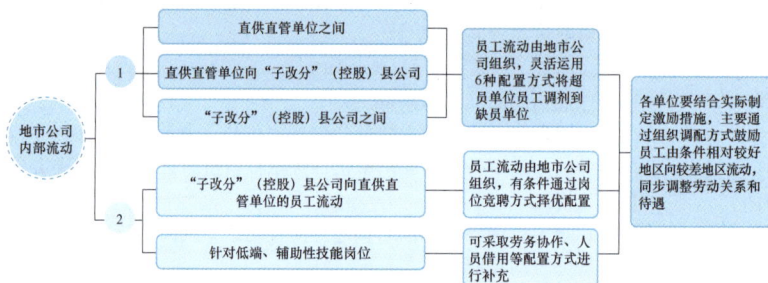

▲ 地市公司内部流动方式

3. 各地市级单位之间流动

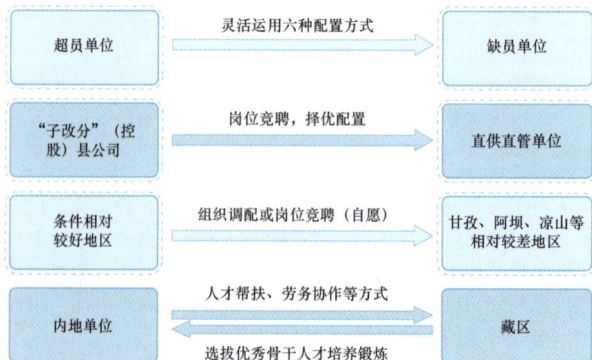

▲ 各地市级单位之间流动方式

（二）流动条件

流动条件见下图。

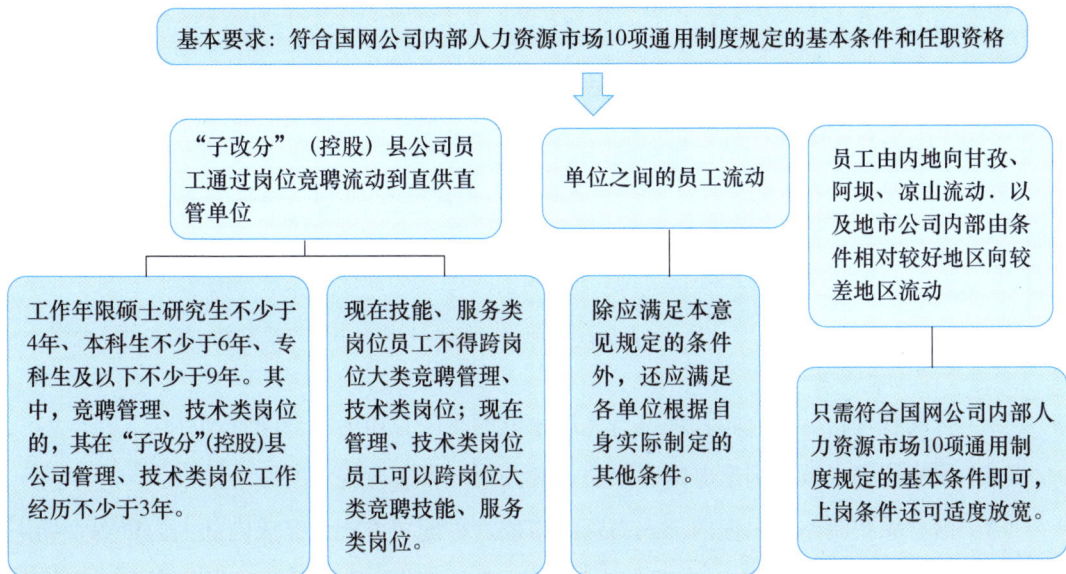

基本要求：符合国网公司内部人力资源市场10项通用制度规定的基本条件和任职资格

| "子改分"（控股）县公司员工通过岗位竞聘流动到直供直管单位 | 单位之间的员工流动 | 员工由内地向甘孜、阿坝、凉山流动，以及地市公司内部由条件相对较好地区向较差地区流动 |

| 工作年限硕士研究生不少于4年、本科生不少于6年、专科生及以下不少于9年。其中，竞聘管理、技术类岗位的，其在"子改分"(控股)县公司管理、技术类岗位工作经历不少于3年。 | 现在技能、服务类岗位员工不得跨岗位大类竞聘管理、技术类岗位；现在管理、技术类岗位员工可以跨岗位大类竞聘技能、服务类岗位。 | 除应满足本意见规定的条件外，还应满足各单位根据自身实际制定的其他条件。 | 只需符合国网公司内部人力资源市场10项通用制度规定的基本条件即可，上岗条件还可适度放宽。 |

▲ 流动条件

（三）流动程序

1. "子改分"（控股）县公司员工到直供直管单位

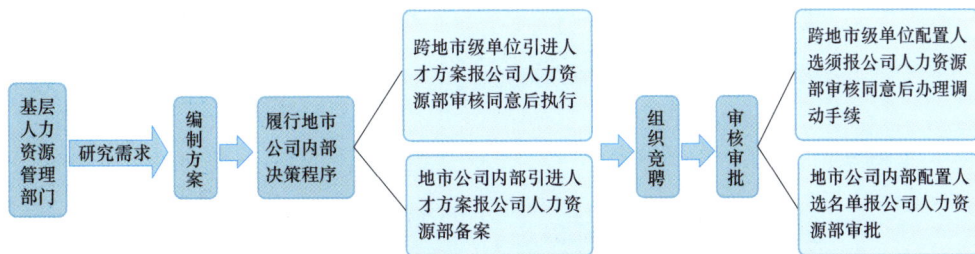

基层人力资源管理部门 → 研究需求 → 编制方案 → 履行地市公司内部决策程序 → 跨地市级单位引进人才方案报公司人力资源部审核同意后执行 / 地市公司内部引进人才方案报公司人力资源部备案 → 组织竞聘 → 审核审批 → 跨地市级单位配置人选须报公司人力资源部审核同意后办理调动手续 / 地市公司内部配置人选名单报公司人力资源部审批

▲ 县公司岗位竞聘到直供直管单位流动程序

2. 其他单位之间的员工流动

按照国家电网公司内部人力资源市场 10 项通用制度执行。

（四）后续管理

后续管理主要内容见下图。

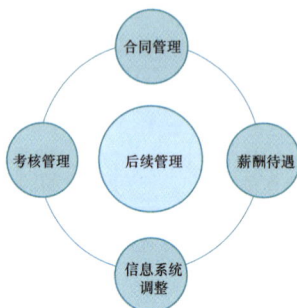

▲ 后续管理主要内容

（1）合同管理：劳动合同管理执行《国家电网有限公司劳动合同管理办法》。

（2）薪酬待遇：按照国家电网有限公司和公司规章制度规定的标准执行。

（3）信息系统调整：根据内部人力资源市场六种配置方式，完成内部人力资源市场信息平台、人资 ERP 信息系统同步调整。"子改分"（控股）县公司通过岗位竞聘、组织调配方式到直供直管单位工作的，ERP 系统内员工信息不做变更。

（4）考核管理。

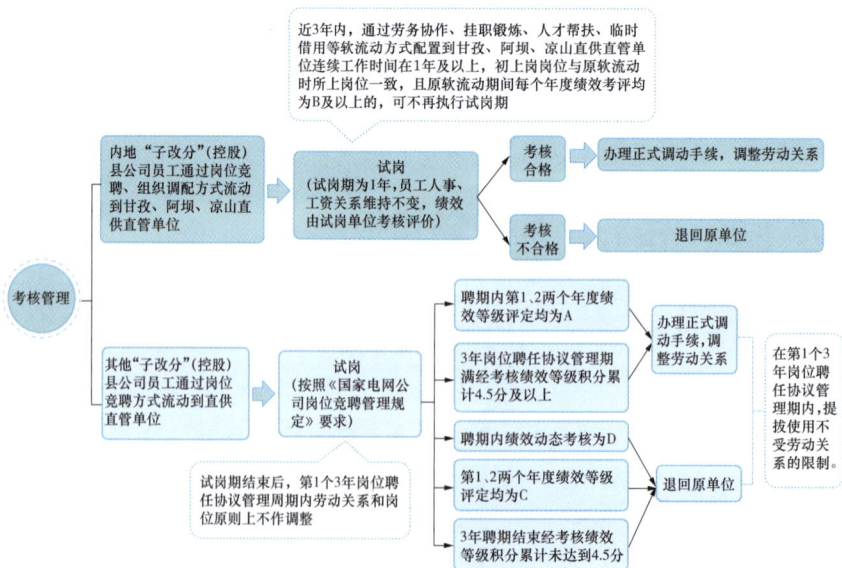

▲ 考核管理

（五）其他相关事宜

其他相关事宜主要内容见下图。

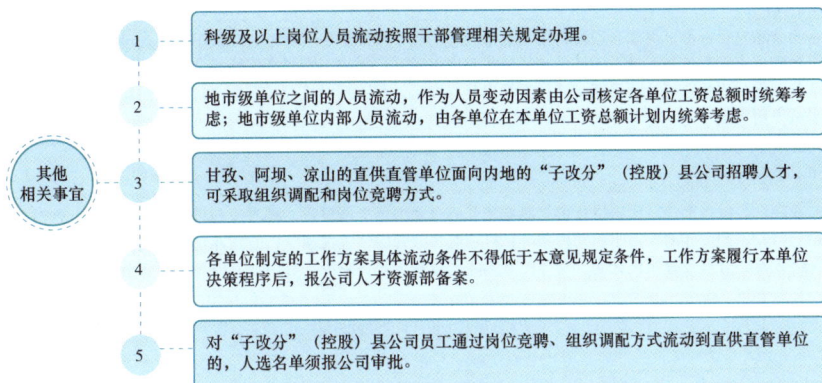

其他相关事宜

1　科级及以上岗位人员流动按照干部管理相关规定办理。

2　地市级单位之间的人员流动，作为人员变动因素由公司核定各单位工资总额时统筹考虑；地市级单位内部人员流动，由各单位在本单位工资总额计划内统筹考虑。

3　甘孜、阿坝、凉山的直供直管单位面向内地的"子改分"（控股）县公司招聘人才，可采取组织调配和岗位竞聘方式。

4　各单位制定的工作方案具体流动条件不得低于本意见规定条件，工作方案履行本单位决策程序后，报公司人才资源部备案。

5　对"子改分"（控股）县公司员工通过岗位竞聘、组织调配方式流动到直供直管单位的，人选名单须报公司审批。

▲ 其他相关事宜

八、《国网四川省电力公司转发国网人资部关于解决公司一线人力资源结构性矛盾意见》（川电人资〔2019〕99号）

（一）主要问题

公司用工总量大、可用人才少、工作效率低是各单位面临的主要问题。一线人力资源结构性矛盾仍不同程度存在，主要表现见下图。

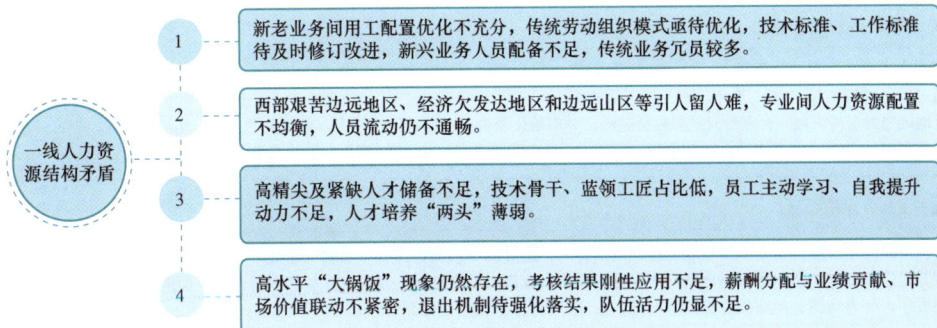

一线人力资源结构矛盾

1　新老业务间用工配置优化不充分，传统劳动组织模式亟待优化，技术标准、工作标准待及时修订改进，新兴业务人员配备不足，传统业务冗员较多。

2　西部艰苦边远地区、经济欠发达地区和边远山区等引人留人难，专业间人力资源配置不均衡，人员流动仍不通畅。

3　高精尖及紧缺人才储备不足，技术骨干、蓝领工匠占比低，员工主动学习、自我提升动力不足，人才培养"两头"薄弱。

4　高水平"大锅饭"现象仍然存在，考核结果刚性应用不足，薪酬分配与业绩贡献、市场价值联动不紧密，退出机制待强化落实，队伍活力仍显不足。

▲ 一线人力资源结构矛盾

（二）工作措施

1. 优化组织设置，提高劳动效率

优化组织模式

修订完善供电企业劳动定员标准，科学合理测算用工总量需求，进一步压减用工总量。分级下放机构设置（调整）权限，建立组织机构诊断评估机制和动态调整机制，针对新技术、新装备应用以及客户需求不断提升等情况，及时修订技术标准、工作标准，压缩不必要的工作环节，优化设备巡视检测周期，强化大数据分析应用，解决新增机构易、整合机构难问题，因地制宜、精干高效优化组织体系，逐步减少用工需求。

优化一线班组和岗位设置

加强一线班组专业融合，重点围绕城区网格化供电服务和乡镇全能型供电所建设，推进业务相近、链条相关、性质相似的班组整合调整，推进运检一体、营配一体的末端组织架构融合，打造业务融合的"强前端"。鼓励在班组设置复合型岗位，推进末端岗位融合，优化岗位岗级体系，合理设置岗级区间，培养一专多能复合型人才，减少人员内耗，提高用工效率。

▲ 优化组织设置措施

2. 加强用工管理，解决专业和区域配置不平衡问题

优化各专业人员配置

加强用工计划管理，优化用工配置策略，进一步盘活内部人力资源，主业用工聚焦关键核心业务，低端业务合理实施业务外包。建立健全全口径人工成本管控机制，实现省、市层面费用综合调剂，逐级划小核算单元，在各层级组织推进"增人不增费、减人不减资"，提高用工效率和劳动生产率。畅通市县之间、县县之间员工流动渠道，市县一体化盘活存量，促进向艰苦边远地区、欠发达地区、缺员单位生产一线岗位流动，提高区域间、专业间、岗位间用工配置水平。

加大艰苦地区流动政策倾斜

各单位可根据工作需要，在国家确定的艰苦边远地区名录基础上，确定本单位欠发达地区名录，执行公司关于艰苦边远、欠发达地区支持政策。加大对艰苦边远、欠发达地区流动政策支持，适当放宽流动人员的学历、工作年限等条件要求，鼓励各单位制定艰苦边远、欠发达地区的流动激励倾斜措施。促进与艰苦边远、欠发达地区间的挂职锻炼、人才帮扶和劳务协作，鼓励各级单位内部发达地区、欠发达地区和条件艰苦地区人员定期轮换。

▲ 加强用工管理措施

3. 加强人才培养引进，提升员工整体工作效率

注重高端紧缺人才培养引进

发挥高端人才引领作用，依托四室一站（各级实验室、劳模创新工作室、技能大师工作室、专家工作室和博士后站），遴选急需人才，通过重大科技项目研发、重点工程项目建设和重要管理项目研究历练成才，同时在项目、经费、人员等方面给予支持，并对艰苦边远地区加大支持力度。合理授权开展社会招聘，对市场化单位可选聘职业经理人、高端急需人才，明确责权利，一岗一契约。对特定资质和市场急需人才有迫切需求的单位，可在总量控制的前提下，因地制宜面向社会公开招聘。

注重蓝领工匠人才培养

倡导员工全职业生涯学习，落实终身职业技能培训要求，通过现场培训、岗位练兵和师带徒等多种方式，常态化开展员工适岗、转岗、晋升等过程培养。加强配套制度研究，促进一线技术技能人员立足岗位成长成才。加大对独当一面的专家型人才、一专多能的复合型人才、优秀班组长的薪酬分配倾斜力度，形成一线岗位成才的正面导向。

▲ 加强人才培养引进措施

4. 畅通职业通道，立足岗位成才

畅通一线员工职业发展

完善职员职级设置，优先在生产、基建、研发、市场开拓等一线岗位推行职员制度，对长期扎根一线和艰苦边远地区的员工适当放宽聘任条件。推行岗位聘任制，打破岗位终身制，促进能者上、庸者下，为员工畅通职业发展通道。注重一线员工职业发展，在职务（职级）晋升、职员评选或岗位竞聘时，有2年及以上一线班组长、供电所长岗位经历人员，或参加挂职锻炼、人才帮扶、劳务协作、人才扶贫等表现优秀人员要优先考虑，让在艰苦一线岗位工作人员得到更多发展机会。

注重专家人才效能评价

实行人才分级管理，遵循谁选拔、谁使用、谁培养、谁考核的原则，发挥专业部门的主导作用和用人单位的主体责任，共同抓好各类人才选拔、使用和评价。创新开展专家人才业绩贡献后评估，树立鲜明的效益贡献和业绩评价导向，评估优秀的可增加一次性奖励，不合格的不予兑现，连续评估结果较差的取消专家人才称号并核减薪档积分，形成专家人才优进劣汰的动态管理模式，发挥好专家人才以点带面的辐射引领作用。

▲ 畅通职业通道措施

5. 加强激励约束，激发内生动力

加强绩效管理

坚持定量考核与定性评价相结合，进一步优化年度绩效考评方法，自主确定绩效C、D等级评定比例和规则，客观准确地评价员工的绩效表现。充分发挥各级绩效经理人作用，授予绩效经理人考核评价权、工资分配权和员工使用建议权，研究建立创新类考核容错机制，加强绩效经理人履职评价考核，促进各级绩效经理人主动担当履责。

加强薪酬分配激励

优化工资总额分配，盘活工资存量、用好工资增量，重点向劳动效率高、业绩贡献大的部门、团队和班组倾斜，对效率下降、出现较大以上安全生产事故的不仅要去增量、还要减存量，做到奖罚分明，让员工与企业共进退。健全岗位绩效工资制度，重点针对关键核心骨干、高端专家人才、绩效突出员工、业绩突出的复合型人才、艰苦边远地区人员等，加大精准激励力度，创新绩效工资分配机制，鼓励开展包干分配试点，倒逼解决一线班组缺员和"空心化"问题。提高激励精准性，打破高水平大锅饭。

▲ 加强激励约束措施

第四节
薪酬管理制度办法核心条款展示

一、《国网四川省电力公司关于进一步优化薪酬分配体系促进收入能增能减的意见》（川电人资〔2019〕82号）

（一）工作内容

工作内容

强化岗薪动态管理，体现岗位薪酬价值	优化工资核定规则，促进薪绩同向升降	完善团队绩效工资核定机制，实现效率效益联动	健全员工工资分配方式，合理拉开收入差距	丰富专项工资分配维度，增强薪酬精准激励力度
·坚持岗变薪变 ·加强岗位薪点管理	·柔性设置工资单元占比 ·合理确定绩效工资核定要素	·促进绩效工资与人员配置及业绩考核联动 ·强化绩效工资与经营效益联动	·下放绩效工资分配权 ·规范管理休假待遇和补贴	·创新专项激励措施，加大薪酬分配向关键核心人才倾斜

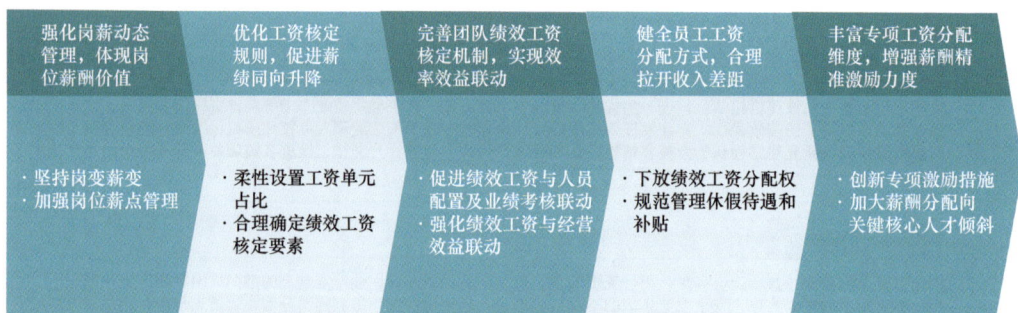

▲ 优化薪酬分配体系工作内容概述

（二）具体任务

坚持岗变薪变	各单位要结合岗位聘期制管理，完善岗位与薪酬动态调整机制，坚持以岗定薪，岗变薪变。

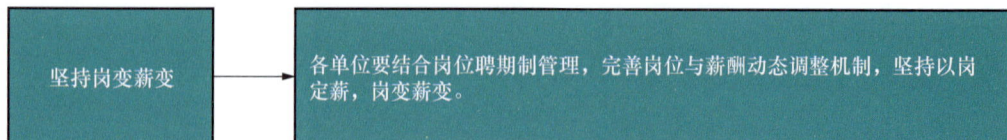

▲ 优化薪酬分配体系具体工作内容（一）

加强岗位薪点管理	各单位可结合公司薪级动态调整积分管理方案自主设置积分评价项目，市场化单位可根据企业经营效益灵活设置浮动薪点值。
柔性设置工资单元占比	地市供电企业和直属单位绩效工资占比原则上不低于年度工资总额的50%，市场化单位可适度加大与业绩挂钩工资单元占比。
合理确定绩效工资核定要素	原则上，绩效A级员工绩效工资与相同岗位层级员工平均绩效工资倍比不低于1.15，绩效C级员工绩效工资与相同岗位层级员工平均绩效工资倍比不高于0.9；对于相邻岗级、不同业绩的员工，绩效工资要适度体现交叉关系。
促进绩效工资与人员配置及业绩考核联动	原则上，业绩考核结果排名靠后的团队和员工要实现薪酬"负增长"。
强化绩效工资与经营效益联动	市场化单位要强化绩效工资与经营效益，投入产出效率紧密挂钩。
下放绩效工资分配权	将绩效工资分配权逐级下放至工区、站所和班组的绩效经理人。原则上，基层一线绩效经理人的分配权不低于50%。
规范管理休假待遇和补贴	在充分保障职工权利的基础上，严格考勤并落实各项休假待遇，发挥薪酬的激励与约束作用。
创新专项激励措施	各单位要制定年度专项考核奖发放计划，突出对急、难、险、重工作任务的精准激励。
加大薪酬分配向关键核心人才倾斜	通过人才津贴，实现收入向优秀专家人才倾斜；市场化单位可通过建立与超额利润挂钩的方式，实现收入向创效增收贡献突出人才倾斜；探索高科技人才专项奖励政策，实现收入向落实重点项目和成果转化的科研人才倾斜；探索体现技能价值的工资激励，实现收入向紧缺创新型技能人才倾斜。

▲ 优化薪酬分配体系具体工作内容（二）

二、《国网四川省电力公司关于印发优化全面薪酬体系建设实施意见的通知》（川电人资〔2020〕22号）

（一）完善薪酬制度建设，提高企业强基固本能力

健全岗位绩效工资配套制度

各单位可柔性设置岗位薪点工资占比，自主设置积分评价项目，并定期开展薪级动态调整。地市供电企业和直属单位绩效工资占比原则上不低于年度工资总额的50%，市场化单位绩效工资占比可以达到年度工资总额的70%以上。将绩效工资分配权逐级下放至工区、站所和班组的绩效经理人。各单位专项考核奖占绩效工资比例可提高到不超过15%。精简优秀人才数量，优化专业选拔方式。落实公司年功工资优化方案，适当加大年功工资在员工岗位绩效工资中的占比。

调整企业负责人年薪结构

企业负责人年薪调整为基本年薪、绩效年薪、任期激励收入、边远艰苦地区补贴、其他薪酬等部分构成。绩效年薪包括考核年薪和奖励年薪两部分，其中考核年薪依据年度业绩考核等级考核得分、企业经营难度和调节系数确定；奖励年薪根据经济效益、科技创新、履行社会责任、提升品牌形象等方面业绩情况对领导班子给予特殊贡献奖励。任期激励根据任期业绩考核结果，按三年基本年薪和绩效年薪总额10%水平确定。对在甘孜、阿坝、凉山等艰苦地区工作的企业负责人，给予边远艰苦地区补贴。对符合国家和国家电网公司规定的津贴、表彰个人奖励等纳入其他薪酬。

▲ 完善薪酬制度建设具体内容

（二）优化工资总额调控机制，加强企业增收创效动力

促进工资总额与人员、绩效联动

深化"增人不增资、减人不减资"在工资总额中的应用。供电和支撑单位人员净减率在2%内实行"减人不减资"、职工配置率超过公司平均配置率的单位"增人不增资"。将企业负责人业绩考核结果用于核定业绩考核工资，设置业绩考核排名同比变动率。公司业绩考核工资额度不低于工资总额的15%。将各级团队绩效考核结果作为绩效工资分配的主要因素，业绩考核结果排名靠后的团队和员工要逐步实现薪酬"负增长"。

强化市场化单位工资总额效益导向

推行"增人不增资、减人不减资"和工资总额计划储备制度。各单位非核心业务的低端岗位薪酬水平逐步与市场接轨。

▲ 优化工资总额调控机制具体内容

（三）调节员工收入分配关系，激发员工干事创业活力

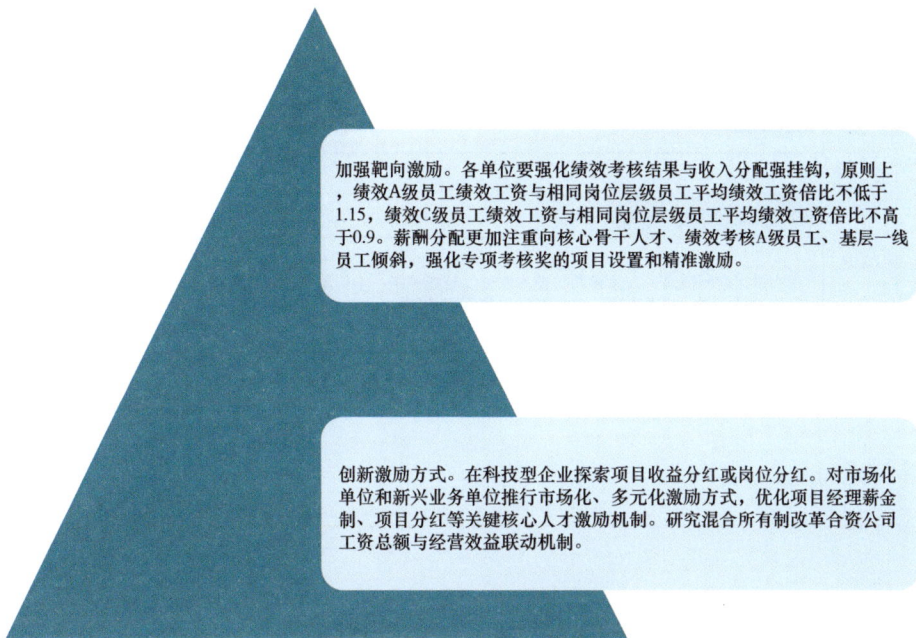

加强靶向激励。各单位要强化绩效考核结果与收入分配强挂钩，原则上，绩效A级员工绩效工资与相同岗位层级员工平均绩效工资倍比不低于1.15，绩效C级员工绩效工资与相同岗位层级员工平均绩效工资倍比不高于0.9。薪酬分配更加注重向核心骨干人才、绩效考核A级员工、基层一线员工倾斜，强化专项考核奖的项目设置和精准激励。

创新激励方式。在科技型企业探索项目收益分红或岗位分红。对市场化单位和新兴业务单位推行市场化、多元化激励方式，优化项目经理薪金制、项目分红等关键核心人才激励机制。研究混合所有制改革合资公司工资总额与经营效益联动机制。

▲ 调节收入分配关系具体内容

（四）完善福利保障制度，提升团队凝聚力、向心力

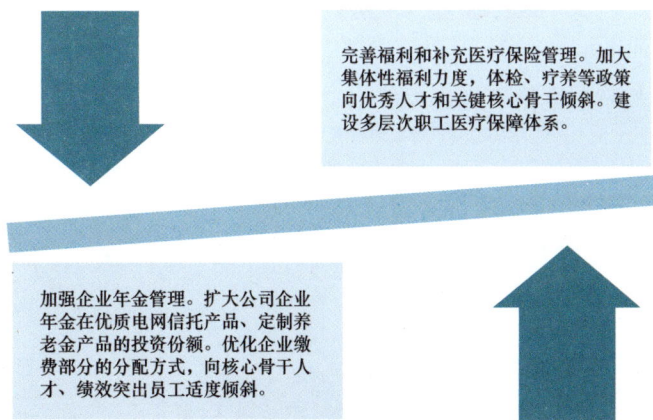

完善福利和补充医疗保险管理。加大集体性福利力度，体检、疗养等政策向优秀人才和关键核心骨干倾斜。建设多层次职工医疗保障体系。

加强企业年金管理。扩大公司企业年金在优质电网信托产品、定制养老金产品的投资份额。优化企业缴费部分的分配方式，向核心骨干人才、绩效突出员工适度倾斜。

▲ 完善福利保障制度具体内容

（五）拓展多维激励机制，增强员工成就感、获得感

完善职员职级序列

扩展职员职级设置和职数，地市公司级单位增设二级职员。建立职员聘期制度，聘期原则上为三年。一线岗位未开展的，管理机关不得新聘任职员。对于获得省部级及以上表彰奖励、有重大发明创造和科技创新成果、长期扎根一线、艰苦边远地区的优秀员工，可破格聘任。

加大多元激励和员工关怀

加大员工薪酬待遇、人才评聘与技术职称、技能等级、学历层次等挂钩力度。全方位宣传先进典型和先进事迹。增强对员工的人文关怀。

▲ 拓展多维激励机制具体内容

第五节
绩效考核管理制度办法核心条款展示

一、绩效管理制度核心内容解读

公司绩效管理规章制度见下表。

● 公司绩效管理规章制度

序号	文件名	文号
1	国网四川省电力公司绩效管理实施细则	川电人资〔2021〕53 号
2	国网四川省电力公司绩效经理人管理办法	川电人资〔2018〕80 号
3	国网四川省电力公司关于深入推进全员绩效管理工作的通知	川电人资〔2018〕82 号
4	国网四川省电力公司关于进一步强化绩效经理人"三权"落实的意见	川电人资〔2019〕113 号

公司绩效管理框架见下图。

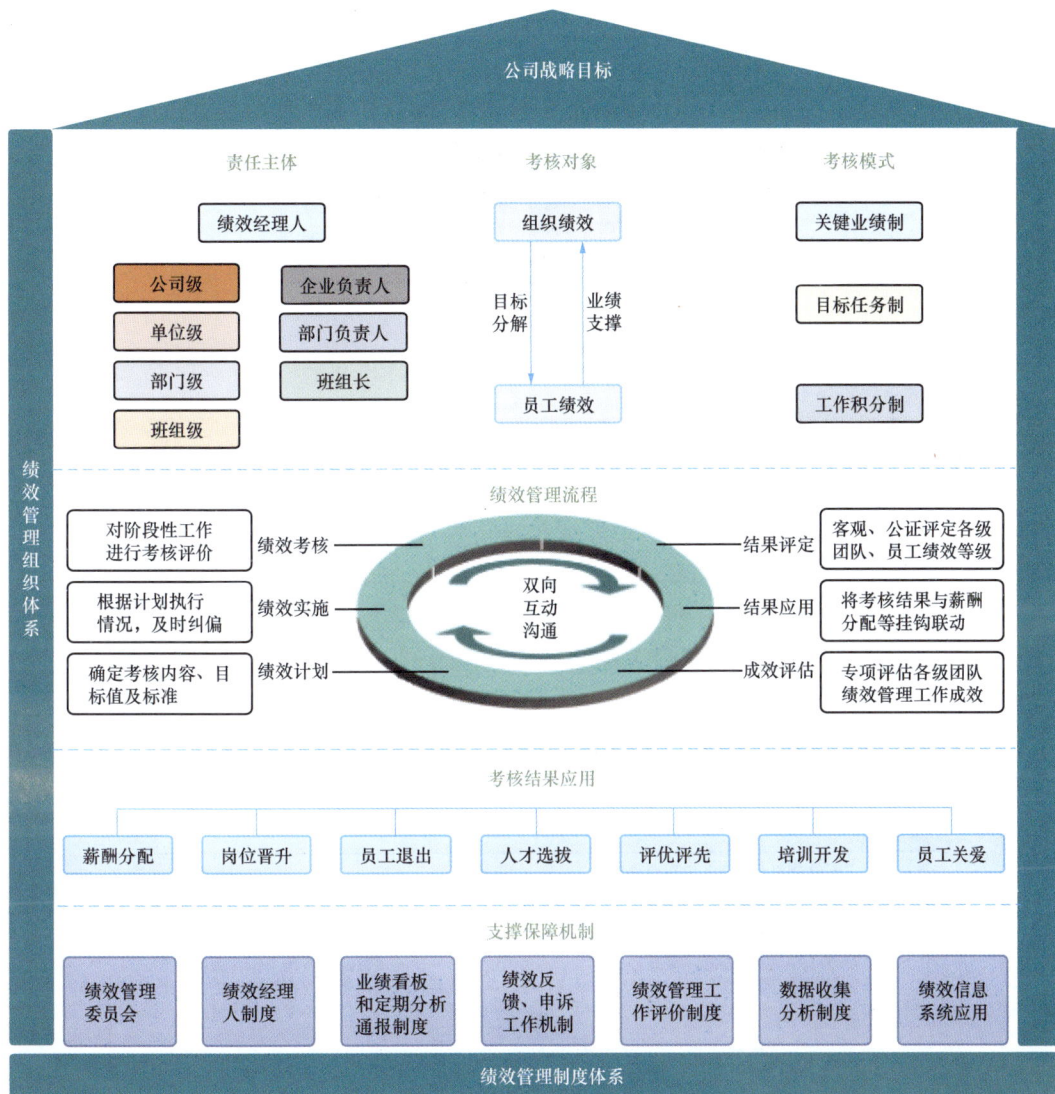

▲ 公司绩效管理框架

（一）绩效管理对象

绩效管理工作实行省、市、县分级管理，逐级落实考核责任，推行绩效经理人制度。绩效管理覆盖各级组织和全体员工，其中，各级组织包括各级单位、内设机构（包括职能部门、业务机构、班组等）和柔性团队；员工包括企业负责人、管理人员（即管理类岗位人员）和一线业务人员（包括技术类、技能类、服务类岗位人员）。

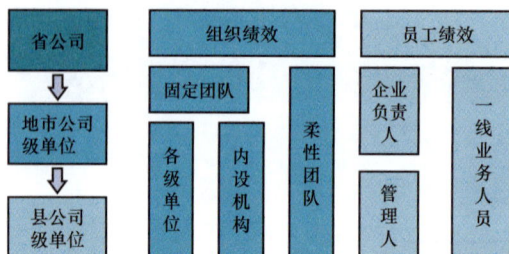

▲ 绩效管理对象

（二）绩效管理职责分工

省公司

公司设立业绩考核委员会，总经理任主任，人资部负责人任副主任，成员由各部门负责人组成，主要职责为：
（一）负责分解公司战略目标和确定各类单位业绩考核重点，审议各单位业绩考核方案、指标体系和目标值，审定考核结果和负责人绩效薪酬兑现方案；
（二）负责审定公司绩效管理规章制度，规范绩效管理流程，决策绩效管理重大事项。公司业绩考核委员会下设办公室在人力资源部，负责拟定所属各单位业绩考核方案、指标体系和目标值，组织实施业绩考核工作，拟定公司绩效管理规章制度，开展各单位绩效管理工作成效评估。

各级单位

各级单位设立绩效管理委员会，主要职责为：
（一）负责分解本单位战略目标和业绩考核重点，审议所属单位业绩考核方案、指标体系和目标值，审定考核结果和负责人绩效薪酬兑现方案；
（二）负责审定本单位绩效管理实施方案，决策绩效管理重大事项。各级单位绩效管理委员会下设办公室在人力资源管理部门（以下简称"绩效办公室"），负责组织开展所属单位业绩考核工作，宣贯绩效管理制度，持续优化完善绩效管理体系，受理绩效申诉。各级单位职能管理部门负责配合绩效办公室，提出本专业考核指标、考核目标值建议、考核评价标准，跟踪分析指标完成情况，提出本专业评价建议，开展本部门绩效管理工作。

▲ 绩效管理职责分工

（三）绩效管理责任主体

　　绩效经理人是实施绩效管理的责任主体，员工的直接上级是员工的绩效经理人，具有员工考核权、绩效薪金分配权和发展建议权，负责与员工确定绩效目标、签订绩效合约、实施绩效评价、进行沟通反馈、制定改进计划等。

坚持绩效经理人定期轮训制度	遵循理论结合实践、分级分类实施的原则，持续提升三级绩效经理人（包括地市单位职能部门、业务机构、县级单位负责人）、四级绩效经理人（包括县级单位科室负责人、班组/供电所负责人）履职尽责能力。新聘任或层级发生变化的绩效经理人，应参加相应层级的绩效经理人专项培训。
完善绩效经理人履职成效评价机制	将团队管理、组织绩效、员工成长等要素纳入绩效经理人履职成效评估，实现履职过程和履职结果全覆盖。
优化绩效经理人配套激励约束机制	将绩效经理人履职成效评估结果与其个人绩效得分和绩效等级评定挂钩。

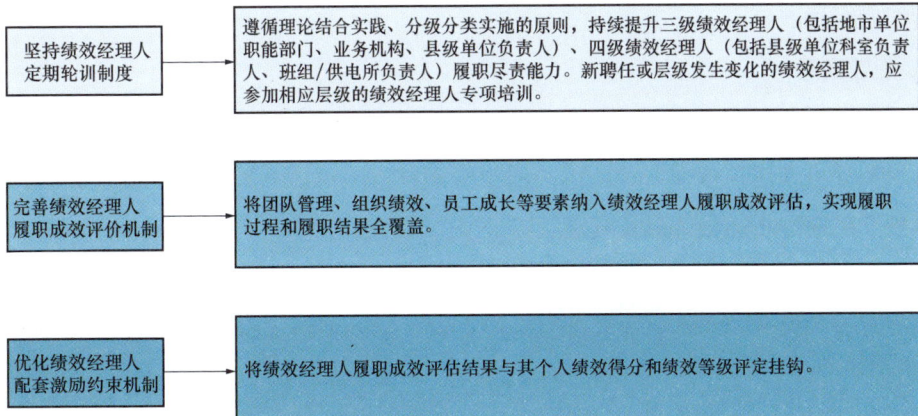

▲ 绩效管理职责分工

（四）绩效管理流程

绩效管理工作包括绩效计划、绩效实施、绩效考核、结果评定、结果应用、成效评估等六大环节。

1. 绩效计划

绩效计划主要包括考核指标及目标值、考核规则等内容。按考核对象主要分为各级单位、内设机构、柔性团队和员工绩效计划；按考核周期主要分为年度、季度、月度绩效计划，柔性团队可根据工作期限、里程碑节点、管理需要等灵活调整考核周期。

每年初，各级单位、内设机构应逐级签订年度业绩考核责任书（年度计划），层层分解落实上级考核指标和年度重点工作任务，明确考核双方责任、权利和义务，根据年度考核目标，制订季度、月度绩效计划并组织	柔性团队应在项目或任务启动之初，与归口管理单位（部门）签订绩效责任书，明确目标任务、工作模式、成员构成、资源需求、评估验收以及双方责任、权利和义务等内容，根据总体目标，分解制定项目或任务推进计划	员工绩效计划。每年初，各级绩效经理人应根据职责分工、业务特点和项目周期，细化分解组织考核指标和重点工作任务，与员工签订绩效合约。各级单位、内设机构、柔性团队主要负责人应与副职签订绩效合约并组织实施
各级单位、内设机构绩效计划	柔性团队绩效计划	员工绩效计划

▲ 不同考核对象绩效计划

绩效计划应由绩效考评双方充分沟通、协商一致后确定，考核指标应按照可量化、可衡量的原则设置。

2. 绩效实施

绩效实施是确保绩效计划顺利完成的重要环节，主要包括绩效沟通辅导与过程监控。绩效沟通辅导可通过绩效面谈、会议、通报等多种方式灵活开展，绩效过程监控主要采用业绩看板、定期分析通报等形式开展。

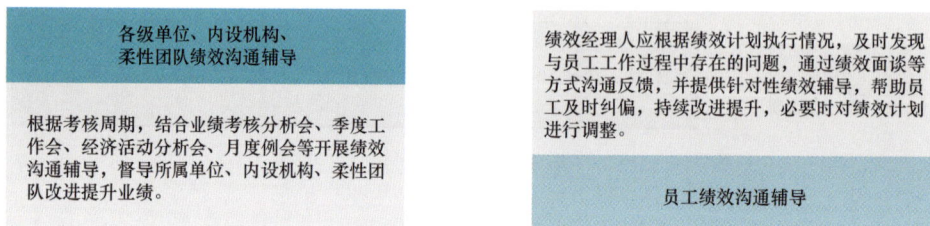

各级单位、内设机构、柔性团队绩效沟通辅导	绩效经理人应根据绩效计划执行情况，及时发现与员工工作过程中存在的问题，通过绩效面谈等方式沟通反馈，并提供针对性绩效辅导，帮助员工及时纠偏，持续改进提升，必要时对绩效计划进行调整。
根据考核周期，结合业绩考核分析会、季度工作会、经济活动分析会、月度例会等开展绩效沟通辅导，督导所属单位、内设机构、柔性团队改进提升业绩。	员工绩效沟通辅导

▲ 绩效沟通辅导

各级单位应建立业绩看板和定期分析通报制度。结合考核周期，通过业绩看板展示指标、任务执行进度，促进纠偏补短，持续提升绩效。

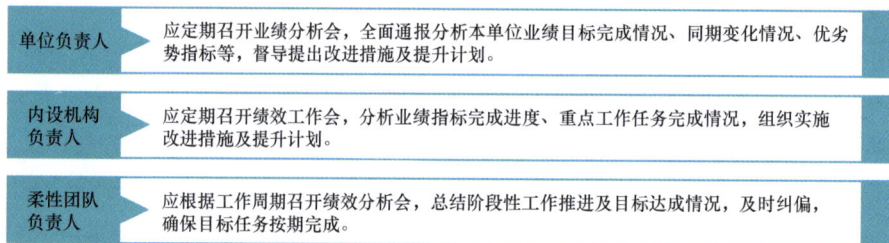

单位负责人	应定期召开业绩分析会，全面通报分析本单位业绩目标完成情况、同期变化情况、优劣势指标等，督导提出改进措施及提升计划。
内设机构负责人	应定期召开绩效工作会，分析业绩指标完成进度、重点工作任务完成情况，组织实施改进措施及提升计划。
柔性团队负责人	应根据工作周期召开绩效分析会，总结阶段性工作推进及目标达成情况，及时纠偏，确保目标任务按期完成。

▲ 业绩看板和定期分析通报制度

建立绩效数据收集分析制度。充分应用信息化手段，准确记录收集绩效相关数据，深入分析挖掘数据价值，为绩效沟通反馈和改进提升提供准确依据，充分应用信息系统提高工作效率和管控能力。

3. 绩效考核

（1）各级单位业绩考核：按照公司企业负责人业绩考核管理办法执行。

（2）各级内设机构绩效考核：重点考核生产经营目标和重点工作任务，考核模块主要包括目标任务指标、红线指标和综合评价等。可按季（月）度与年度相结合的方式进行考核。

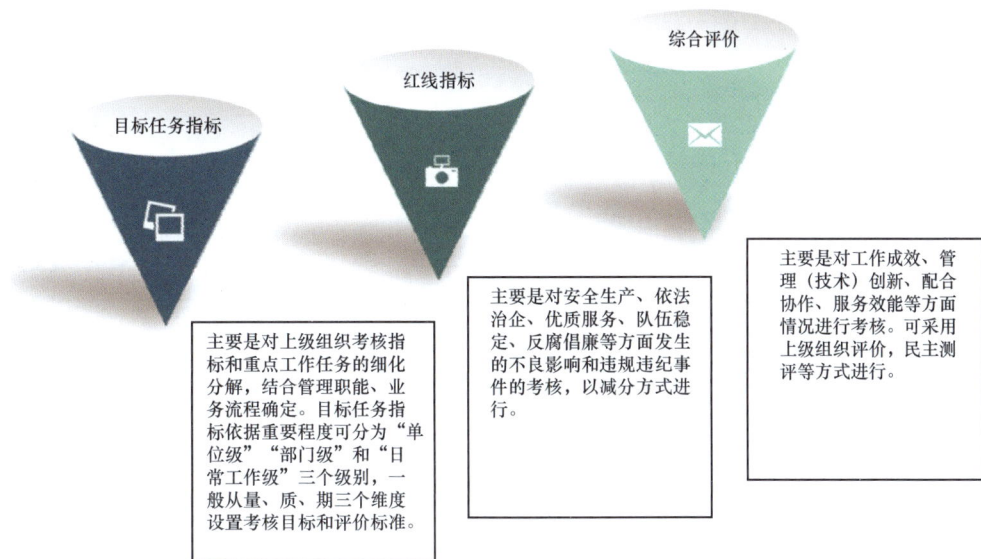

目标任务指标

主要是对上级组织考核指标和重点工作任务的细化分解，结合管理职能、业务流程确定。目标任务指标依据重要程度可分为"单位级""部门级"和"日常工作级"三个级别，一般从量、质、期三个维度设置考核目标和评价标准。

红线指标

主要是对安全生产、依法治企、优质服务、队伍稳定、反腐倡廉等方面发生的不良影响和违规违纪事件的考核，以减分方式进行。

综合评价

主要是对工作成效、管理（技术）创新、配合协作、服务效能等方面情况进行考核。可采用上级组织评价，民主测评等方式进行。

▲　各级内设机构绩效考核

（3）柔性团队绩效考核：重点考核目标达成、成果产出、效益创造、市场拓展等内容，建立以团队（项目）为核算单元的投入产出考评机制，根据业务特点灵活设置考核模块。工作时间在 6 个月以内的团队可在任务结束验收时一并考核；超过 6 个月的团队一般实行季、年度考核，也可根据里程碑节点、管理需要灵活设置考核周期。

● 各类柔性团队绩效考核

团队类型	主要考评方式	考核重点
科研技术攻关团队、产品研发团队	目标任务制	项目进度、成果产出、效益转化等内容
营销服务团队	业绩承诺责任制	经济效益、市场开拓、客户服务等内容
工程建设团队、生产作业团队	目标任务制、项目全周期考评法	里程碑进度、安全质量、成本控制等内容
应急响应团队、管理提升团队	目标任务制	任务达成、指标提升等内容

（4）各类人员绩效考核。

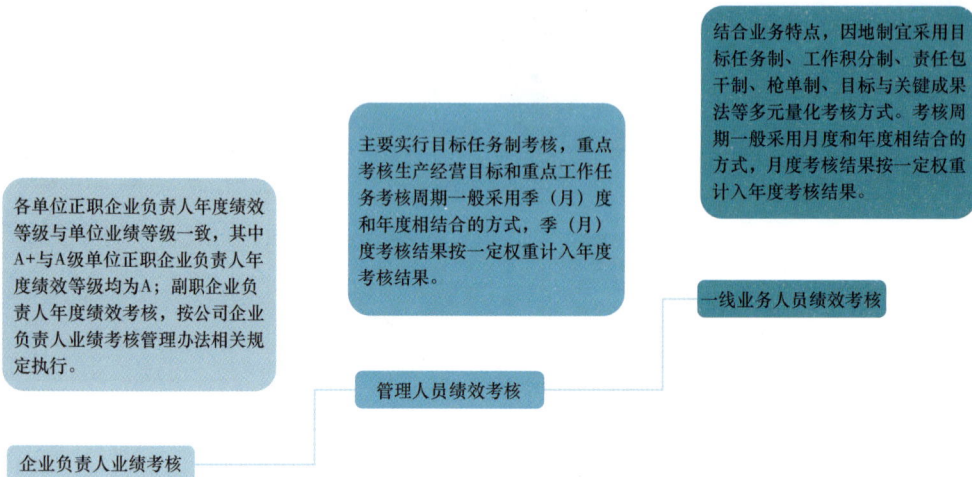

各单位正职企业负责人年度绩效等级与单位业绩等级一致，其中A+与A级单位正职企业负责人年度绩效等级均为A；副职企业负责人年度绩效考核，按公司企业负责人业绩考核管理办法相关规定执行。

主要实行目标任务制考核，重点考核生产经营目标和重点工作任务考核周期一般采用季（月）度和年度相结合的方式，季（月）度考核结果按一定权重计入年度考核结果。

结合业务特点，因地制宜采用目标任务制、工作积分制、责任包干制、枪单制、目标与关键成果法等多元量化考核方式。考核周期一般采用月度和年度相结合的方式，月度考核结果按一定权重计入年度考核结果。

企业负责人业绩考核

管理人员绩效考核

一线业务人员绩效考核

▲ 各类人员绩效考核

（5）容错纠错考核机制。按照"三个区分开来"的原则，对在工作中出现失误偏差，符合下列情形之一的，可以给予容错处理，经公司业绩考核委员会或各单位绩效管理委员会审议后，在考核时不做负向评价。

1　在落实公司战略决策部署，积极开展新业务、新模式、新技术等探索尝试，因宏观调控、政策变化等不可预知因素，导致工作出现一定失误偏差或造成影响的；

2　在深化公司体质机制改革，推进重大改革和重点任务过程中，因先行先试、缺乏经验等因素，导致工作出现一定失误偏差或造成影响的；

3　在服务社会、服务客户等工作中，着眼于提高整体工作质效，主动实施管理模式探索研究，因政策界不明确，导致工作出现一定失误偏差或造成影响的；

4　在处置突发事件、执行急难险重任务等方面，临机决断、敢于担当，主动涉险揽责，导致工作出现一定失误偏差或造成影响的；

5　在化解矛盾纠纷、解决历史遗留问题等方面，立足维护稳定和全局利益，积极破除障碍、勇于打破僵局，因情况特殊复杂，导致工作出现一定失误偏差或造成影响的；

6　其他经公司业绩考核委员会或各单位绩效管理委员会审定可予容错的情形。

▲ 建立容错纠错考核机制

4. 结果评定

（1）等级划分及比例。公司各单位考核等级划分为 A₊ 级、A 级、B 级、C 级、D 级五个等级，按照公司企业负责人业绩考核管理办法执行。

各级内设机构、柔性团队年度绩效考核结果，划分为 A 级、B 级、C 级、D 级四个等级，原则上 A 级占比不超过 30%，C、D 级占比不低于 4%。

各类员工年度绩效考核结果，划分为 A 级、B 级、C 级、D 级四个等级，等级占比与单位业绩考核结果联动。

● 员工等级占比与单位业绩结果联动

企业负责人业绩考核结果	同比激励约束机制	
	员工 A 级比例	员工 C、D 级比例
业绩考核排名 A₊ 级的单位	不超过 25%	不低于 2%
业绩考核排名 A 级的单位	不超过 25%	在 6% 的基准上反比升降，考核排名比上年每提升（降低）1 位占比降低（提升）1%，最低不低于 4%
业绩考核排名 B、C、D 级	在 20% 的基准上同比升降，最高不超过 25%	在 8% 的基准上反比升降，最低不低于 5%
业绩考核排名与前三年最好成绩相比提升三位及以上的单位	不超过 25%	不低于 4%

（2）A 级员工评定的基本条件。

01 政治坚定、遵纪守法，恪守职业道德，忠诚企业、作风正派、爱岗敬业、履职尽责

02 工作积极、业绩突出，圆满完成本岗位工作任务，个人绩效考核得分排名所在组织30%

03 未发生负有责任的考核事项

▲ A 级员工评定的基本条件

（3）各类员工出现以下情形的，考核结果评定为 C 级或 D 级。

★ 违反廉洁纪律，违反中央八项规定及其实施细则精神，违反国家《公职人员政务处分法》滥用职权、以权谋私、挥霍浪费、损公肥私等，依照造成影响程度及党纪政纪处理情况，评为C级或D级。

★ 违反政治纪律，无故不参加政治学习、散步谣言、弄虚作假、违规信访、泄露公司秘密、扰乱企业正常秩序等，造成不良影响的应评为C级，受到警告处分的应评为C级或D级，受到记过及以上处分的应评为D级。

★ 违反劳动纪律，经常迟到早退、旷工、无正当理由不服从工作安排，或在工作中消极懈怠、推诿塞责，不担当、不作为等，造成不良影响的应评为C级，受到警告处分的应评C级或D级，受到记过及以上处分的应评为D级。

★ 违反安全生产规程，工作失误、失职和处置不当，违章指挥、违规操作等，工作业绩与岗位标准存在一定差距的，应评为C级，工作业绩与岗位标准存在较大差距的应评为D级。

★ 岗位履责不到位，专业知识、技能水平、解决问题能力等绩效表现未达到岗位工作要求的，专业调考不合格的，应评为C级，经岗位培训后仍不适应岗位工作要求的应评为D级。

★ 违反员工奖惩规定或在巡视、巡察、审计中认定应给予处分，受到警告处分的应评为C级或D级，受到记过、记大过、降级、待岗、免职、引咎辞职、责令辞职、党内警告、党内严重警告、撤销党内职务、留党察看、开除党籍、降职、撤职、留用察看、解除劳动合同等处分的应评为D级。

★ 各级领导人员，年度考核评价结果为基本称职的，年度绩效考核等级应评为C级，不称职的应评为D级。依据《中共国家电网有限公司党组关于印发强化干部担当作为促进干事创业20项措施的通知》（国家电网党[2019]2号），出现不适宜担任现职25种情形之一的（配偶或子女移居国外条款除外），年度绩效考核结果应评为C级或D级。

★ 各级绩效经理人年度履职成效评价得分低于80分的，年度绩效考核等级应评为C级，得分低于60分的应评为D级。

★ 其他经公司业绩考核委员会或各单位绩效管理委员会认定为C、D级的情形

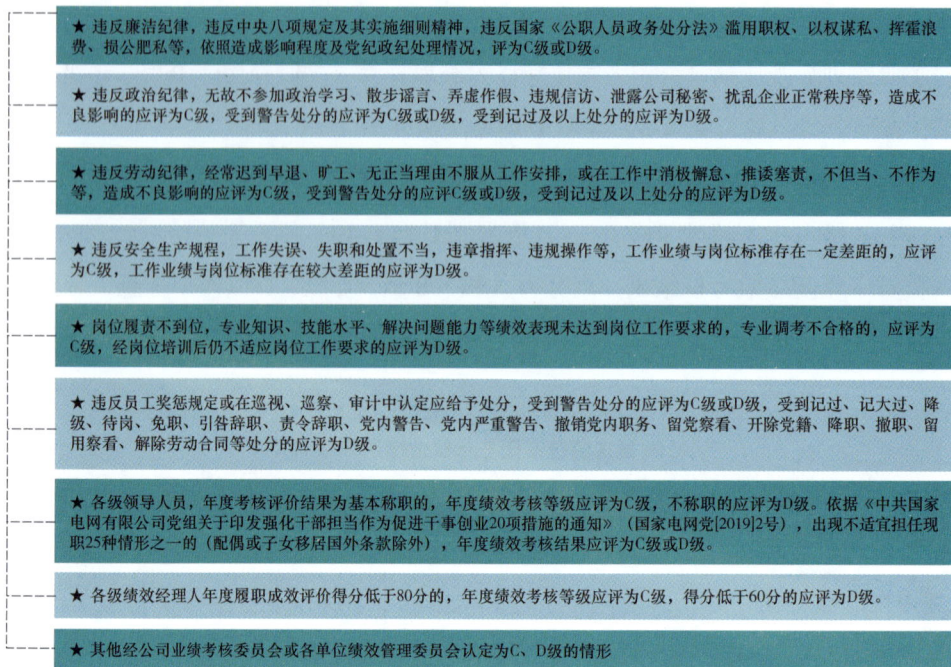

▲ 考核结果评定为 C 级或 D 级的情形

（4）员工绩效等级评定其他要求。

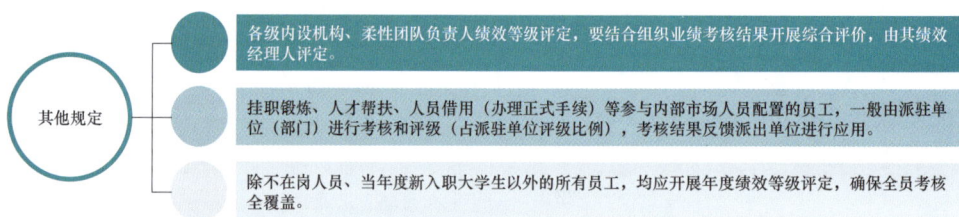

其他规定

- 各级内设机构、柔性团队负责人绩效等级评定，要结合组织业绩考核结果开展综合评价，由其绩效经理人评定。
- 挂职锻炼、人才帮扶、人员借用（办理正式手续）等参与内部市场人员配置的员工，一般由派驻单位（部门）进行考核和评级（占派驻单位评级比例），考核结果反馈派出单位进行应用。
- 除不在岗人员、当年度新入职大学生以外的所有员工，均应开展年度绩效等级评定，确保全员考核全覆盖。

▲ 员工绩效等级评定其他要求

（5）绩效结果评定其他规定。

坚持员工绩效等级积分制度。员工按照年度绩效等级进行累积计分，A级计2分，B级计1.5分，C级计1分，D级计0分。

强化绩效反馈工作机制。各级各类组织按考核周期反馈考核结果，主要包括考核等级、考核得分、指标排名、加减分事项等内容。

坚持绩效申诉制度。各类组织和员工对绩效考核结果持有异议，可向本级绩效办公室提出申诉，绩效办公室进行调查核实并反馈意见。

▲ 绩效结果评定制度

在各级各类巡视、巡察、审计中，认定应对以往考核周期内发生的事件进行追责的，对相关组织和员工进行追溯考核。

5. 结果应用

（1）组织结果应用。各级单位业绩考核结果与领导班子成员薪酬、单位工资总额、员工绩效等级比例挂钩。各级内设机构绩效考核结果与其负责人绩效工资、所属员工绩效工资总额、员工绩效等级比例挂钩。各级单位、内设机构年度绩效考核结果未达到 B 级的，不得推荐参加综合性先进评选。

（2）员工绩效考核结果与薪酬分配、岗位晋升、退出、人才选拔、评优评先、培训开发、员工关爱等七个方面挂钩。

薪酬分配
★ 员工绩效工资与所在组织、本人绩效考核结果挂钩，合理拉开差距，原则上A级员工与相同岗位层级员工平均绩效工资倍比不低于1.15，C级员工与相同岗位层级员工平均绩效工资倍比不高于0.9。
★ 连续3年绩效A级的员工，可由所在单位结合实际给予一次性特别奖励。员工绩效等级积分与薪档调整挂钩。

岗位晋升
★ 员工近3年绩效等级积分累计达到4.5分且上年绩效达到B级及以上的，方可聘任更高层级岗位、职务和职员职级，上年考核评级为C、D级的不得列为领导人员选拔培养对象；
★ 近3年积分累计达到5.5分的，优先推荐聘任更高层级岗位、职务和职员职级。

员工退出
★ 员工年度绩效为D级且上年度绩效为C级的，予以降岗；
★ 年度绩效为D级且不能胜任岗位工作要求的，或连续两年绩效为D级的，予以待岗；
★ 员工待岗期内未按规定参加待岗学习培训的，待岗期满考试不合格的，以及考试合格重新上岗后当年绩效仍为D级的，应依法解除劳动合同；
★ 首次订立固定期限劳动合同的员工，连续两个年度绩效等级均为D级，原则上用人单位不得与其订立劳动合同。

人才选拔
★ 员工近3年绩效等级积分累计达到4.5分且上年绩效达到B级及以上的，方可参加各类专家人才选拔；
★ 近3年积分累计达到5.5分的，优先评聘各类专家人才；
★ 各类专家人才年度绩效为D级的，取消称号。

评先评优
★ 员工年度绩效考核结果未达到B级的，不得推荐参加综合性先进评选；
★ 员工年度绩效考核结果为A级的，优先推荐参加各类先进评选。

培训开发
★ 各级单位应结合员工绩效考核结果和能力素质情况，优化培训项目，开展针对性培训，优先推荐年度绩效为A级的员工参加发展性培训，年度绩效为B级的员工应参加提高性培训，年度绩效为C、D级的员工应参加规章制度学习、岗位履职能力提升方面的培训。

员工关爱
★ 各级单位可积极探索绩效考核结果在员工送温暖、灵活休假、办公条件改善和后勤服务保障等方面的关联应用，充分满足员工多样化的激励需求，更好发挥绩优人员激励示范作用。

▲ 员工绩效结果应用

6. 成效评估

各级单位每年应对所属单位绩效管理工作成效进行专项评估，评估内容主要包括考核精准性、激励有效性、约束有力性、支撑保障机制等方面内容。

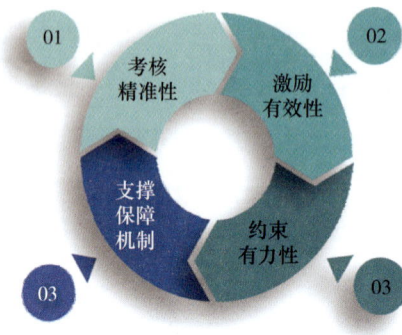

考核精准性主要从有效制定绩效计划、精准衡量业绩贡献、规范开展绩效结果评定、促进人均效能提升等方面评价工作成效。

激励有效性主要从考核结果与薪酬分配联动、绩优人员绩效结果应用是否优先于其他人员等方面评价工作成效。

支撑保障机制主要从绩效管理制度建设、绩效经理人履职授权、信息系统应用、绩效管理透明度、绩效管理工作创新等方面评价工作成效。

约束有力性主要从业绩考核指标设置是否精简高效、员工考核结果应用是否刚性执行等方面评价工作成效。

▲ 成效评估内容

各级单位应及时反馈绩效管理工作成效评估结果，督导所属单位及内设机构绩效经理人开展诊断分析，对标找差并改进提升。各单位应强化绩效管理典型经验的总结提炼、交流及推广运用，大力营造积极向上的绩效文化，持续提升全员绩效管理效能。

（五）深入推进全员绩效管理

1. 强化组织考核

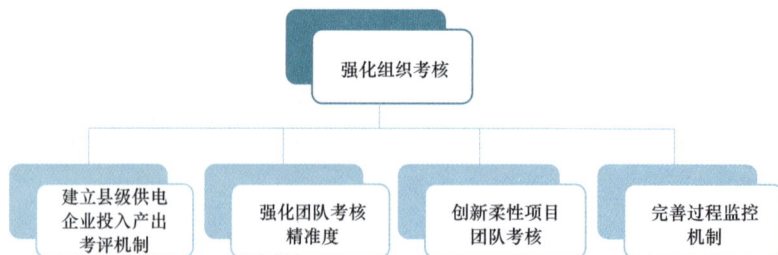

▲ 强化组织考核

2. 优化员工考核

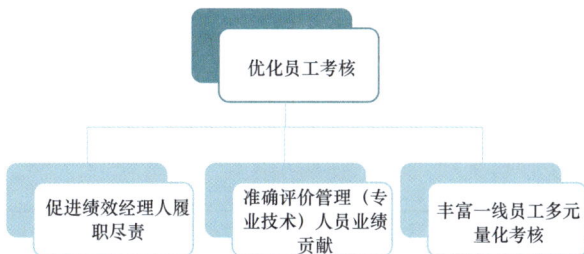

▲ 优化员工考核

（1）促进绩效经理人履职尽责。公司"四级三类"绩效经理人是绩效管理的实施主体。

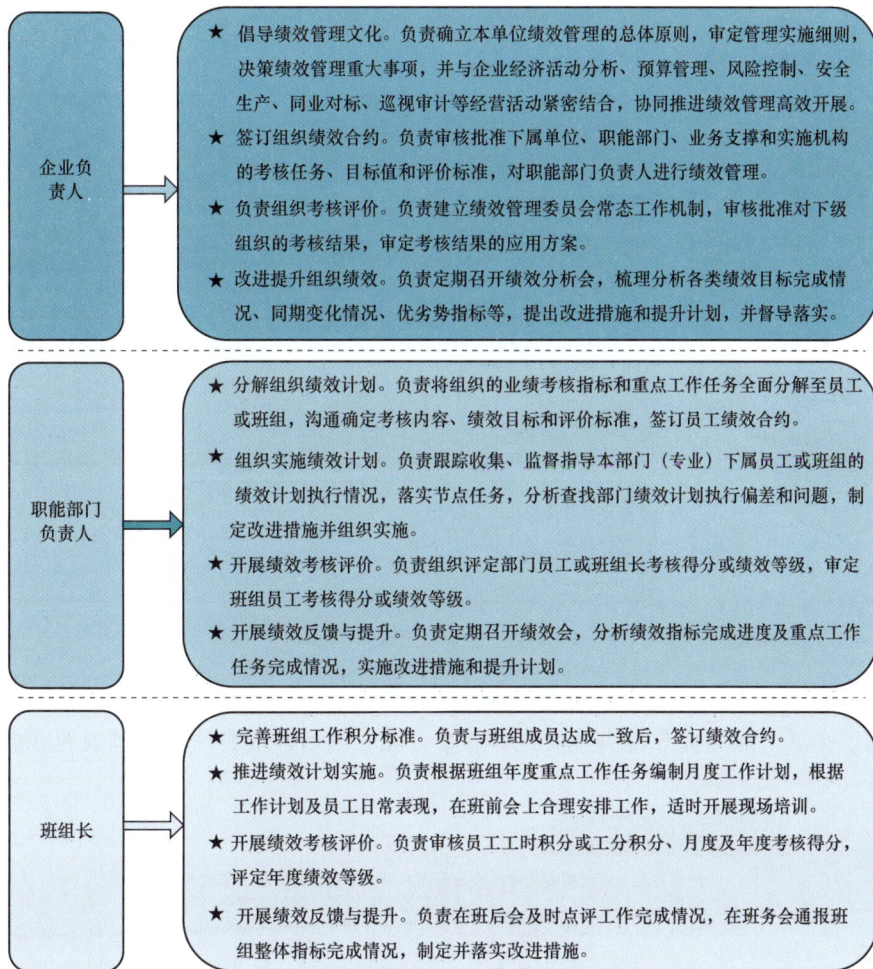

企业负责人	★ 倡导绩效管理文化。负责确立本单位绩效管理的总体原则，审定管理实施细则，决策绩效管理重大事项，并与企业经济活动分析、预算管理、风险控制、安全生产、同业对标、巡视审计等经营活动紧密结合，协同推进绩效管理高效开展。 ★ 签订组织绩效合约。负责审核批准下属单位、职能部门、业务支撑和实施机构的考核任务、目标值和评价标准，对职能部门负责人进行绩效管理。 ★ 负责组织考核评价。负责建立绩效管理委员会常态工作机制，审核批准对下级组织的考核结果，审定考核结果的应用方案。 ★ 改进提升组织绩效。负责定期召开绩效分析会，梳理分析各类绩效目标完成情况、同期变化情况、优劣势指标等，提出改进措施和提升计划，并督导落实。
职能部门负责人	★ 分解组织绩效计划。负责将组织的业绩考核指标和重点工作任务全面分解至员工或班组，沟通确定考核内容、绩效目标和评价标准，签订员工绩效合约。 ★ 组织实施绩效计划。负责跟踪收集、监督指导本部门（专业）下属员工或班组的绩效计划执行情况，落实节点任务，分析查找部门绩效计划执行偏差和问题，制定改进措施并组织实施。 ★ 开展绩效考核评价。负责组织评定部门员工或班组长考核得分或绩效等级，审定班组员工考核得分或绩效等级。 ★ 开展绩效反馈与提升。负责定期召开绩效会，分析绩效指标完成进度及重点工作任务完成情况，实施改进措施和提升计划。
班组长	★ 完善班组工作积分标准。负责与班组成员达成一致后，签订绩效合约。 ★ 推进绩效计划实施。负责根据班组年度重点工作任务编制月度工作计划，根据工作计划及员工日常表现，在班前会上合理安排工作，适时开展现场培训。 ★ 开展绩效考核评价。负责审核员工工时积分或工分积分、月度及年度考核得分，评定年度绩效等级。 ★ 开展绩效反馈与提升。负责在班后会及时点评工作完成情况，在班务会通报班组整体指标完成情况，制定并落实改进措施。

▲ 各级绩效经理人职责

各单位要充分授予绩效经理人考核权、绩效薪金分配权和职业发展建议权，确保各级绩效经理人"三权"有效落实。

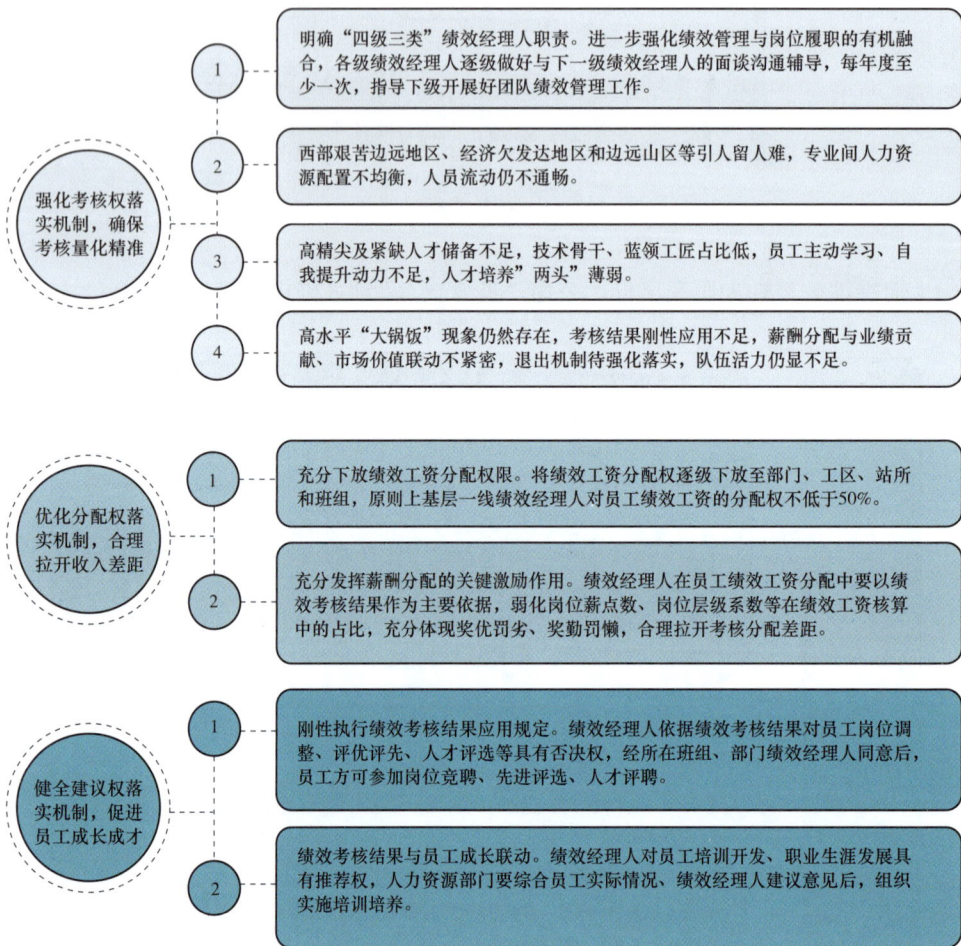

强化考核权落实机制，确保考核量化精准

1. 明确"四级三类"绩效经理人职责。进一步强化绩效管理与岗位履职的有机融合，各级绩效经理人逐级做好与下一级绩效经理人的面谈沟通辅导，每年度至少一次，指导下级开展好团队绩效管理工作。

2. 西部艰苦边远地区、经济欠发达地区和边远山区等引人留人难，专业间人力资源配置不均衡，人员流动仍不通畅。

3. 高精尖及紧缺人才储备不足，技术骨干、蓝领工匠占比低，员工主动学习、自我提升动力不足，人才培养"两头"薄弱。

4. 高水平"大锅饭"现象仍然存在，考核结果刚性应用不足，薪酬分配与业绩贡献、市场价值联动不紧密，退出机制待强化落实，队伍活力仍显不足。

优化分配权落实机制，合理拉开收入差距

1. 充分下放绩效工资分配权限。将绩效工资分配权逐级下放至部门、工区、站所和班组，原则上基层一线绩效经理人对员工绩效工资的分配权不低于50%。

2. 充分发挥薪酬分配的关键激励作用。绩效经理人在员工绩效工资分配中要以绩效考核结果作为主要依据，弱化岗位薪点数、岗位层级系数等在绩效工资核算中的占比，充分体现奖优罚劣、奖勤罚懒，合理拉开考核分配差距。

健全建议权落实机制，促进员工成长成才

1. 刚性执行绩效考核结果应用规定。绩效经理人依据绩效考核结果对员工岗位调整、评优评先、人才评选等具有否决权，经所在班组、部门绩效经理人同意后，员工方可参加岗位竞聘、先进评选、人才评聘。

2. 绩效考核结果与员工成长联动。绩效经理人对员工培训开发、职业生涯发展具有推荐权，人力资源部门要综合员工实际情况、绩效经理人建议意见后，组织实施培训培养。

▲ 绩效经理人"三权"落实

从知识拓展、能力提升、岗位实践等 3 个方面分类培训提升绩效经理人履职能力。

（一）知识拓展方面

企业负责人重点拓展战略性绩效管理意识、绩效文化理念、绩效管理价值等方面知识；职能部门负责人重点拓展绩效管理理论、绩效管理技巧等方面知识；班组长重点拓展绩效管理基本原理、绩效管理工具箱等方面知识。

▲ 绩效经理人培训内容（一）

(二) 能力提升方面

　　企业负责人重点提升绩效管理与企业管理融合、绩效管理体系分析诊断等方面能力；职能部门负责人重点提升业绩指标管控、绩效计划与评价、辅导沟通与协调等方面能力；班组长重点提升组织协同、绩效日常管理、问题应对与化解等方面能力。

(三) 岗位实践方面

　　企业负责人重点从绩效管理难点问题突破、创新课题研究等方面进行实践；职能部门负责人重点从团队绩效提升、员工动态激励等方面进行实践；班组长重点从团队执行力提升、员工辅导、量化积分标准优化等方面进行实践。

▲ 绩效经理人培训内容（二）

　　部门级、班组级绩效经理人实行年度履职成效评价，从信息系统痕迹化管理和问卷测评两方面量化评价其履职情况，结果纳入个人年度绩效结果。绩效经理人出现以下情况，个人年度绩效考核不能评为 A。

01　不履行绩效经理人的职责或履职过程中出现重大差错的。

02　员工反映绩效经理人违反制度规定进行绩效考核及考核结果应用，经调查属实的。

03　其他经各级绩效管理委员会（领导小组）认为"不称职"的事项。

▲ 绩效经理人年度绩效考核不能评 A 的情形

（2）准确评价管理（专业技术）人员业绩贡献。

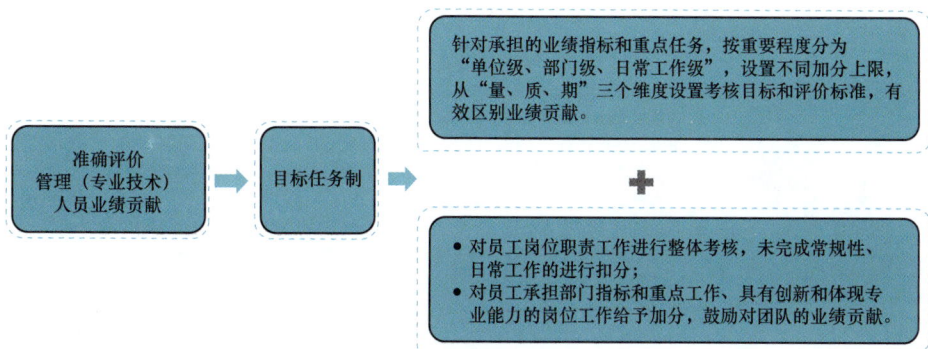

准确评价管理（专业技术）人员业绩贡献 → 目标任务制 →

　　针对承担的业绩指标和重点任务，按重要程度分为"单位级、部门级、日常工作级"，设置不同加分上限，从"量、质、期"三个维度设置考核目标和评价标准，有效区别业绩贡献。

＋

　　• 对员工岗位职责工作进行整体考核，未完成常规性、日常工作的进行扣分；
　　• 对员工承担部门指标和重点工作、具有创新和体现专业能力的岗位工作给予加分，鼓励对团队的业绩贡献。

▲ 准确评价管理（专业技术人员）业绩贡献

（3）丰富一线员工多元量化考核。

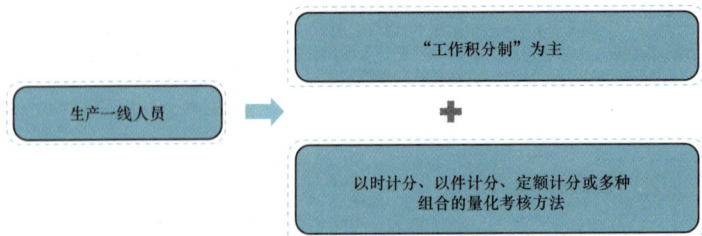

生产一线人员 → "工作积分制"为主 + 以时计分、以件计分、定额计分或多种组合的量化考核方法

▲ 丰富一线人员多元量化考核

强化工区、班组的工作积分标准库建设，对作业性工作任务，要通过大量工作数据分析修正作业项目积分标准，对班组建设、培训学习等非作业性工作任务，要经民主协商一致后确定积分标准，科学量化衡量员工劳动价值。

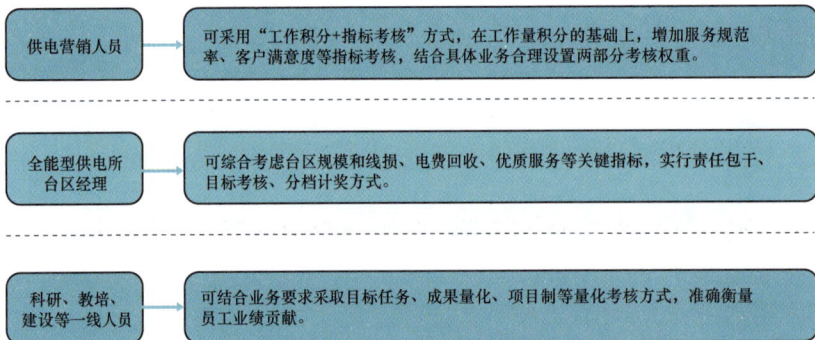

供电营销人员：可采用"工作积分+指标考核"方式，在工作量积分的基础上，增加服务规范率、客户满意度等指标考核，结合具体业务合理设置两部分考核权重。

全能型供电所台区经理：可综合考虑台区规模和线损、电费回收、优质服务等关键指标，实行责任包干、目标考核、分档计奖方式。

科研、教培、建设等一线人员：可结合业务要求采取目标任务、成果量化、项目制等量化考核方式，准确衡量员工业绩贡献。

▲ 分类量化衡量员工劳动价值

各单位要有效利用生产、营销等信息系统自动采集工作票、操作票、工单及相关关键指标数据，确保绩效考核数据准确真实。公司将构建起覆盖所有业务类型的一线员工考核工具集。

3. 健全支撑保障机制

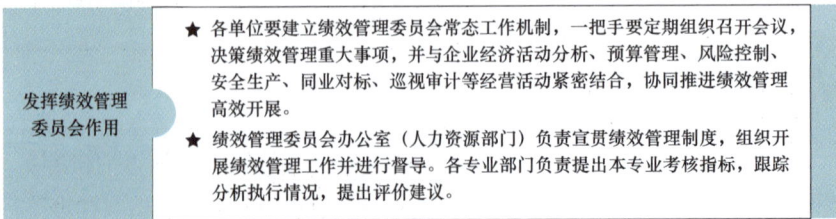

发挥绩效管理委员会作用：
★ 各单位要建立绩效管理委员会常态工作机制，一把手要定期组织召开会议，决策绩效管理重大事项，并与企业经济活动分析、预算管理、风险控制、安全生产、同业对标、巡视审计等经营活动紧密结合，协同推进绩效管理高效开展。
★ 绩效管理委员会办公室（人力资源部门）负责宣贯绩效管理制度，组织开展绩效管理工作并进行督导。各专业部门负责提出本专业考核指标，跟踪分析执行情况，提出评价建议。

▲ 绩效支撑保障机制（一）

建立绩效管理集体协商机制	★ 构建一线班组"民委会"管理机制，各类部门、班组、团队要按照绩效管理制度要求，组织员工就考核方式、工作量化标准、计分方法、绩效工资兑现规则等进行协商讨论，广泛征求意见以达成共识。在执行过程中，利用公示栏、网络信息平台等发布员工工作积分、考核结果等信息，增强绩效管理认同度和透明度，引导员工积极支持、主动参与绩效管理。
健全绩效管理工作评价制度	★ 公司将优化绩效管理工作评价指标体系，重点针对绩效合约签订、考评方式创新绩效经理人履职、考核结果分级、考核结果应用、员工认同度等情况进行考评。 ★ 各单位应逐级开展绩效管理工作评价，形成分析报告，反馈并督导所属单位查找问题、分析原因、制定改进措施，不断提升管理水平。
深化绩效信息系统应用	★ 各单位要加强绩效信息系统的实施和应用，通过信息系统开展绩效合约签订、工作积分统计、考核评价、绩效结果反馈等，提高工作效率。

▲ 绩效支撑保障机制（二）

二、员工奖惩管理制度核心内容解读

● 公司员奖惩管理规章制度

序号	文件名	文号
1	《国家电网有限公司关于印发〈国家电网有限公司表彰奖励工作管理办法〉的通知》	国家电网企管〔2018〕1225号
2	《国家电网有限公司关于印发〈国家电网有限公司员工奖惩规定〉的通知》	国家电网企管〔2021〕63号
3	《国网四川省电力公司关于进一步清理规范评比表彰工作的通知》	川电人资〔2020〕5号
4	《国网四川省电力公司关于印发强化专项考核奖管理的指导意见》	川电人资〔2021〕59号

（一）表彰奖励

公司表彰奖励分为评比表彰、专项考核奖两大类。

1. 评比表彰

（1）项目设置。公司评比表彰从严从紧设置表彰项目，分为生产经营、党群工作、成果创新、创优示范四类共39项，严格控制评比规模和评比表彰周期。

奖励类型	项目设置	评比规模	评比周期
评比表彰	生产经营类评比表彰项目，表彰对象为企业生产经营活动中贡献突出的集体和个人，分为综合、专项和竞赛三类表彰项目，共设置18项。	先进集体表彰不得超过参评数量的20%，先进个人表彰不得超过参评数量的10%。	1~2年，最美川电人不定期
	党群工作类评比表彰项目，表彰对象为党团工作和劳动竞赛活动中贡献突出、成绩优秀的集体和个人，共设置9项。	省公司级单项表彰的先进集体不超60个、先进个人不超80人。地市县公司级单项表彰的先进集体不超30个、先进个人不超40人。	1~3年
	成果创新类评比表彰项目，表彰对象为在科技创新、管理创新、技术革新等工作中成绩优秀的创新成果，共设置8项。	省公司级成果创新与创新示范类单项不超过40个。地市县公司级创新示范类单项不超过20个，原则上不开展成果创新类表彰。	1~3年
	创优示范类评比表彰项目，表彰对象为在企业文化、工程建设管理等工作中成绩优异的集体和项目，共设置4项。		2年

▲ 评比表彰项目设置

（2）规范管理。

明确职责分工

公司评比表彰实行项目清单和年度计划管理制度，人资部负责统筹管理公司评比表彰项目设置、总量规模和年度计划。党群工作类评比表彰项目由党建部、工会负责组织评选和发文表彰，并在党费、工会经费中列支奖金，其余均由相关责任部门负责组织评选，会同人资部履行决策程序后发文表彰，在工资总额中列支奖金。

严格评选流程

各单位要落实项目清单逐级审核，规范评比表彰项目启动、推选、审核、评定等各环节管理，按照"谁推荐、谁把关，谁评选、谁负责"的原则，坚持标准、严格把关、优中选优。加强前置审核和过程公示，各级评比表彰均应在本单位范围内进行公示，提高表彰工作透明度和公信力。

严肃评选纪律

公司各部门不得随意开展计划外评比表彰，确需调整项目和规模的，由人资部牵头履行决策程序后执行。各单位要严格执行评比表彰计划，确需开展计划外评比表彰、参加系统外评比表彰的，须履行本单位相关决策程序，并经主要负责人审批同意。上级主管部门有明确要求的，按要求执行。对于评选过程中隐瞒事实、弄虚作假的，取消荣誉称号并追究相关人员责任。各单位要将规范评比表彰工作纳入审计、巡视巡察工作监督检查范围。

严格奖励标准

各单位要严格执行公司表彰奖励相关制度要求，按项目清单中的奖励标准发放奖励金额，不得擅自提高奖励标准和扩大奖励范围。对单项工作中表现突出的集体和个人，专业部门可给予通报表扬，不授予荣誉称号，不进行物质奖励。对违规发放奖金的，追缴奖金并追究相关人员责任。

▲ 进一步规范评比表彰管理

2. 专项考核奖

（1）明确管理职责。

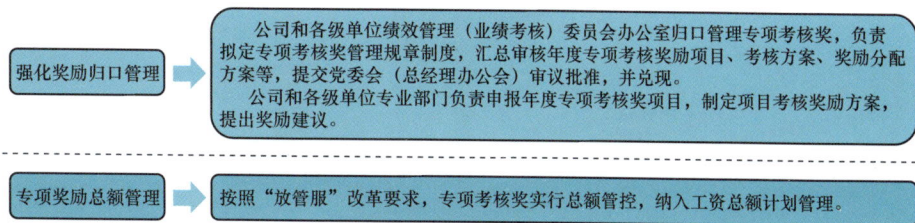

强化奖励归口管理 ➡ 公司和各级单位绩效管理（业绩考核）委员会办公室归口管理专项考核奖，负责拟定专项考核奖管理规章制度，汇总审核年度专项考核奖励项目、考核方案、奖励分配方案等，提交党委会（总经理办公会）审议批准，并兑现。
公司和各级单位专业部门负责申报年度专项考核奖项目，制定项目考核奖励方案，提出奖励建议。

专项奖励总额管理 ➡ 按照"放管服"改革要求，专项考核奖实行总额管控，纳入工资总额计划管理。

▲ 专项考核奖管理职责

（2）项目设置。公司级专项考核奖分为安全工作奖、重点工作突出贡献奖、董事长特别奖三类，地市、县级单位可根据情况参照设置专项考核奖项目。

（二）员工惩处

1. 员工有以下行为的，予以惩处

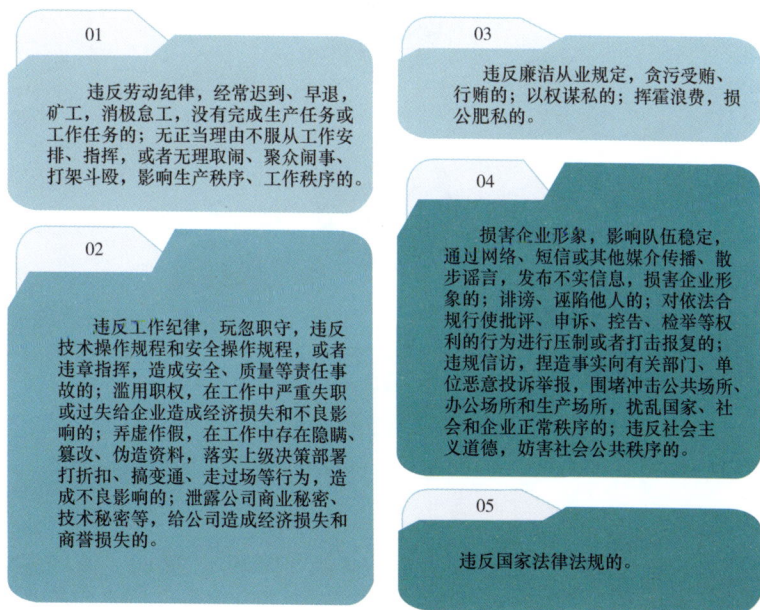

01
违反劳动纪律，经常迟到、早退、旷工，消极怠工，没有完成生产任务或工作任务的；无正当理由不服从工作安排、指挥，或者无理取闹、聚众闹事、打架斗殴，影响生产秩序、工作秩序的。

02
违反工作纪律，玩忽职守，违反技术操作规程和安全操作规程，或者违章指挥，造成安全、质量等责任事故的；滥用职权，在工作中严重失职或过失给企业造成经济损失和不良影响的；弄虚作假，在工作中存在隐瞒、篡改、伪造资料，落实上级决策部署打折扣、搞变通、走过场等行为，造成不良影响的；泄露公司商业秘密、技术秘密等，给公司造成经济损失和商誉损失的。

03
违反廉洁从业规定，贪污受贿、行贿的；以权谋私的；挥霍浪费，损公肥私的。

04
损害企业形象，影响队伍稳定，通过网络、短信或其他媒介传播、散步谣言，发布不实信息，损害企业形象的；诽谤、诬陷他人的；对依法合规行使批评、申诉、控告、检举等权利的行为进行压制或者打击报复的；违规信访，捏造事实向有关部门、单位恶意投诉举报，围堵冲击公共场所、办公场所和生产场所，扰乱国家、社会和企业正常秩序的；违反社会主义道德，妨害社会公共秩序的。

05
违反国家法律法规的。

▲ 员工惩处情形

2. 员工违规违纪行为惩处方式

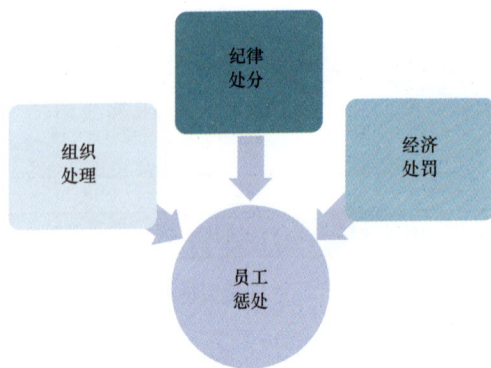

▲ 员工惩处方式

（1）组织处理包括诚勉谈话、通报批评、停职（检查）、调整岗位、待岗、责令辞职等。

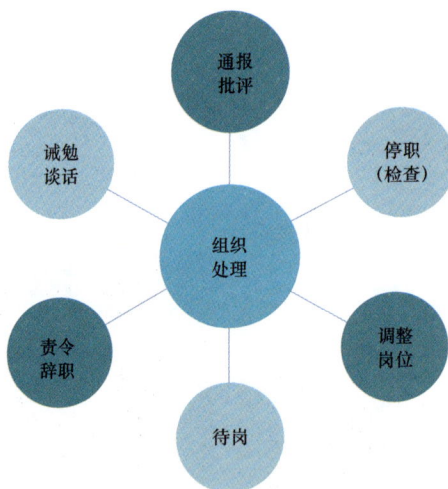

▲ 组织处理

（2）纪律处分包括警告、记过、记大过、降级（降职）、撤职、留用察看、解除劳动合同。

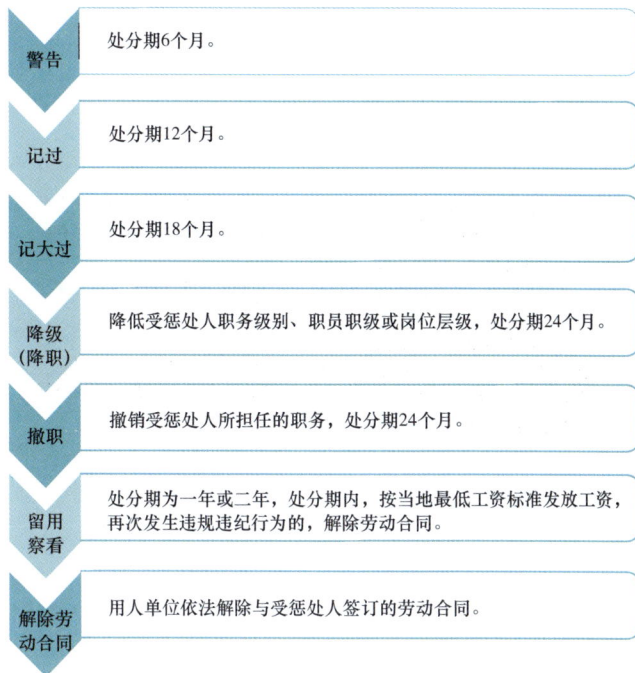

警告	处分期6个月。
记过	处分期12个月。
记大过	处分期18个月。
降级(降职)	降低受惩处人职务级别、职员职级或岗位层级,处分期24个月。
撤职	撤销受惩处人所担任的职务,处分期24个月。
留用察看	处分期为一年或二年,处分期内,按当地最低工资标准发放工资,再次发生违规违纪行为的,解除劳动合同。
解除劳动合同	用人单位依法解除与受惩处人签订的劳动合同。

▲ 纪律处分

(3)经济处罚。员工受到纪律处分的,同时进行相应的经济处罚,扣减薪金或赔偿经济损失。

纪律处分	经济处罚
警告	扣发2个月绩效薪金(对应扣发月份的季度、年度绩效薪金一并扣除)
记过	扣发4个月绩效薪金(对应扣发月份的季度、年度绩效薪金一并扣除)
记大过	扣发6个月绩效薪金(对应扣发月份的季度、年度绩效薪金一并扣除)
降职(降级)	薪酬待遇按降职(降级)后实际职务(岗位)计发
撤职	薪酬待遇按撤销职务后聘用的岗位计发
留用察看	受处分期间,按当地最低工资标准发放工资

▲ 经济处罚

3. 员工违规违纪行为惩处规定

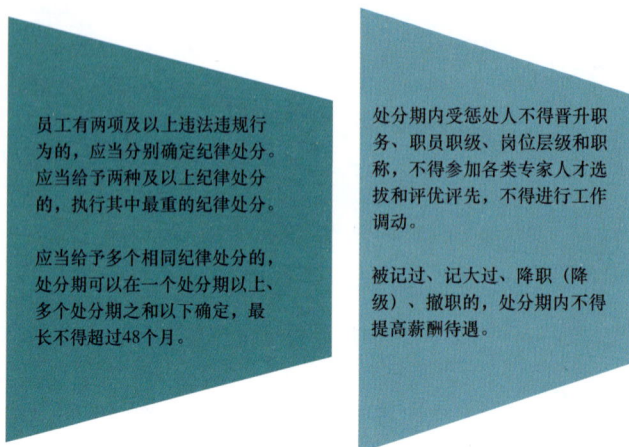

员工有两项及以上违法违规行为的，应当分别确定纪律处分。应当给予两种及以上纪律处分的，执行其中最重的纪律处分。

应当给予多个相同纪律处分的，处分期可以在一个处分期以上、多个处分期之和以下确定，最长不得超过48个月。

处分期内受惩处人不得晋升职务、职员职级、岗位层级和职称，不得参加各类专家人才选拔和评优评先，不得进行工作调动。

被记过、记大过、降职（降级）、撤职的，处分期内不得提高薪酬待遇。

▲ 员工违规违纪行为惩处规定

4. 员工违规违纪行为惩处程序

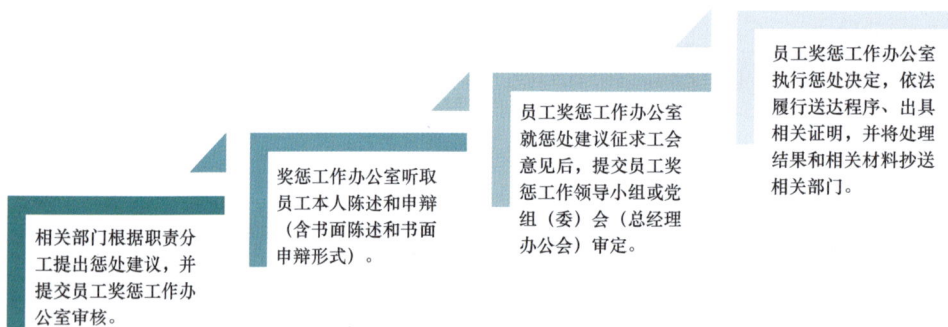

相关部门根据职责分工提出惩处建议，并提交员工奖惩工作办公室审核。

奖惩工作办公室听取员工本人陈述和申辩（含书面陈述和书面申辩形式）。

员工奖惩工作办公室就惩处建议征求工会意见后，提交员工奖惩工作领导小组或党组（委）会（总经理办公会）审定。

员工奖惩工作办公室执行惩处决定，依法履行送达程序、出具相关证明，并将处理结果和相关材料抄送相关部门。

▲ 员工违规违纪行为惩处程序

三、《国网四川省电力公司关于印发员工考勤管理办法的通知》（川电人资〔2021〕77号）

（一）员工考勤

员工考勤是指对员工的出勤和劳动纪律等情况进行综合考核评价。其中，出勤是指员工在规定时间、规定地点按时参加工作，因公出差视同出勤。员工应严格遵守考勤管理制度，按规定履行请销假手续。

（二）遵循原则

依法合规

分级管理

客观公正

员工考勤要依法管理，符合国家关于员工工作时间、休息休假、薪酬待遇等方面的法定要求。

根据员工管理关系，考勤管理实行单位、内设机构（职能部门、业务机构和班组）分级负责制。

各级管理主体要如实记录员工出勤，客观反映员工劳动纪律，并与绩效考核评价挂钩。

▲ 员工考勤管理遵循原则

（三）管理职责

01　各级单位员工奖惩工作领导小组负责审定本单位考勤管理制度，决定考勤管理工作重大事项等。

02　各级单位员工奖惩工作办公室负责制定本单位考勤管理制度，组织开展考勤管理，督导管理制度落实等。

03　各级单位、内设机构的主要负责人全面负责本级组织员工的考勤管理工作。各级内设机构设置兼职考勤员，负责日常考勤管理工作，名单报本单位员工奖惩工作办公室备案。

▲ 员工考勤管理职责

各级单位、内设机构可采取数字化手段，开展电子化考勤。

柔性团队、挂职锻炼、人才帮扶、人员借用等参与内部市场人员配置的员工，由派驻单位负责日常考勤管理，定期将考勤结果反馈至派出单位，由派出单位负责结果应用。

（四）工时制度

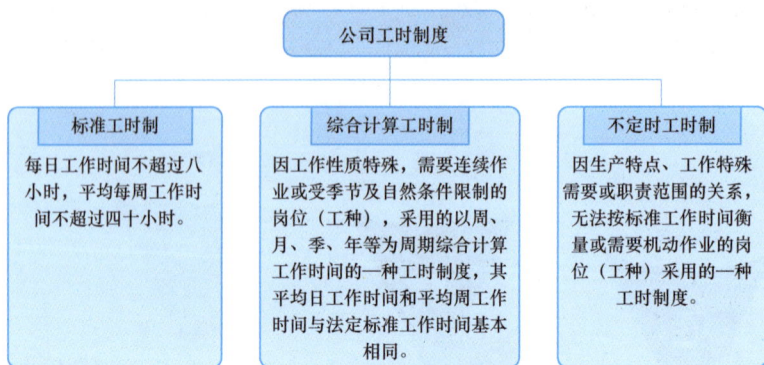

```
            ┌─────────────┐
            │  公司工时制度  │
            └──────┬──────┘
      ┌────────────┼────────────┐
┌──────────┐ ┌──────────┐ ┌──────────┐
│  标准工时制  │ │ 综合计算工时制 │ │  不定时工时制 │
```

标准工时制	综合计算工时制	不定时工时制
每日工作时间不超过八小时，平均每周工作时间不超过四十小时。	因工作性质特殊，需要连续作业或受季节及自然条件限制的岗位（工种），采用的以周、月、季、年等为周期综合计算工作时间的一种工时制度，其平均日工作时间和平均周工作时间与法定标准工作时间基本相同。	因生产特点、工作特殊需要或职责范围的关系，无法按标准工作时间衡量或需要机动作业的岗位（工种）采用的一种工时制度。

▲ 公司工时制度

各级单位可根据生产经营特点，按照劳动保障行政部门批准的岗位（工种），执行标准工时制、综合计算工时制或不定时工作制。

标准工时制工作时间按照公司统一规定执行；综合计算工时制或不定时工作制应结合工作实际，自行明确工作时间。

各级单位可根据地方政府部门发布的天气预警通知和突发公共事件，临时适当调整工作时间。

（五）假期管理

员工依法享受法定节假日、公休假日、带薪年休假、婚假（另含路程假）、丧假（另含路程假）、生育假、探亲假（另含路程假）、工伤假、病假、事假、部分公民假、少数民族节假日和地方政府规定的其他休假等。

休假时间、休假期间薪酬按照《国网四川省电力公司员工休假待遇规定》（川电人资〔2018〕123号）执行。

（六）请销假管理

1. 请假方式

员工在规定工作时间内，因非工作原因离开工作岗位的必须履行请假手续，请假可通过线上（协同办公系统）或线下（书面申请单）两种方式履行。

线上请假

经相关负责人线上审批同意，打印请假单，本人签字确认后报考勤员备案。

线下请假

由员工本人填写《员工请假申请单》，经审批人签字同意后报考勤员备案。

▲ 请假手续

员工请假申请原则上在事前提出，紧急情况下可通过短信、微信、电子邮件等方式请假，经批准后方可休假。休假期满后的第一个工作日补填书面请假单，经审批人签字后与相关佐证材料一并报考勤员备案。

2. 假期批准权限

（1）公司本部员工请假审批。

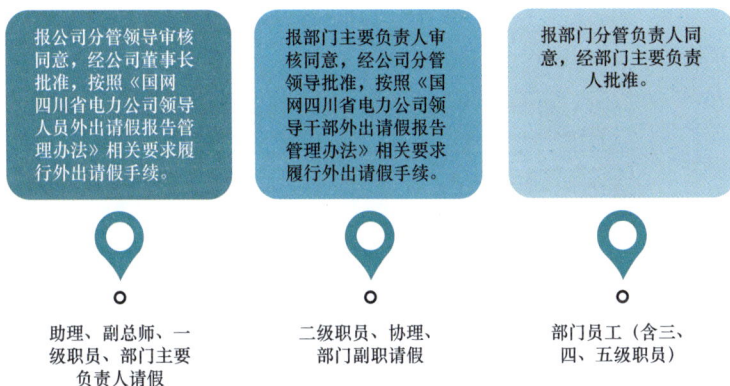

报公司分管领导审核同意，经公司董事长批准，按照《国网四川省电力公司领导人员外出请假报告管理办法》相关要求履行外出请假手续。

报部门主要负责人审核同意，经公司分管领导批准，按照《国网四川省电力公司领导干部外出请假报告管理办法》相关要求履行外出请假手续。

报部门分管负责人同意，经部门主要负责人批准。

助理、副总师、一级职员、部门主要负责人请假

二级职员、协理、部门副职请假

部门员工（含三、四、五级职员）

▲ 公司本部员工请假审批权限

（2）各级单位员工请假审批。

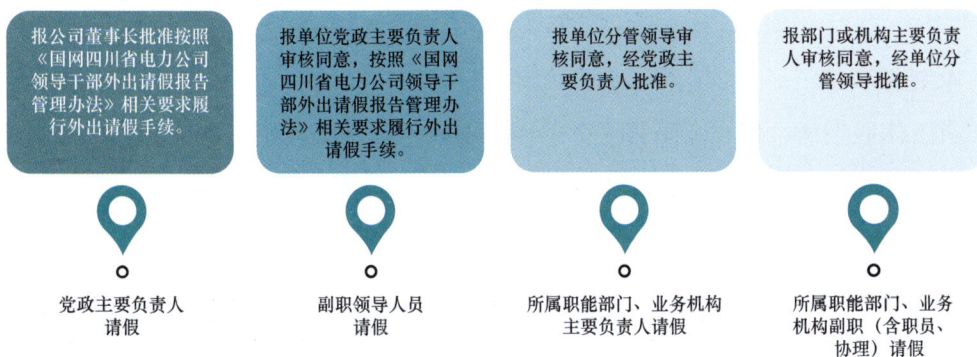

报公司董事长批准按照《国网四川省电力公司领导干部外出请假报告管理办法》相关要求履行外出请假手续。

报单位党政主要负责人审核同意，按照《国网四川省电力公司领导干部外出请假报告管理办法》相关要求履行外出请假手续。

报单位分管领导审核同意，经党政主要负责人批准。

报部门或机构主要负责人审核同意，经单位分管领导批准。

党政主要负责人请假

副职领导人员请假

所属职能部门、业务机构主要负责人请假

所属职能部门、业务机构副职（含职员、协理）请假

▲ 公司各级单位员工请假审批权限（一）

报部门或机构分管
负责人审核同意，
经部门或机构主要
负责人批准。

报所在部门或机构
主要负责人批准。

由所在班组长批准
请假3天及以上的由
所在部门或机构分
管负责人批准。

职能部门、
业务机构员工请假

班组长
请假

班组员工
请假

▲ 公司各级单位员工请假审批权限（二）

3. 不同假别请假要求

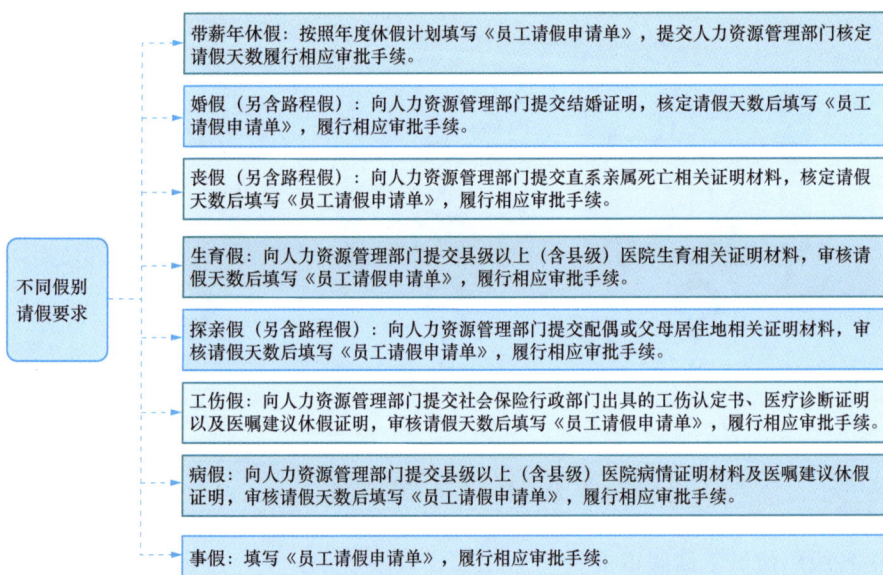

不同假别
请假要求

带薪年休假：按照年度休假计划填写《员工请假申请单》，提交人力资源管理部门核定
请假天数履行相应审批手续。

婚假（另含路程假）：向人力资源管理部门提交结婚证明，核定请假天数后填写《员工
请假申请单》，履行相应审批手续。

丧假（另含路程假）：向人力资源管理部门提交直系亲属死亡相关证明材料，核定请假
天数后填写《员工请假申请单》，履行相应审批手续。

生育假：向人力资源管理部门提交县级以上（含县级）医院生育相关证明材料，审核请
假天数后填写《员工请假申请单》，履行相应审批手续。

探亲假（另含路程假）：向人力资源管理部门提交配偶或父母居住地相关证明材料，审
核请假天数后填写《员工请假申请单》，履行相应审批手续。

工伤假：向人力资源管理部门提交社会保险行政部门出具的工伤认定书、医疗诊断证明
以及医嘱建议休假证明，审核请假天数后填写《员工请假申请单》，履行相应审批手续。

病假：向人力资源管理部门提交县级以上（含县级）医院病情证明材料及医嘱建议休假
证明，审核请假天数后填写《员工请假申请单》，履行相应审批手续。

事假：填写《员工请假申请单》，履行相应审批手续。

▲ 不同假别请假要求

4. 销假手续

员工休假期满，应在上班第一个工作日内向审批人办理销假手续，兼职考勤员将
《员工请假申请单》报单位人力资源管理部门备案。员工需要续假的，续假手续与请假
手续相同。

（七）缺勤考核

员工应严格遵守劳动纪律，不得迟到、早退、串岗、脱岗、旷工，工作时间不做与岗

位工作无关的事情。

1. 员工旷工

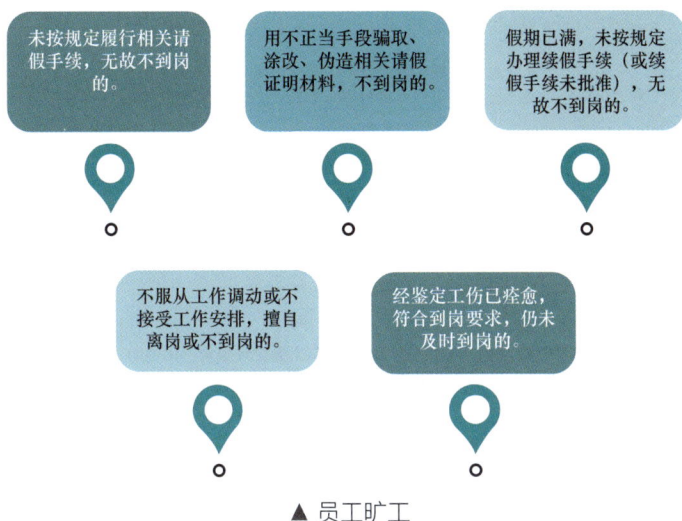

▲ 员工旷工

2. 迟到早退

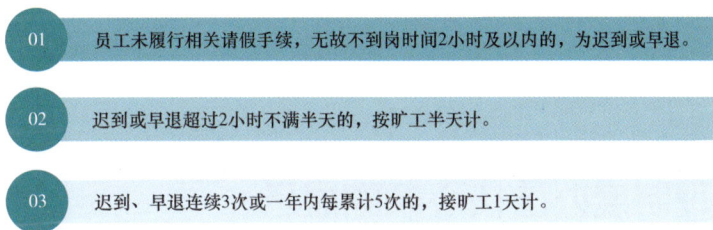

01	员工未履行相关请假手续，无故不到岗时间2小时及以内的，为迟到或早退。
02	迟到或早退超过2小时不满半天的，按旷工半天计。
03	迟到、早退连续3次或一年内每累计5次的，按旷工1天计。

▲ 迟到早退

出勤记录、休假凭证作假，一经核实按旷工处理，旷工天数按未出勤天数计算。

3. 缺勤考核

对违反劳动纪律的员工，按照《国家电网有限公司员工奖惩规定》《国网四川省电力公司纪律审查结果运用工作规定》予以惩处。

员工迟到、早退的，以批评教育为主；连续旷工 2 天以内（不含 2 天）或一年累计旷工 3 天以内（不含 3 天）的，扣发当月绩效薪金，年度绩效等级不得评为 A 级。

（八）检查应用

各级考勤管理人员

　　各级考勤管理人员要坚持客观公正、实事求是，认真审核员工请假申请材料，严格执行员工休假期限和审批权限，如实记录员工出勤情况。

各级单位

　　各级单位要严格执行各类假期休假规定和请假审批流程，统一考勤登记、统计，落实日考勤、月报表制度，建立考勤管理档案，做到有据可查。

各级内设机构

　　各级内设机构应每个工作日填写《员工出勤记录表》（附件2），有员工旷工的，在当日报本单位人力资源管理部门备案；次月初5个工作日内，将主要负责人审核签字的《月度出勤记录表》《员工请假申请单》等相关材料，一并报单位人力资源管理部门备案。

　　人力资源管理部门按档案管理相关规定做好考勤资料保管，保管期限10年。

▲ 考勤管理要求

　　各级单位应将员工考勤情况与绩效考核、薪酬分配、评优评先等挂钩，强化考勤结果应用。

第六节
保障管理制度办法核心条款展示

《国网四川省电力公司关于印发〈国网四川省电力公司探亲假路费管理细则〉的通知》（川电人资［2019］49号）

（一）概念

　　探亲假路费指根据国家和公司有关规定，在探亲假期内，已婚职工探望配偶、父母以及未婚职工探望父母发生的往返交通费。

（二）列支范围

探亲假路费列支范围，探亲假路费列支频度、人数及渠道见下图。

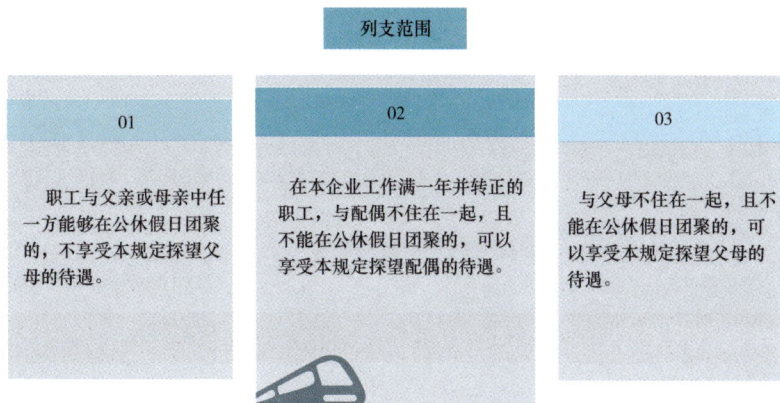

列支范围

01	02	03
职工与父亲或母亲中任一方能够在公休假日团聚的，不享受本规定探望父母的待遇。	在本企业工作满一年并转正的职工，与配偶不住在一起，且不能在公休假日团聚的，可以享受本规定探望配偶的待遇。	与父母不住在一起，且不能在公休假日团聚的，可以享受本规定探望父母的待遇。

▲ 探亲假路费列支范围

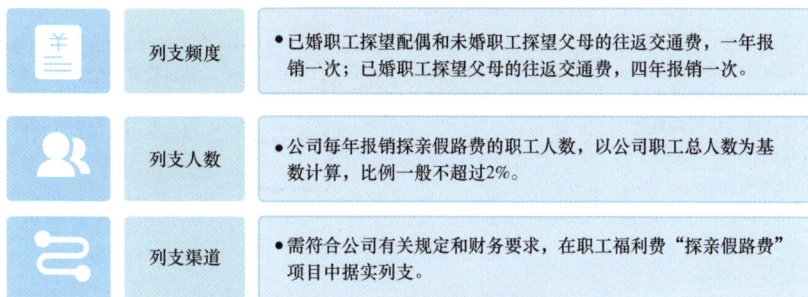

列支频度	•已婚职工探望配偶和未婚职工探望父母的往返交通费，一年报销一次；已婚职工探望父母的往返交通费，四年报销一次。
列支人数	•公司每年报销探亲假路费的职工人数，以公司职工总人数为基数计算，比例一般不超过2%。
列支渠道	•需符合公司有关规定和财务要求，在职工福利费"探亲假路费"项目中据实列支。

▲ 探亲假路费列支频度、人数及渠道

（三）探亲假路费其他事宜

探亲人员	•探亲人员乘坐交通工具参照国家电网有限公司差旅费管理相关规定执行。 •探亲人员应履行规定的请销假手续，并按照《国家电网公司差旅费管理办法》相关规定，以凭据报销交通费。未按规定乘坐交通工具的，超支部分自理。 •探亲人员往返绕行产生的费用由个人承担，不予报销。
各单位职工	•各单位职工受组织派遣到异地培养锻炼，借调工作等，按规定探望配偶的，相应的交通费由职工所在工作单位负责报销；受组织安排调动到异地工作的职工探望配偶的，相应的交通费由职工调动后所在工作单位负责报销。

▲ 探亲假路费其他事宜（一）

公司职工配偶	• 公司职工配偶不在公司系统单位工作，由于配偶所在单位将其派往异地工作而造成的探亲，不属于公司报销的范围。
职工	• 职工（包括已婚、未婚）探望父母，如父母居住地不固定，交通费可按职工本人工作所在地至档案填写的籍贯所在地报销。
公司驻外办事处职工	• 公司驻外办事处职工的探亲费用报销事项，按照国家电网公司《驻外办事处管理暂行规定》（国家电网外事[2011]420号）执行，其余人员因个人原因需要到境外探亲的费用不予报销。

▲ 探亲假路费其他事宜（二）

（四）探亲假管理流程

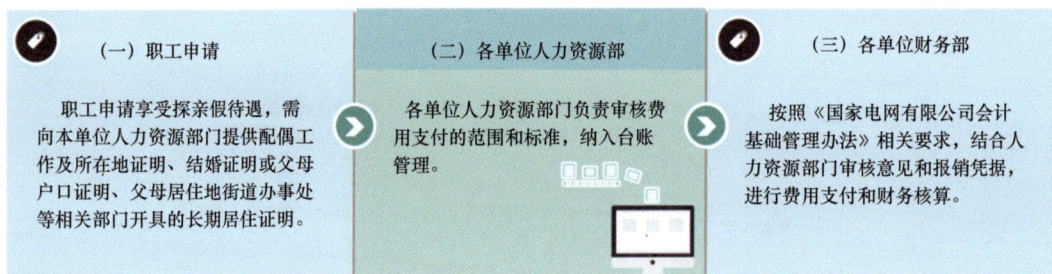

（一）职工申请

职工申请享受探亲假待遇，需向本单位人力资源部门提供配偶工作及所在地证明、结婚证明或父母户口证明、父母居住地街道办事处等相关部门开具的长期居住证明。

（二）各单位人力资源部

各单位人力资源部门负责审核费用支付的范围和标准，纳入台账管理。

（三）各单位财务部

按照《国家电网有限公司会计基础管理办法》相关要求，结合人力资源部门审核意见和报销凭据，进行费用支付和财务核算。

▲ 探亲假管理流程

第七节
培训教育管理制度办法核心条款展示

一、《国网四川省电力公司关于印发"青年英才"十年全路径培养方案的通知》（川电人资〔2018〕129号）

（一）"131"培养工作机制

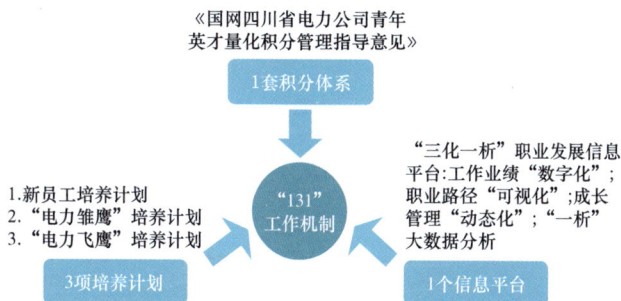

▲"青年英才"十年全路径培养工作机制

（二）实施要点

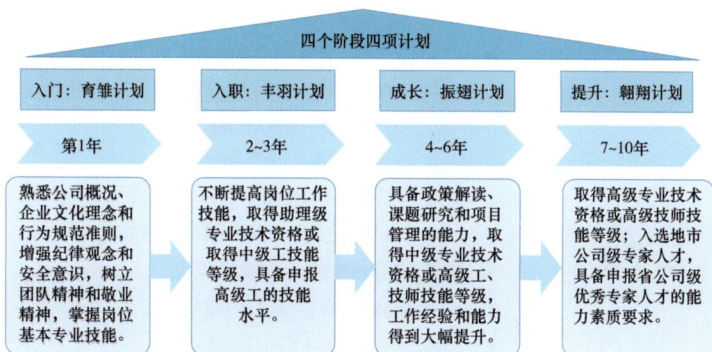

▲"青年英才"十年全路径培养实施要点

二、《国网四川省电力公司关于印发高端人才培养工作计划的通知》（川电人资［2019］107号）

（一）定义

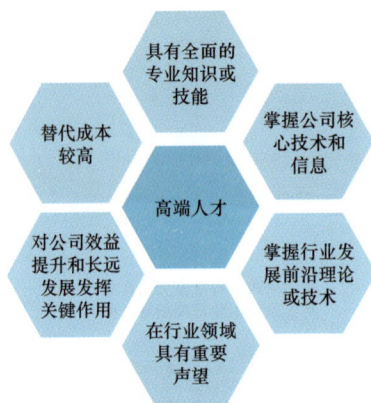

具有全面的专业知识或技能

掌握公司核心技术和信息

替代成本较高

高端人才

掌握行业发展前沿理论或技术

对公司效益提升和长远发展发挥关键作用

在行业领域具有重要声望

▲ 高端人才定义

（二）重要举措

14项举措

1 分级分类建立人才信息储备库
2 全面挖掘人才信息数据使用价值
3 灵活组建柔性攻关团队
4 完善柔性攻关团队管理机制
5 建立公司内部学术技术交流平台
6 打通公司外部沟通合作渠道
7 柔性引智引领公司技术前沿发展
8 分专业建立"技能人才种子库"
9 精心打造"工匠"型人才
10 建立公司高端人才流动站
11 完善高端人才激励政策
12 加强高端人才培养氛围营造
13 加强关键紧缺专业人才引进力度
14 积极探索多种人才引进方式

▲ 高端人才培养重要举措

三、《国网四川省电力公司关于加快人才高质量发展的实施意见》（川电人资〔2020〕84号）

（一）工作目标

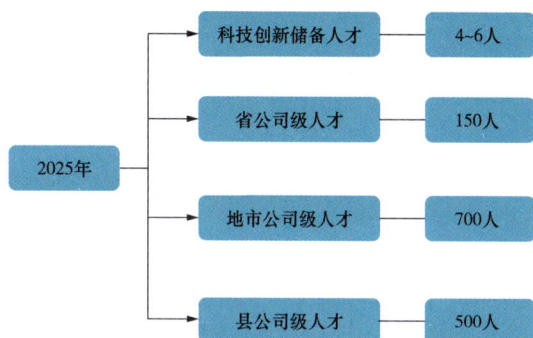

▲ 工作目标

（二）工作重点

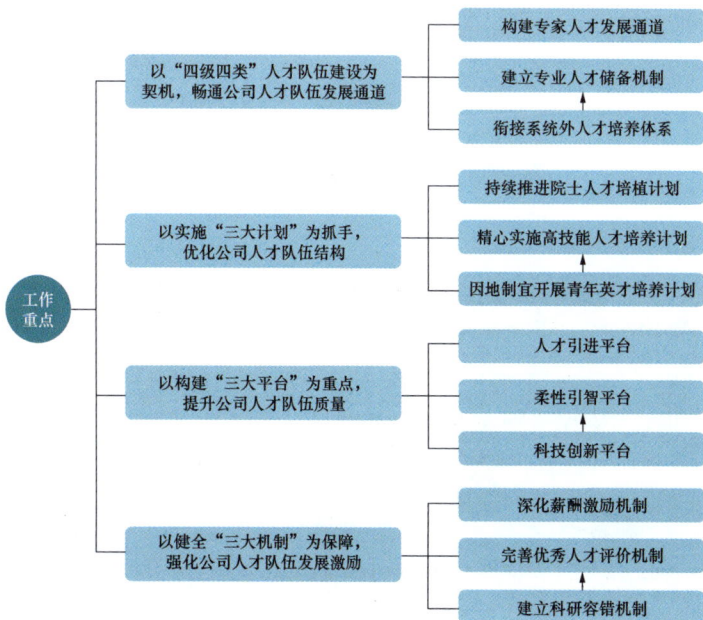

▲ 工作重点

四、《国家电网有限公司专家人才管理办法（暂行）》（国家电网企管〔2021〕487号）

（一）定义及分类

专家人才是指通过评选产生的公司系统德才兼备、业务精通、贡献突出的优秀职工，分为科技研发类、生产技能类和专业管理类，称号设置如下：国网公司级设中国电科院院士、首席专家，省公司级设高级专家，地市公司级设优秀专家，县公司级设专家。

（二）评选规模范围

中国电科院院士评选规模根据需要确定；首席专家评选规模为300名；高级专家、优秀专家、专家评选规模分别为不超过本单位三、四、五级领导（管理）人员编制的50%，主要面向科技研发、生产技能类人员。

（三）评选方式

中国电科院院士采用评选委员会会议评审方式评选，其他专家人才评选方式如下。

```
              评选方式
    ┌───────────┼───────────┐
 面试答辩     实操考核      评审评议
```

▲ 评选方式

（四）评选必备条件

拥护党的领导，热爱祖国，自觉践行社会主义核心价值观，认同公司价值理念，有强烈的事业心和责任感。

申报中国电科院院士、首席专家、高级专家、优秀专家、专家的，一般需现从事且累计从事本专业（领域）工作分别达到20、15、15、10、5年以上。特别优秀的，可适当放宽。

参选首席专家、高级专家、优秀专家、专家的，应为公司距法定退休年龄3年以上的长期在岗职工。

参选科技研发类的，应为研究院所从事科技研发工作的职工；参选生产技能类的，应为生产一线从事技术技能工作的职工；参选专业管理类的，应为各级单位本部从事专业管理工作的职工。

创新意识强，业绩突出，学风正派，品行端正，专业能力水平在本领域领先并得到广泛认可。

近3年内无违规、违纪行为，没有发生过直接责任的安全生产事故，无重大失误或造成不良影响。

① ② ③ ④ ⑤ ⑥

▲ 评选必备条件

（五）评选程序

评选单位制定实施方案，经本单位人才工作领导小组批准，组建评选专业委员会，发布评选规模和申报条件等。

职工自愿申报，所在单位择优确定候选人，开展廉政审核，并公示5个工作日后上报。

按既定评选方式和评选标准，组织开展评选，提出人选名单。

评选单位履行决策程序审定后，人选名单公示不少于5个工作日无异议后，予以公布。

▲ 评选程序

（六）培养使用

1 每年为专家人才安排一定时间的集中培训，优先安排参加国内外进修学习和考察交流。

2 聘期内安排专家人才参加所在层级的本部员工轮训，优先推荐参加挂职挂岗锻炼。

3 每年制定专家人才使用计划，签订年度任务书。赋予其技术路线决策权、团队组建权、内部分配权，以及在标准、制度、规范、规程等相关专业领域审核权。

4 鼓励中国电科院院士揭榜挂帅重大科研攻关、重点工程建设和重要课题研究，每年安排自筹科研经费300万元。统筹安排各级专家科研任务，优先支持领衔关键课题研究。

5 以专家人才为骨干组建柔性团队，为其创新创造和技艺传承创造条件。

6 强化专家人才传帮带和人才培养责任，建立专家人才师带徒制度，每年参与授课、讲座、培训资源建设等任务不少于32学时。

▲ 培养使用

（七）考核激励

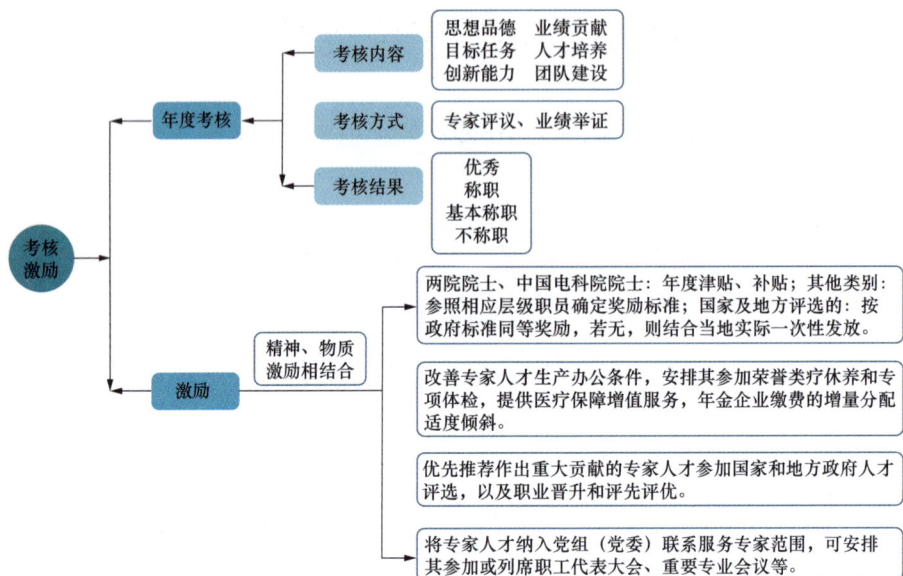

▲ 考核激励

（八）退出规定

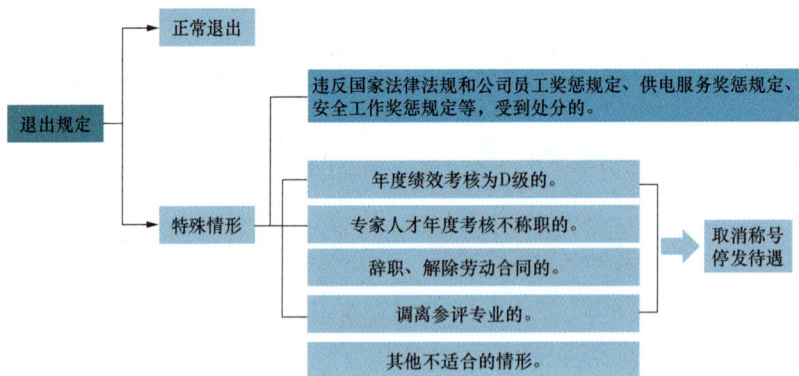

▲ 退出规定

第三章　问题解答

CHAPTER 3

第一节
领导人员管理

1. 如何正确掌握"在一个单位或者部门工作时间较长的：担任正职领导人员满六年（两个任期）的；纪委书记、总会计师在同一职位任职满六年（两个任期）的；交流到艰苦、边远地区任职满六年（两个任期）的；其他领导人员在同一单位同一层级职位任职满九年（三个任期）的，有以上情形之一且还能任满三年（一个任期）以上的，一般应当交流。"？

答　领导人员交流应注意以下情形：

（1）领导人员交流应依据岗位任职年限，而非领导人员职务级别，各级领导人员（含大型县级供电企业）有以上情形之一且还能任满三年以上的，一般应当交流。有以上情形之一且距退二线不满三年的，可不交流。

（2）领导人员担任多个职务时，其中一个职务任职符合以上情形之一且还能任满三年以上的，应当就任职超期职位进行交流。

（3）领导人员交流符合多个文件规定情形的，应从严开展交流。

2. 领导人员转任职员和晋升性聘任职员是否需要参照《领导人员交流工作实施细则》进行交流？

答　领导人员转任职员和晋升性聘任职员已不属于领导职务序列，可不参照《领导人员交流工作实施细则》开展交流，但职员若担任关键岗位，应按照关键岗位管理相关办法要求交流。

3. 四级正副职领导人员是否可以转任专职董事监事？

答　四级正副职领导人员距退二线年龄界限不满 2 年，且任现职务职级已满 6 年以上的，因健康、家庭等个人原因，由本人申请、经所在单位党委研究，在《职务名称表》有明确的董监事配置标准情况下，才能转任相关单位专职董事监事。但须符合公司法中配备董事监事相关要求，且各单位须加强董事监事的履职管理。按照国家电网公司要求，《职务名称表》应经党委会审定后正式印发，并确保及时更新。

4. 如何正确把握"领导人员近亲属在领导人员所在单位内提拔任用，或者在公司系统提拔担任四级副职及以上领导职务的，必须事先履行报批手续，征求公司党委组织部意见"?

答　按照公司关于明确领导人员选拔任用工作报批报备有关事项的相关规定要求，从2020年7月15日起，领导人员近亲属拟提拔为省公司系统内四级副职及以上职务的，拟提拔领导人员所在单位应在党委会讨论决定前事先履行报批手续。

5. 如何正确把握"在同一县级供电企业担任正职不到2年进行调整的，必须事先履行向省公司组织部报批手续"?

答　在同一县级供电企业担任总经理或党委书记不到2年，调整到同一县级供电企业担任其他岗位的，按照从严管理要求，仍属于在同一县级供电企业担任正职不到2年调整岗位的，必须事先履行向省公司组织部报批手续。

6. 重用领导人员包括哪些情形?

答　重用领导人员是指领导人员调整至助理/副总师岗位，以及行政、党务主要负责人由同一人员担任的情形。调整至助理/副总师岗位，要开展专项考察，且进行任前公示；由同一人员担任行政、党务主要负责人，任职前要开展专项考察，不进行任前公示。

7. 如何准确把握"领导人员每年按要求报告上一年度个人重要情况，并在本人婚姻和配偶、子女移居国（境）外、从业等事项变化发生后一个月内按规定书面报告组织部。"?

答　（1）三级领导人员严格按照省公司的要求执行个人重大事项请示报告、年度个人重要情况报告制度；四级正副职领导人员严格按照省公司要求执行个人重大事项请示报告制度，年度个人重要情况报告制度由各单位按领导人员管理规定，根据实际情况及时报告。

（2）领导人员在每年报告上一年度重要情况时，按重要情况登记表中的事项如实填写，向组织报告，当本人婚姻发生变化，配偶、子女移居国（境）外，配偶、子女从业等事项发生变化时，变化后一个月内要向组织部书面报告。

第二节
劳动组织管理

8. 省管产业单位是否可以推广职员职级聘任？农电用工、省管产业单位用工是否可聘任为职员？

答 职员职级聘任适用于省公司本部及所属各单位主业岗位，暂不适用于省管产业单位。职员职级聘任目前仅适用于主业长期职工。农电用工、省管产业单位用工暂不能聘任为职员。

9.《国网四川省电力公司职员职级管理办法》未明确管理机构、一线岗位定义，如何把握？

答 管理机构是指各级单位具有管理职能的本部职能部门、业务机构。一线岗位是指具体从事业务实施的技术、技能、服务类岗位。

10. 聘任职员时，管理／技能岗位人员的职称或者技能等级是否满足其一要求即可？

答 经营、管理、部分技术类岗位人员不能参与职业技能鉴定，而技能、服务类岗位人员既可以参加职业技能鉴定，也可以参与职称评定，因此，聘任各层级职员时，经营、管理、技术类岗位聘任职员须满足对应的职称等级要求；技能、服务类岗位聘任职员满足对应的职称或技能等级任意一个即可。

11.《国网四川省电力公司职员职级管理办法》任职（工作）年限界定时，因组织机构调整或岗位调整等非受处分职务年限中断的，中断前的职务年限是否可纳入职务年限计算？

答 《国网四川省电力公司职员职级管理办法》第 14 条明确规定："职务工作年限中断的，中断前的职务年限只可等同管理技术岗位工作年限纳入计算；管理技术岗位工作年限可等同技能岗位工作年限纳入计算。"因此，因组织机构调整或岗位调整等非受处分职务年限中断的，中断前的职务年限不纳入职务年限计算，仅可等同于管理技术岗位工作年限纳入计算。例如：某四级正副职领导人员跨地市级单位调动后，在调入单位拟担任五级职员，今后在职员晋级时，其在原单位的四级正副职领导人员职务年限不纳入计算。

12.《国网四川省电力公司职员职级管理办法》任职（工作）年限界定时，成建制划入人员、复转军人、军转干部等系统外调入人员如何认定任职（工作年限）？

答 在职员聘任时，成建制划入人员管理技术或技能工作经历原则上从人员划转基准日开始计算，对成建制划入前曾由公司代管的单位从签订代管协议并纳入公司人力资源信息系统管理日开始计算；复转军人、军转干部等系统外调入人员管理技术或技能工作经历从进入国家电网公司系统之日起开始计算。

13. 一般管理、技术、技能等岗位人员，特别是县公司部门主任、班组长等人员，可否转任同层级职员？

答 一般管理、技术、技能等岗位人员（四级副职领导人员以下岗位人员）不存在转任说法。根据职员职级管理办法，结合工作实际，一般管理、技术、技能等岗位人员可晋升上一层级职员，其任职资格、聘任条件和程序按照首次晋升性聘任职员相关规定执行；也可以聘任同层级职员，不受任职资格限制，但需符合聘任条件，履行聘任程序。特别强调：职员必须担任实际工作，根据工作需要应承担所在单位（机构）的相关工作。各级单位应健全职员考评制度，根据公司绩效管理规定，对职员开展绩效考核。

14. 管理机构职数可用于生产一线职员聘任，但省公司未分别下达管理机构职数和一线岗位职数，操作过程中如何界定？

答 省公司统一下达各地市公司四至八级职员职级总职数，各单位可根据工作需要自行分解使用职员职数。同时强调：各单位优先在一线岗位推广职员聘任，一线岗位未开展的，管理机构不得新聘任职员。

15. 对于《国网四川省电力公司职员职级管理办法》（川电人资〔2019〕148 号）执行前已聘任的职员，如何确定任期？

答 按照省公司 2019 年职员职级管理办法第 24 条规定："各级职员实行任期制管理，

各单位根据实际情况确定聘任期限,原则上任期为 3 年",在新办法出台前已聘任的职员同样实行任期制管理,相关任期考核要求参照同层级领导人员执行。

16. 省公司所属市场化单位是否可以根据业务需要,灵活调整干部职数及各层级岗位编制?

答 省公司所属市场化单位目前处于市场化探索初期,目前暂不具备灵活配置人员条件,因此,各市场化单位仍要严格按照省公司下达编制内配置人员,严禁超配干部及超编制配置员工。

17. 各单位可否自主设置部门或班组? 是否可在清单外自主命名班组名称?

答 (1)各单位要严格按照《省公司所属单位内设机构设置标准》设置职能部门数量,在职能部门总数范围内可自主设置职能部门。

(2)班组设置清单供各单位参考,各单位可在清单范围外,根据实际业务需求,自主设置班组及班组名称。

(3)省公司鼓励各单位结合实际,实施管理融合和业务集约,设置综合性职能部门和跨专业的复合型业务机构、班组。允许根据业务开展需要创新生产性质专业室和班组设置。针对跨机构进行职责调整的情况,可将相应专业室或班组随职责成建制划转至职责承接的机构。

第三节
用工管理

18. 部分特殊情况下"3、5、8"要求如何执行?

答 一是公司核准入职岗位为管理、技术类的员工,如跨批复岗位中类流动配置到其他管理、技术类岗位或跨单位调整的,工作年限仍需按照内部市场各相关制度满足"3、5、

8"要求。

二是所有人员（含技能类）跨单位岗位竞聘、挂职锻炼、人员借用及员工申请跨单位调动（含技能类）包括县公司之间的跨单位调动，均需满足"3、5、8"要求。单位因机构业务、供电区域调整、新建筹建项目等统一组织的跨单位成建制划转，岗位不发生变化的，可不受此限制。

三是在计算生产一线岗位工作年限时，学历以进入公司系统时的初始（就业）学历进行认定。

四是退役士兵在部队工作年限应视为工龄，不视为在本单位工作时间。计算退役士兵在生产一线岗位工作年限，可参照其进入本单位前全日制最高学历，对应按"3、5、8"要求执行。军转干部可不适用"3、5、8"要求。

五是对于2010年1月1日以后入职且已上管理、技术类岗位的员工，前期在生产一线岗位工作时间不满足"3、5、8"要求的，可通过挂职（岗）锻炼、人才帮扶等多种方式补足在生产一线岗位工作时间，各单位应带头严格执行国家电网公司通用制度有关规定要求。2017年3月15日《国家电网公司内部人力资源市场管理办法》等10项通用制度施行后，未按照"3、5、8"年限要求执行的，不得通过挂职（岗）锻炼、人才帮扶等方式弥补，必须退回至生产一线岗位工作。

六是国家电网公司系统单位员工中途自愿辞职（解除劳动关系），后再次进入国家电网公司系统单位工作的（新建劳动合同关系），其自愿辞职前在原国家电网系统单位的一线工作年限作废，再次进入后按新进员工须重新满足"3、5、8"一线工作年限要求。

七是鉴于集体企业（产业单位）岗位性质仍无法明确，各单位不得将2010年1月1日以后新入职人员安排在集体企业（产业单位）岗位。已安排在集体企业（产业单位）岗位的，调整回主业一线岗位。

19. 地方电力公司成建制划转进入国家电网系统的员工调整到管理技术岗位如何执行生产一线"3、5、8"工作年限要求？

答　《国家电网公司内部人力资源市场管理办法》于2017年3月15日正式施行。办法规定，自2010年1月1日起，国家电网系统新进员工须满足生产一线"3、5、8"工作年限要求。一是2017年3月15日之前地方电力公司成建制划转进入国家电网系统的：并表入国家电网系统时间早于2010年1月1日，其新进员工须满足"3、5、8"工作年限要求；并表入国家电网系统时间晚于 2010 年 1 月 1 日，并表入国家电网系统后新入职的员工须满足"3、5、8"工作年限，不满足条件的可通过挂职锻炼等软流动的方式满足年限要求；2010 年 1 月 1 日至并表入国家电网系统时间之间入职的新员工可不适用"3、5、8"工作年限要求。二是 2017 年 3 月 15 日之后地方电力公司成建制划转进入国家电网系统的：2010 年 1 月 1 日至并表入国家电网系统时间之间入职的新员工可不适用"3、5、8"工作年限；并表入国家电网系统后入职的新员工须满足"3、5、8"工作年限要求，否则必须以组织调配调整岗位方式满足年限要求。

20. 人才帮扶、劳务协作、挂职锻炼、临时借用等"软流动"方式如何进行流动积分？

答　经组织安排到异地的人才帮扶、劳务协作、挂职锻炼、临时借用人员实行流动积分。其中期限不足 3 个月的，不计流动积分。

（1）人才帮扶、劳务协作不论同等条件地区、同级单位或者反向流动均进行全额积分。

（2）临时借用方式根据地域状况、经济发展水平和人员流动特点，区别进行积分或不积分：

1）从非艰苦边远和发达地区流动到艰苦边远和欠发达地区，以及在艰苦边远和欠发达地区间，从条件相对较好的流向相对较差的，纳入流动积分。同等条件地区之间流动和反向流动不积分。

2）从上级单位流动到下级单位的，除在地市级及以上城市中心城区范围内设置的跨区行政区域内部流动不积分外，纳入流动积分。同级单位之间不积分。

3）根据城市等级，从成都市中心城区向省内各地级市或县流动的，以及各地级市向县流动的，纳入流动积分。同层级城市之间流动和反向流动不积分。

4）国家电网公司组织的，按国家电网公司规定执行。

（3）挂职锻炼根据地域状况、经济发展水平和人员流动特点，区别进行积分：

1）从非艰苦边远和发达地区流动到艰苦边远和欠发达地区，以及在艰苦边远和欠发达地区间，从条件相对较好的流向相对较差的，纳入流动积分。同等条件地区之间流动和反向流动按计算流动积分的 50% 折算积分。

2）从上级单位流动到下级单位的，除在地市级及以上城市中心城区范围内设置的跨区行政区域内部流动不积分外，纳入流动积分。同级单位之间流动和反向流动计算流动积分的 50% 折算积分。

3）根据城市等级，从成都市中心城区向省内各地级市或县流动的，以及各地级市向县流动的，纳入流动积分。同层级城市之间流动和反向流动计算流动积分的 50% 折算积分。

21. 因机构调整，现在岗人员需重新上岗是否需要满足绩效等级要求？对应纳入聘期管理的是否需要重新签订聘期协议？

答 一是因组织机构业务调整、组织机构变更名称的，员工同步划转时，视同单位组织的人事调配，员工重新上岗无绩效等级要求；若出现员工晋升到更高层级岗位或更高岗级岗位的，晋升的员工重新上岗需满足绩效等级要求。

二是对应纳入岗位聘任制管理的，岗位层级发生变化或岗位名称发生变化的，均应重新签订岗位聘任协议，协议"编号"接续原岗位签订的聘任协议编号，接续岗位聘任协议聘期与原岗位签订的聘任协议期限保持一致，聘期内年度考核绩效等级仍然有效，纳入聘期内绩效等级积分计算。

22. 对纳入聘期制管理的岗位在聘期内是否允许变动？

答 对纳入聘期制管理的岗位，协议签订后，在聘期内岗位原则上不做变动，确因工作需要，针对个别岗位人员需要做变动的，可根据一事一议决策原则做调整。

23. 怎么理解聘期制管理中的考评期追溯？

答 对在以往考评期内发生，在本聘期考评期内发现且被认定的事件，在本聘期内进行追溯考核。追溯期最早可从员工第一次聘任协议生效之日起开始追溯。

24. 如何理解"员工当年发生关键事项被评为 D，应及时进行同级或向下调整岗位"？

答 一是同级调整岗位的情形：发生的关键事项非员工主观意愿且对企业造成的影响较小或损失不大的情形。

二是向下调整岗位的情形：发生的关键事项非员工主观意愿，但对企业造成的影响较大或损失较大的；发生的关键事项系员工主观意愿，如违反政治纪律、违反劳动纪律、违反廉洁纪律、违反公司其他制度规定等情况。

25. 员工发生绩效等级被评为 D 的关键事项，同级或向下调整岗位后，当年应如何签订聘任协议？

答 当员工发生关键事项触发调整岗位条件时，1 个月内完成员工岗位调整工作。当年度新协议期限只签当年剩余时段，若当年再次发生被评为 D 的关键事项，继续向下调整岗位，新协议期限仍为当年剩余时段，次年再签订新的 3 年聘期协议，确保该协议到期后有效绩效评价年度达到 3 年。

26. 代管单位、产业单位能否直接执行《国家电网有限公司劳动合同管理办法》条款？

答 根据《国家电网有限公司劳动合同管理办法》第五条规定："本办法适用于公司总（分）部、公司所属全资和控股单位。代管单位和集体企业可参照执行"。由于代管单位和产业单位均与公司没有资产纽带关系，因此，公司印发实施的制度办法不能直接适用于代管单位和产业单位，代管单位和产业单位应参考公司的制度办法，自行制定本单位制度办法，并履行本单位民主决策程序后印发施行，同时还须履行员工告知义务。

27. 劳动合同书中的工作地点和工作岗位如何明确？

答 根据《劳动合同法》第十七条规定，劳动合同应当明确工作地点及工作岗位，且为必备条款。

一般情况下，省公司本部及省公司层面的业务实施机构工作地点明确为"××省行政区域范围内"；地市公司及地市公司层面的业务实施机构明确为地市级行政区域，如"××市行政区域范围内"；县公司明确为县级行政区域，如"××县行政区域范围内"。

工作岗位依据公司《岗位分类标准》大类，确定为经营类、管理类、技术类、技能类或服务类。

28. 专项培训协议服务期限应怎么确定？若员工拒绝签订专项培训协议，公司应如何处理？

答 《国家电网有限公司劳动合同管理办法》明确提出，用人单位为员工提供专项培训，且支付相关费用的，可订立专项培训协议书。国网四川省电力公司《贯彻落实〈国家电网有限公司劳动合同管理办法〉意见的通知》进一步明确，原则上对于培训费用超过 1

万元或者培训时间超过一个月的培训，应签订专项培训协议书。签订协议书时，各单位根据实际情况与培训支付费用自行约定服务期限。

单位派员工参加与本岗位工作相关的专项培训，旨在提高员工的职业技能，提升素质，员工应根据自身情况与工作安排，主动参与单位组织的专项培训。若员工拒绝参加专项培训或签订专项培训协议，各单位可采取调整其岗位或岗位层级等方式处理。

29. 首次和续签劳动合同期限应如何确定？

答 对首次订立劳动合同的新进员工（包括"三定生"），各单位可根据自身实际，自主确定 3~5 年的劳动合同期限，同时订立试用期协议书，试用期为 6 个月。

根据《劳动合同法》第十四条明确，有下列情形之一，劳动者提出或者同意续订、订立劳动合同的，除劳动者提出订立固定期限劳动合同外，应当订立无固定期限劳动合同：

（1）劳动者在该用人单位连续工作满十年的。

（2）连续订立二次固定期限劳动合同，且劳动者没有《劳动合同法》第三十九条和第四十条第一项、第二项规定的情形，续订劳动合同的。

为规范劳动关系管理，用人单位应注意签订劳动合同首次和第二次固定期限的设定。两次固定期限之和不满 10 年，劳动合同到期用人单位可选择终止劳动合同；两次固定期限之满 10 年的，除劳动者提出订立固定期限劳动合同外，用人单位应依法与员工签订无固定期限劳动合同。因此，建议用人单位与员工签订劳动合同首次和第二次固定期限之和小于 10 年。

30. 员工劳动合同签订日期与生效日期如何确定？

答 一是关于劳动合同签订日期：新入职员工实际报到时间与进入 ERP 人资系统时间有差异的，签订劳动合同时间以实际报到时间为准。系统内调动职工在调入单位的劳动合同签订日期，以调出单位开具的解除劳动合同通知书的解除日期第二天为接续日期。

二是关于劳动合同生效日期：国家电网有限公司关于印发《国家电网有限公司劳动合同管理办法》的通知（国家电网人资〔2018〕720 号）第三章第二十五条：订立劳动合同应约定生效时间。没有约定的，以双方签字或盖章的时间为生效时间。双方签字或盖章时间不一致的，以签字或盖章较晚一方的时间为准。

31. 员工系统内跨单位调动后，劳动合同重新签订时合同期限如何确定？

答 员工系统内跨单位调动后，劳动合同签订主体发生了变化，需重新签订劳动合同。因同属于国家电网公司员工，员工劳动合同在调入单位的签订日期应与调出单位的解除日期进行有效衔接。

（1）员工调动时，其劳动合同属固定期限内的，该员工在调入单位续签劳动合同的期限应接续调出单位未履行完毕的剩余期限。

（2）员工调动时，其劳动合同属无固定期限的，调入单位续签劳动合同仍按无固定期限签订。

32. 员工依法中止劳动合同后，被证明错误限制人身自由或未被依法追究刑事责任，员工劳动关系如何处理？

答 员工经证明被错误限制人身自由或未被依法追究刑事责任，自期满或解除强制措施之日起，员工应在一个月内与用人单位办理相关手续，恢复劳动合同的正常履行。

33. 员工依法中止劳动合同后，被证明非法或错误限制人身自由，暂时停止履行劳动合同期间劳动者的损失由谁赔偿？

答 一是员工被错误限制人身自由情况。根据劳动部《关于贯彻执行（劳动法）若干问题的意见》第28条规定：劳动者涉嫌违法犯罪被有关机关收容审查、拘留或逮捕的，用人单位在劳动者被限制人身自由期间，可与其暂时停止劳动合同的履行。暂时停止履行劳动合同期间，用人单位不承担劳动合同规定的相应义务。劳动者经证明被错误限制人身自由的，暂时停止履行劳动合同期间劳动者的损失，可由其依据《中华人民共和国国家赔偿法》要求有关部门赔偿。

员工被国家机关错误限制人身自由，因客观原因无法向公司提供劳动服务，员工劳动合同中止履行期间双方不存在劳动法上的权利义务关系，因此中止履行劳动合同期间劳动者的损失不应由用人单位赔偿。员工可根据《中华人民共和国国家赔偿法》第二条规定："国家机关和国家机关工作人员违法行使职权侵犯公民、法人和其他组织的合法权益造成损害的，受害人有依照本法取得国家赔偿的权利"依法进行索赔。

二是员工被非法限制人身自由情况。员工被非法限制人身自由，导致员工本人利益受到损失的，可根据《中华人民共和国民法典》第一千零一十一条："以非法拘禁等方式剥夺、限制他人的行动自由，或则非法搜查他人身体的，受害人有权依法请求行为人承担民事责任"，向侵权的行为人依法提出赔偿。

34. 员工取保候审期间，能否继续到单位上岗工作？取保候审期间劳动合同如何处理？

答　员工在取保候审期间，用人单位不得让该员工继续在单位上岗工作。

取保候审是《中华人民共和国刑事诉讼法》规定的一种刑事强制措施，是指在刑事诉讼中公安机关、人民检察院和人民法院等司法机关对未被逮捕或逮捕后需要变更强制措施的犯罪嫌疑人、被告人，为防止其逃避侦查、起诉和审判，责令其提出保证人或者交纳保证金，并出具保证书，保证随传随到，对其不予羁押或暂时解除羁押的一种强制措施。员工在取保候审期间需随时配合公安机关调查离开工作岗位，势必会影响正常工作，但该情况属于不可抗拒因素造成员工不能正常到岗上班，并非出于员工自己个人意愿，属于有故旷工。

根据《国家电网有限公司劳动合同管理办法》相关规定，涉嫌严重违纪接受有关部门调查而中断工作的，用人单位可与其中止劳动合同。在实际执行过程中，用人单位可参考人民法院、人民检察院或公安机关的建议意见（预估时长）办理：一是若预估时间较短，在 15 天以内的，可不用办理劳动合同中止，依据企业规章制度灵活处理；二是若预估时间较长，超过 15 天及以上的，用人单位可以"涉嫌严重违纪接受有关部门调查而中断工作的"条款规定，办理人员劳动合同中止手续。

35. 受理员工主动辞职申请书应注意的事项？

答　员工所在单位人力资源管理部门在受理员工主动辞职申请书时应特别注意：一是员工辞职申请书必须由员工在用人单位工作人员的见证下亲笔手书，并在辞职申请书上亲笔签名并盖手印。二是员工辞职申请书所写的辞职原因必须是员工"个人原因"，不能出现与用人单位有关的其他任何原因。

36. 劳动合同及各种协议书签订中为什么要员工本人签字并盖手印？

答　劳动合同书及重要附件由员工本人现场签字，真实性能得到较好保障。员工同时盖手印是为了进一步有效地防范发生劳动争议时鉴定是否是员工真实意愿，即手印鉴定比签字鉴定更容易更准确。

37. 用人单位单方面解除劳动合同的一般流程?

答 步骤一：员工出现法定或企业规章制度规定的解除事由，由其所在单位（部门）负责收集解除劳动合同的相应证据，并对是否符合单位单方面解除劳动合同条件进行初步判断后，将判断结果报本单位人力资源管理部门。

步骤二：员工所在单位人力资源管理部门会同法律部门对证据进行进一步调查取证，法律部门判定相应证据是否合法有效。

步骤三：员工所在单位人力资源管理部门将相应证据及判断结果汇报本单位主要负责人，初步明确解除员工劳动合同相关事项。

步骤四：征求工会意见，由工会出具是否同意解除劳动关系的意见，工会需签字盖章。

步骤五：员工所在单位人力资源管理部门就解除劳动合同事项履行单位内部决策程序，形成单位文件、会议纪要。

步骤六：员工所在单位人力资源管理部门发出解除员工劳动合同通知书，并通过有效的方式送达员工本人。

步骤七：员工完成单位内部工作交接，包括劳动者应承担单位的债务处理、借用和占用物品归还、其他债权处理等。

步骤八：用人单位与员工签订《解除劳动合同协议书》《解除劳动合同证明书》，明确单位支付员工的经济补偿、劳动者对单位的赔偿等。若员工签订了《专项培训协议》《特别权利义务协议》等协议书的，应按照协议约定内容承担相应责任。签订《竞业限制协议书》的员工，在办理离职手续时，单位履行决策程序后决定是否应向其送达竞业限制通知书。

步骤九：员工所在单位人力资源管理部门办理员工社会保险关系转移手续。

步骤十：通知员工在规定时间内到所在单位人力资源管理部门办理档案转移手续，若员工未在规定时间内办理档案转移手续，员工所在单位应将其档案转交户口所在地的街道劳动（组织人事）部门。

步骤十一：发出解除劳动合同证明并送达员工本人。

38. 员工单方面解除劳动合同的流程是什么？应履行什么程序？

答　步骤一：员工到所在单位人力资源管理部门在工作人员见证下书写辞职申请，并签名盖手印。

步骤二：由人力资源管理部门告知工会，工会同意后在员工辞职申请上签字盖章。

步骤三：由人力资源管理部门向单位法人代表（企业负责人）汇报，单位法人代表（企业负责人）同意后在员工辞职申请上签字。

步骤四：形成单位解除劳动合同决定文件。

步骤五：发出解除劳动合同通知，通过有效的方式送达员工本人。

步骤六：完成单位内部工作交接，包括单位需支付的经济补偿和劳动者对单位的赔偿和补偿、借用和占用物品归还等。

步骤七：通知员工在规定时间内到所在单位人力资源管理部门办理档案转移手续，若员工未在规定时间内办理档案转移手续，员工所在单位应将其档案转交户口所在地的街道劳动（组织人事）部门。

步骤八：若员工签订了《专项培训协议》《特别权利义务协议》等协议书的，应按照协议约定内容承担相应责任。签订《竞业限制协议书》的员工，在办理离职手续时，单位履行决策程序后决定是否应向其送达竞业限制通知书。

步骤九：人力资源管理部门办理员工社会保险关系转移手续。

步骤十：通知员工在规定时间内到所在单位人力资源管理部门办理档案转移手续，若员工未在规定时间内办理档案转移手续，员工所在单位应将其档案转交户口所在地的街道劳动（组织人事）部门。

步骤十一：发出解除劳动合同证明并送达员工本人。

39. 针对员工旷工行为如何处理？

答　一是针对无故旷工的员工，用人单位应及时通知其返岗工作，同时做好通知邮件、信件、短信／微信记录、通话录音、专人送达等证据留存，员工仍拒绝返岗的，按《国家电网公司员工奖惩管理办法》相关规定处理。对连续旷工 15 天及以上的，或 1 年内累计旷工 30 天及以上的，用人单位应依法与员工解除劳动合同。

二是针对有不可抗拒的因素（如失踪、被拘留、被非法限制人身自由等），无法履行请假手续的员工，用人单位应委托律师对相关情况进行调查，依规依法办理劳动合同中止手续。

40. 针对失踪员工劳动合同应如何处理？

答 员工没有到岗上班连续超过 15 天，所在单位（部门、班组、站、所）在此 15 天内始终无法与该员工直接取得联系，也无法从其家人处知晓该员工相关情况，或其家人明确表示不知道该员工情况的，其家人或用人单位应及时向公安机关报警，立案该员工失踪。

一是员工失踪或下落不明且尚未被人民法院宣告失踪的，无论公安机关是否立案，用人单位须严格按照《国家电网有限公司劳动合同管理办法》关于劳动合同的中止相关规定办理中止手续。

二是根据《中华人民共和国民法典》第四十条规定，自然人下落不明满两年的，利害关系人可以向人民法院申请宣告该自然人为失踪人。企业与其父母、配偶、近亲属等作为与失踪人有人身关系或财产关系的利害关系人，不受顺序以及序位的限制，作为申请人均可行使申请权向人民法院申请该员工失踪。对依法被人民法院宣告失踪的员工，根据《劳动合同法》《国家电网公司员工退出管理规定》《国家电网有限公司劳动合同管理办法》，用人单位应依法依规终止与该员工的劳动合同。

41. 公司单方面解除劳动合同有哪些细节需要注意？

答 公司单方面解除劳动合同，工作中应要注意法律合规、流程合规、证据合规，否则容易产生劳动争议风险。

一是法律合规。应明确公司单方面解除员工劳动合同的法律和规章制度适用条款。

二是证据合规。员工所在单位会同人力资源管理部门、法律部门做好证据收集，确保证据合法有效，相关记实资料永久保存。

三是告知工会。公司单方面解除员工劳动合同，应事先书面征求工会的意见。

四是资料保存。用人单位单方面解除员工劳动合同的相关资料，应至少保存十年备查，建议永久保存。

五是档案交接。用人单位单方面解除员工劳动合同后，应当在十五日内为劳动者办理人事档案和社会保险关系转移手续。

42. 送达程序是什么?

答　根据劳动部办公厅《关于通过新闻媒介通知职工回单位并对逾期不归者按自动离职或旷工处理问题的复函》(劳办发〔1995〕179号)规定,送达的主要方式有以下三种:

首先,以书面形式直接送达职工本人;本人不在的,交其同住成年亲属签收。签收时需要签收人签字并盖手印。

其次,直接送达有困难的可以邮寄送达,以挂号查询回执上注明的收件日期为送达日期。邮寄拒收被退回的证明也可以作为邮寄送达证据。

再次,只有在送达职工下落不明,或者用上述送达方式无法送达的情况下,方可公告送达,即张贴公告或通过新闻媒介通知。新闻送达需注意选择新闻媒介时需注意公告证据能有效保存,新闻媒介的地域有效性(至少为省级及以上新闻媒介),登报送达的日期需超过5个工作日。新闻媒介自发出公告之日起,经过三十日,即视为送达。

送达程序需注意:送达必须按照直接送达—邮寄送达—公告送达的顺序依次进行,不能更改顺序。能用直接送达或邮寄送达而未用,直接采用公告方式送达,视为无效。

43. 处理劳动争议的一般程序是什么?

答　劳动争议的处理有三个程序。

(1)调解。本单位基层调解组织对单位与职工之间发生的劳动争议进行调解,促使双方达成协议。

(2)仲裁。劳动争议仲裁委员会根据法律规定和争议当事人申请对争议案件进行调解仲裁。

(3)人民法院审理。当事人一方或双方对仲裁不服的,可在一定期限内向法院起诉,通过诉讼程序解决劳动争议。

44. 患职业病或因工负伤并确认丧失或者部分丧失劳动能力的,涉及劳动合同的解除、终止相关事项应如何处理?

答　《劳动合同法》第四十二条第二项规定,丧失或者部分丧失劳动能力劳动者的劳动合同的终止,按照国家有关工伤保险的规定执行。

按照《工伤保险条例》第35条、第36条、第37条的规定，对于劳动者被鉴定为一级至四级伤残、五级至六级伤残、七级至十级伤残，劳动合同的到期终止问题有不同的规定：

一是劳动者被鉴定为一级至四级伤残的，需保留劳动关系，退出工作岗位，直至劳动者达到退休年龄并办理退休手续，享受基本养老保险待遇。

二是劳动者被鉴定为五级、六级伤残的，经工伤职工本人提出，该职工可以与用人单位解除或者终止劳动关系。注意，只有工伤职工本人提出，劳动合同才能到期终止，但如果工伤职工本人没有提出，不管其劳动能力是否恢复，劳动合同到期也不得终止。

三是劳动者被鉴定为七级至十级伤残的，劳动合同期满用人单位可以终止劳动合同。用人单位依法终止工伤职工劳动合同的，除依照劳动合同法规定支付经济补偿外，还应当依照国家有关工伤保险的规定支付伤残就业补助金。

此外，如果工伤员工在劳动合同法施行后已连续与用人单位订立了两次固定期限劳动合同，在上述七级至十级伤残情况下，即使劳动合同到期，如果员工不同意终止而是要求签订无固定期限劳动合同，根据目前司法实践，全国绝大多数地区都不支持终止劳动合同，必须订立无固定期限劳动合同。

45. 专业性强的关键岗位，如财务主任岗，任职期短（6年），交流面较窄，专业人才存量少，交流难度大，类似这种情况如何处理？

答 因为关键岗位具有资源分配、审批审核、监督检查等权责特点，如果长期不交流，存在较高廉洁从业风险，同时从保护关键岗位员工角度出发，关键岗位人员必须交流。

针对一些交流面较窄、专业人才存量少的关键岗位，各单位应统筹运用内部人力资源市场6种流动方式进行人力资源优化配置，优先采取组织调配和岗位竞聘方式，如2种硬流动方式交流确实存在困难，可采取软流动的方式进行交流，如挂职锻炼、人才帮扶、临时借用等。

第四节
薪酬管理

46. 员工岗位绩效工资构成是什么？

答 岗位绩效工资制度是以岗位劳动价值为基础，以职工能力和业绩为导向，将职工的工资收入与其工作岗位、能力素质和业绩水平紧密挂钩，实行以岗定薪、重能力、讲贡献的工资分配制度。岗位绩效工资由岗位薪点工资、绩效奖励工资、薪点辅助工资、其他工资构成。岗位薪点工资主要体现在以岗定级上，实行一岗多薪，对应不同的岗位薪点标准，部分相邻岗级薪级交叉。薪级是影响收入的重要因素，相同的岗级对应不同的薪级，产生不同的薪酬收入，且同一岗级区间，薪级越高，薪点数越多，薪点工资越高。绩效奖励工资主要体现在工作业绩上，管理机关采用目标任务制，一线员工采用工时积分制，绩效工资依据绩效考核等级或考核得分确定，考核等级或考核得分越高，绩效工资就越高。薪点辅助工资主要体现在累计贡献上，工作时间越长，工龄工资越高。其他工资主要体现在复合激励上，包括表彰奖励、专家及优秀人才津贴、派援津贴等。

47. 员工如何实现"凭本事，挣工资"？

答 岗位绩效工资制度下，工资收入与工作岗位、能力素质和业绩水平紧密挂钩，近几年，公司已完善了一系列岗位绩效工资配套制度，明确了各级各类人才待遇、薪级动态调整积分标准、新招收录用职工初期工资待遇、年功工资标准、派驻扶贫人员管理等方面内容，员工要实现薪酬晋升，就要立足于提升三个方面，即岗级、薪级、业绩。一是岗级晋升，指员工通过组织调配或岗位竞聘由低岗级调整到高岗级的变化过程，这是提高收入最直接的方式，要想实现岗级晋升，需要不断提升员工个人职称和学历水平，并做好个人职业生涯规划，累积相关工作经历，达到相应的岗位任职资格；二是薪级晋升，指依据个人累计积分对薪级进行调整的过程，个人积分可以通过专业成果、资质提升、内部市场流动及年度绩效等方式累积，各单位可结合省公司薪级动态调整积分管理方案自主设置积分评价项目。其中专业成果可以通过获取人才称号、发明专利以及参加专业竞赛的形式获得；资质等级可以从员工学历、专业技术资格、技能等级及工龄等方面获取积分；内部市场流动积分是用于经组织安排到异地的人才帮扶、劳务协作、挂职锻炼、临时借用这四类软流动人员，员工可通过援藏或援助艰苦边远地区获得积分；绩效积分根据员工年度绩效考核等级确定。每年初，各单位人力资源部门根据员工积分累计情况，动态调整薪级，每满 4 分调整 1 个薪级；三是业绩提升，指员工提升工作业绩从而实现绩效工资提高，考核等级或考核得分越高，绩效工资就越高。目前，公司薪酬逐步向一线岗位倾斜，员工可立足生产一线岗位，不断钻研学习成为技术骨干，实现薪酬晋升。同时，员工可主动承担急、难、险、重等专项工作任务，积极争取获得安全生产奖、突出贡献奖等专项工作奖励。综上所述可见，薪福是奋斗出来的，员工要树立"业绩是干出来的，工资是挣出来的"的核心理念，只要在自己的岗位上踏实工作，争创实绩，就能获得薪酬晋升"大礼包"，从而实现自身薪酬与岗位价值、业绩贡献及个人能力高度匹配。

48. 如何加大对科技创新团队和人才的激励？

答 为落实国家、国网公司加快科技创新工作要求，加强科技创新激励机制建设，公司推行科技创新"团队＋人才"专项工资激励，促进科技成果转化，助力科技人才培育，激发员工创新活力。

（一）加大科技团队专项工资激励，促进科技创新成果转化。

（1）优化科技创新评比表彰奖励。建立健全科学技术奖励实施意见，将科学技术奖励纳入专项工资计划，及时兑现科学技术进步奖、工人技术创新奖、专利奖等专项奖励，加大对电力科技发展重要贡献团队和技术专家人才的倾斜力度，吸引和留住核心人才。

（2）设立科技创新专项奖励。细化科技创新专项奖励考核标准，对于在科技人才培养、成果转化等方面成效显著的单位，实行工资总额专项激励。激励额度结合公司当年工资整体情况，在各单位工资总额一定比例范围内进行总额管控。

（3）增强科技创新成果转化激励。制定完善公司科技成果转化管理实施意见要求，充分激励签订科技成果转化协议的成果所属单位和成果发明人，从科技成果转让净收入或者许可净收入中提取不高于 50% 的比例进行奖励。鼓励条件成熟的单位试点建立科技创新项目收益分红激励机制，明确科技成果转化的业绩考核指标和薪酬分配规则。在研究开发和科技成果转化中作出主要贡献的人员，获得奖励的份额不低于奖励总额的 50%，个体激励水平最高不超过该项目激励总额的 30%。

（二）强化高端人才专项工资激励，促进科技创新能力提升。

（1）创新院士激励措施。采用当期激励与长期激励相结合的方式，充分激发高端人才积极性和创造力。院士培植期，给予院士培植人选专项激励，并为院士人才培植科技攻关团队设立专项经费。获得院士称号后，给予当选院士、培植团队、培植单位及公司相关部门专项奖励。任院士期间，每年给予不超过本人工资收入 5% 的激励。

（2）加大博士科技创新激励力度。设立博士科创培植薪金，对参与科研项目的新招收录用博士实施专项激励；实行博士后工作站研究人员"中期 + 出站 + 留用"全过程薪酬激励，充分激发高端人才创新动能。

49. 新进员工初期待遇如何执行？

答　为充分体现企业对新进员工的关爱，增强员工的企业认同感和工作激情，根据公司有关新招收录用职工初期工资待遇的规定：新招收录用职工在首次上岗前执行初期工资待遇。初期工资标准依据岗位薪点标准、本单位当年薪点点值、调节系数和藏区系数确定，其中：藏区系数适用于公司在甘孜州、阿坝州所属各单位和凉山州木里县供电公司。新招收录用职工初期工资待遇标准低于当地最低工资标准的，按照当地最低工资标准执行。

50. 当年调入或录用且符合规定可享受年休假的员工，其当年在本单位享受的年休假天数如何确定？

答　为落实员工休息休假权利，调动员工工作积极性，员工依法享受带薪年休假，根据公司员工休假待遇规定：当年调入或录用且符合本规定可享受年休假的员工，其当年在本单位享受的年休假天数，按照在本单位工作日历天数折算确定，折算后不足 1 整天的不再享受。

折算方法为：（当年度在本单位工作日历天数 ÷365 天）× 员工本人全年应当享受的年休假天数。当年在原单位已安排过年休假，剩余未休天数小于折算天数的，按剩余未休天数休假；剩余未休假天数大于或等于折算天数的，按折算天数休假。

51. 复转军人、公司系统外调入、系统内调入人员岗位薪级如何确定？

答　根据公司岗位绩效工资制度管理办法的规定：复转军人、公司系统外调入、公司系统内调入人员，薪级按照本单位与新进职工累计工龄相差 ±5 年以内的同岗位性质、同岗级全部职工平均薪级（四舍五入）执行，其中系统内调入人员保留原单位职工个人累计升薪分数。

第五节
绩效管理

---

52. 如何对职能部门中无法量化的工作进行有效评价？

答　对于无法量化的工作应进行相对评价，可通过以下方法进行考核：

（1）实行行为锚定。将评价标准设置为若干等级，每一等级要对应明确的行为描述定义，清晰区分每一等级行为的相对好与差，考核时考核对象能准确对应到相应的分数段。

（2）细化工作内容。将大的工作细化成若干小的工作内容，通常小的工作目标清晰、节点明确，容易考核。

（3）缩短考核周期。将长周期的考核缩短为短周期的考核，因为短周期的考核其考核依据更加详尽，结果更加准确。

53. 因紧急工程任务组建的柔性团队人员复杂、流动较大，应该如何评价员工业绩贡献？

答　柔性团队成员的绩效考核要以业绩贡献为导向，重点考核贡献大小、团队协作等内容，充分授予团队负责人对成员的考核权，可根据工作模式灵活采用目标任务制、工作积分制、KPI（关键绩效指标考核法）、OKR（目标与关键结果法）等多种考评方式。

在柔性团队工作期间，专职成员绩效考核以团队考核为主，其人事关系所在单位直接采用团队考核结果进行相关应用。兼职成员绩效考核一般以人事关系所在单位考核为主，并将其在柔性团队工作表现作为重要依据。柔性团队成员考核结果，A 级占比原则上不超过 30%，可不占人事关系所在单位基数。

54. 组织绩效考核结果对个人的影响？

答 （1）组织绩效考核结果与员工的绩效工资总额挂钩。组织工资总额与其绩效结果成正比，组织绩效考核结果越好，所属员工的绩效工资总额越高，组织中业绩优、贡献大的员工个人绩效工资水平也越高。

（2）组织绩效考核结果与员工绩效考核等级比例挂钩。业绩结果优、排名进步的组织，其员工的年度 A 级比例同比增加，C 级员工比例反比降低。

55. 员工可通过哪些渠道知晓本人绩效考核结果？

答 （1）各级绩效经理人定期与员工开展绩效面谈，面谈内容包括考核结果反馈，员工可通过其绩效经理人知晓本人绩效结果。

（2）各级团队周期考核结束后会在一定范围内发布员工考核信息及结果，员工可通过团队公示知晓本人绩效结果。

（3）全员绩效系统记录员工各考核周期考核结果及具体考核信息，员工可通过全员绩效系统查询并知晓本人绩效结果。

（4）员工可咨询本单位人力资源部知晓本人绩效结果。

56. 如何解决"A 级员工与相同岗位层级员工平均绩效工资倍比不低于 1.15，C 级员工与相同岗位层级员工平均绩效工资倍比不高于 0.9"执行困难问题？

答 （1）各单位人力资源管理部门要充分认识到员工绩效工资是体现员工实际工作业绩和贡献的工资单元，应该由员工绩效考核结果直接关联，可不受岗位岗级、员工资历等因素影响，在绩效工资总额分配时应降低与员工岗级、薪级的挂钩力度。

（2）各单位、部门、班组绩效经理人要切实拉开绩效考核结果差距，加强考核结果与绩效工资挂钩力度，让绩效工资充分反映出员工的业绩贡献。

57. 员工需满足绩效等级及积分，方可聘任更高层级岗位，其中"更高层级岗位"是指岗位层级还是岗级？

答　"更高层级岗位"是指岗位层级（如管理、技术岗岗位层级分为高岗、中岗、初岗）。员工通过岗位竞聘、组织调配等方式到更高层级岗位时，均受绩效等级和积分影响。

58. 因工作未满 3 年导致绩效积分无法达到 4.5 分的员工可否聘任更高层级岗位或参加人才评选？

答　员工参与岗位调整或人才评选时，出现因工作年限少绩效积分未满 4.5 分的情况，应满足近 2 年绩效积分须达到 3 分，近 1 年绩效积分须达到 1.5 分，同时上年绩效等级为 B 级及以上。

59. 基层单位可否结合实际调整绩效经理人年度履职成效评价内容及结果应用？

答　可以。各单位应对绩效经理人在目标制定、沟通辅导、过程管控、绩效评估、结果反馈、员工培养等履职方面进行评价，可采用定量与定性结合的评价方式。在结果应用方面，各单位可在省公司的基础上拓展考核结果应用范围，加大考核结果应用力度。

60. 绩效经理人在考核周期内发生岗位调动，如何行使其权力？

答　绩效经理人资格在任职时自动授予，在岗位职务解聘时自然解除。绩效经理人发生岗位变动后，原组织对所属员工进行绩效考核时，可参考其在任职期间内对所属员工的绩效考核意见。

61. 专项类表彰奖励和专项考核奖的区别？

答　公司表彰奖励分为评比表彰和专项考核奖两大类，专项类表彰奖励隶属于评比表彰，见下表。

● 专项类表彰奖励和专项考核奖的区别

主要区别	专项类表彰奖励	专项考核奖
奖励形式	发文授予荣誉称号 给予个人物质奖励	一般不发文 给予集体、个人一次性奖励
奖励标准	分级统一标准	总额控制，自行分配
设立范围	地市公司每年可设立 1~2 项，县公司不设立	地市县公司均可开展，项目细项自行确定

62. 专项考核奖中是否需要满足绩效等级要求？

答　专项考核奖是指对在各级企业专项工作中做出突出贡献的组织或个人给予物质奖励，专项考核奖以实际贡献为考核依据，不做年度绩效等级要求。

63. 如何理解评比表彰中"相同项目不同级别的表彰，上层级的表彰应纳入下层级表彰范围"？

答　表彰奖励需厘清表彰奖励层级关系，推荐参与相同项目上层级表彰的组织和个人，必须是在本层级受到该项目表彰的组织和个人中的更突出者。如地市公司推荐参与公司劳动模范评选的人员，必须是该地市公司的劳动模范。

64. 评比表彰的项目清单和年度计划是一回事吗？

答　不是。公司评比表彰实行项目清单制和年度计划制。各单位根据公司下发的评比表彰项目清单，按需形成本单位评比表彰项目清单。未列入项目清单的，原则上不能设立项目、开展表彰。各单位每年年初结合实际，从本单位项目清单中选取评比表彰项目形成年度计划，经本单位党委会批准后按计划开展年度评比表彰工作，不能随意组织年度计划外的评比表彰。确需计划外表彰的项目，经本单位党委会审议批准。

65. 员工获得系统外荣誉称号应该如何进行奖励？

答　员工获得系统外有关部门授予的各类荣誉称号，按照"谁授予、谁奖励"的原则，公司一般不进行物质奖励，可以通过绩效加分体现激励。确需进行奖励的，可通过专项考核奖中总经理特别奖，履行决策程序后，参照公司同类别表彰奖励标准执行。

66. 基层单位确定年度重点工作突出贡献奖励项目时可否参考公司项目制定？

答 可以。但为了避免重复奖励，公司业绩考核中已涉及的内容，专项考核奖中已确定的奖励项目，地市县级公司一般不再设置。基层单位在组织实施专项考核奖时，若业绩考核工作、年度重点工作、其他专项工作未在上级单位范围内取得突出的成绩，不建议给予奖励。

67. 基层单位实行年薪制的企业负责人受警告、记过等组织处分时，如何确定其经济处罚标准，计算其多月绩效薪金？

答 经济处罚中扣发标准为 2 个月、4 个月、6 个月绩效薪金。这里指的并非月度绩效薪金，还应包含相应的年度绩效薪金。各单位在进行经济处罚计算处罚标准时，应按照上年度绩效收入为基数，除以 12 后核定每个月绩效薪金扣发标准，按照处分期计算扣发绩效薪金总额，并于处分生效之日次月起执行扣发，并在处分期内平均扣发。如处分期内发放薪酬不足扣发额度，则延长扣发时间，直到扣满为止。

68. 省市县公司三级如何设置评比表彰中生产经营类表彰项目？

答 公司评比表彰项目分级分类进行设置，生产经营类表彰项目中，省公司设置综合、专项、竞赛三类 18 项；地市公司可设置综合、专项两类，其中综合类评比表彰不设置川电工匠、青年五四奖章 2 项。专项类评比表彰每年可设置 1~2 项；县公司可设置综合类，仅开展综合类中先进集体和先进工作者的表彰。

69. 基层单位如何保障下级组织考勤管理尺度一致性？

答 各单位要严格执行国家及公司考勤管理规定，修订完善本单位相关细则。加大制度宣贯力度，推进广大员工人人知晓、人人理解。

考勤工作要做到要求统一，管理规范。考勤管理应实现单位全覆盖、员工全覆盖。在具体执行中，相关人员应认真落实日考勤、月报表制度，建立考勤管理档案，如实、准确、全面记录员工出勤情况，做到有据可查。

对违反劳动纪律、相关规定的员工及考勤管理人员，要严肃追究责任，按照《国家电网公司员工奖惩规定》，视情节处以警告至留用察看处分。

第六节
保障管理

70. 公司员工可以享受哪些福利项目?

答　员工福利是薪酬体系的重要组成部分,是公司以福利的形式提供给员工的报酬。目前公司福利项目有供暖费补贴、独生子女费、抚恤费、食堂经费、福利机构经费、医疗费、职工疗养费、职工困难补助、探亲假路费和离退休统筹外费用。

71. 公司为员工提供了哪些保障项目?

答　公司为员工提供了社会保险、住房公积金、企业年金、企业补充医疗保险等保障项目。

72. 员工退休后,基本养老金是怎么计发的?

答　基本养老金由基础养老金、个人账户养老金、过渡性养老金及增发养老金构成。

基础养老金 =(退休时上一年全省在岗员工月平均工资 + 本人指数化月平均缴费工资)÷ 2× 累计缴费年限 ×1%

个人账户养老金 = 退休时个人账户储存额 ÷ 本人退休年龄相对应的计发月数

过渡性养老金 =(退休时上一年全省在岗员工月平均工资 + 本人指数化月平均缴费工资)÷ 2×1995 年 12 月 31 日及以前未建立个人账户的累计缴费年限 ×1.3%(计算系数)

增发养老金 = 本人指数化月平均缴费工资 × 累计缴费年限 × 增发比例

基本养老金有两种计发方式。

(1)1995 年 12 月 31 日及以前参加工作、缴费年限累计满 15 年及以上的员工,基本养老金按以下办法计发。

月基本养老金 = 基础养老金 + 个人账户养老金 + 过渡性养老金 + 调节金

调节金 =70 元 × 计算比例

其中:计算比例从 2006 年起至 2010 年每年分别为 90%、70%、50%、30%、10%。

2011 年起不再计发调节金。

（2）1996 年 1 月 1 日及以后参加工作、缴费年限（含视同缴费年限，下同）累计满 15 年及以上的员工，基本养老金按以下办法计发。

$$月基本养老金＝基础养老金＋个人账户养老金$$

73. 公司员工能同时享受几份基本养老保险待遇吗？

答　员工只能享受 1 份基本养老保险待遇。社会保险经办机构会对已重复领取 2 份及以上基本养老金的员工，按照"就高不就低"的原则，只认可发放的其中 1 份基本养老金，其他多领的基本养老金应予追回，其中缴纳的个人账户储存额中的个人缴费部分，一次性清退给员工本人。

74. 公司员工在上下班途中绕道后发生伤亡，是否属于工伤认定中的"上下班途中"？

答　员工在上下班途中因客观原因绕道的：如突发事件、交通堵塞、天气恶劣等，或属于日常工作生活所必需的活动，且在合理时间内未改变以上下班为目的的合理路线时，应当视为"上下班途中"，其他原则上不宜认定为"上下班途中"。此外对于绕道距离，应以社会普遍认识为基础加以判断，不可一概而论。

75. 公司员工在下班途中，在多个居住地间往返发生伤亡，怎么按工伤中提到的"第一目的地"原则把握？

答　员工从工作场所到父母居住地吃饭、休息等，属于下班途中；到达父母居住地后，下班途中的状态即告终结，其再从配偶、父母、子女居住地回到自己的居住地，一般不再视为下班途中。员工仅在父母居住地短暂探视、看望后（一般按不超过半小时掌握），即回到本人居住地的，其"第一目的地"应为本人居住地，其到父母居住地的行为属于员工在下班途中从事日常生活所需要的活动，应当视为下班途中。

76. 公司员工未经单位同意早退，发生伤亡，是否属于工伤？

答　员工未经单位同意提前下班，擅自离岗，且离正常下班时间较远，若将其视同为正常下班，并让单位承担该有害行为所带来的风险，显然对单位不公平，因此不宜认定为工伤。员工虽然未经单位同意提前下班，但离正常下班时间较近，这仅仅是单位内部管理问题，属于违反劳动纪律，与认定工伤属于不同的法律关系，对于违反劳动纪律的员工用人单位可以进行处分，但不能因此剥夺员工因工伤获得赔偿的权利。

77. 公司员工发生伤亡，无法出具道路交通事故认定书，只能出具道路交通事故证明时，能否认定为工伤？

答　当道路交通事故基本事实无法查清、成因无法判定的，公安机关交通管理部门应当出具道路交通事故证明，载明道路交通事故发生的时间、地点、当事人情况及调查得到的事实。有权机构无法出具事故责任认定书，或者出具的法律文书无法认定事故责任的，社会保险行政部门可以依据经调查核实的相关证据做出结论，若无证据能够证明员工承担事故主要责任，就应当认定为工伤。

78. 探亲假路费中"不能在公休假日团聚"具体指什么？探亲人员乘坐交通工具执行什么标准？

答　"不能在公休假日团聚"是员工享受探亲假的条件之一，即员工乘普通交通工具从工作地到配偶或父母居住地往返最短时间在 12 个小时及以上。其中"普通交通工具"是指火车（含高铁、动车、全列软席列车）、轮船（不包括旅游船）、飞机、汽车等。公司各级各类员工应当按规定等级标准乘坐交通工具。具体标准见下表。

● 乘坐交通工具标准

人员	火车（含高铁、动车、全列软席列车）	轮船（不包括旅游船）	飞机	其他交通工具（不含出租小汽车）
省公司主要负责人等正局级干部（含享受同级待遇人员）	火车软席（软卧、软座），高铁/动车一等座，全列软席列车一等软座	二等舱	公务舱（如未设应乘经济舱）	凭据报销
省公司其他领导成员等副正局级干部（含享受同级待遇人员）	火车软席（软卧、软座），高铁/动车一等座，全列软席列车一等软座	二等舱	经济舱	凭据报销
省公司部门正副主任，地市公司领导成员等处级干部（含享受同级待遇人员）	火车硬席（硬卧、硬座），高铁/动车二等座，全列软席列车二等软座	三等舱	经济舱	凭据报销
其余人员	火车硬席（硬卧、硬座），高铁/动车二等座，全列软席列车二等软座	三等舱	经济舱	凭据报销

公司三级及以下单位的科级及以下人员，乘坐飞机须履行本单位内部审批程序；各级单位处级及以下人员夜间乘车 6 小时以上或连续乘车超过 12 小时，并且履行内部审批程序后可乘坐软席。

79. 公司员工什么时候可以领取企业年金？

答　企业年金在基本养老保险的基础上，进一步提高员工退休后的养老金水平。员工在达到国家规定的退休年龄并办理退休手续后或者经劳动能力鉴定委员会鉴定，因病（残）完全丧失劳动能力的，可以从本人企业年金个人账户中一次或定期领取企业年金。员工未达到国家规定的退休年龄的，不得从企业年金个人账户中提前提取资金。出境定居人员的企业年金个人账户资金，可根据本人要求一次性支付给本人。员工死亡后，其企业年金个人账户余额由其指定的受益人或法定继承人一次性领取。

80. 公司员工退休时，如何合理选择企业年金的领取方式？

答　员工达到国家规定的退休年龄时，可选择按月、分次或者一次性领取企业年金待遇，领取方式不同，个人所得税计征标准也存在差异。按照规定：个人达到国家规定的退休年龄，领取的企业年金，符合（财税〔2013〕103 号）文件规定的，不并入综合所得，全额单独计算应纳税款。其中按月领取的，适用月度税率表计算纳税；按季领取的，平均分摊计入各月，按每月领取额适用月度税率表计算纳税；按年领取的，适用综合所得税率表计算纳税。

"对个人因退休一次性领取年金个人账户资金或余额的，则不允许采取分摊的方法，而是就其一次性领取的总额，单独作为一个月的工资薪金所得，计算缴纳个人所得税。"因此，员工可根据个人账户余额、个人所得税税负及自身资金需求等情况选择合适的领取方式。

第七节
培训教育管理

81. "青年英才"积分如何应用? 积分高低对员工有什么影响?

答 "青年英才"积分依托于省公司自主开发的"智桥"APP平台,是对入职10年内青年员工工作业绩、创新成果、个人成长等职业生涯发展信息的集成和分析,通过量化积分、对标排名的方式,帮助青年员工自我诊断分析,发现短板,改进提升,并为各级组织推先选优(岗位晋升、"电力雏鹰""电力飞鹰")、人才培养等提供决策依据。

82. 专家人才指的是哪些人才?

答 专家人才,是指通过评选产生的公司系统德才兼备、业务精通、贡献突出的优秀职工。专家人才分为"三类":科技研发类、生产技能类和专业管理类;"五级":国网公司级设中国电科院院士、首席专家,省公司级设高级专家,地市公司级设优秀专家,县公司级设专家。

83. 专家人才如何进行年度考核?

答 首席专家、高级专家、优秀专家、专家实行年度考核。考核结果分为优秀、称职、基本称职和不称职4个等级。聘期内年度考核全部为优秀且符合必备条件的,经相关专业部门评估,并履行相应层级单位决策程序后,期满可直接续聘,不满1届的待遇保持至退休。

考核内容主要包括思想品德、目标任务、创新能力、业绩贡献、人才培养和团队建设等。考核方式可采用专家评议、业绩举证等。

84. 如何有效提高培训的针对性和有效性?

答 一是做好培训需求调研。在制定培训计划前期,充分了解各方面需求,统筹考虑公司发展、工作需要、员工成长等因素,科学制定培训项目,切实提高培训的针对性和实用性。

二是丰富培训内容。立足员工全职业生涯能力提升，区分基础类、开拓类培训内容，滚动配置各类培训课程，注重课程设置的连续性、前瞻性。基础类以通用、必须的课程为主，根据公司管理需要持续优化完善；开拓类以新业务、新业态、新领域为主，适度超前，突出质量。同时，针对培训对象不同，灵活调整基础类、开拓类课程比例。

三是创新培训形式。要持续更新观念，突破传统教学方式，开展多角度、多层次、多形式的培训，灵活采用集中授课、案例分析、岗位练兵、拓展训练、网络教训、校企联合培养等多种形式，激发员工学习兴趣，变"要我学"为"我要学"。

四是强化培训师资。加强内训师选拔、培养、使用与考核管理，建立以内训师、优秀人才、业务骨干为主体的内部师资队伍，加强与国内外高校（科研机构）、地方政府、教育培训机构等沟通合作，建立优秀外部师资库，做精做优培训师资队伍。

五是强化培训效果评估。要强化对培训效果的评估和反馈，加强培训的投入产出评估，对重点培训项目，做好培训前、培训中、培训后的全程评估，切实提高培训效益效率。

85. 如何对培训效果进行科学评估？

答 培训效果评估主要分为反应评估、学习评估、行为评估以及效益评估。反应评估的目的是了解学员对项目实施、管理服务的满意度，主要针对培训课程、师资水平、教学管理和后勤服务等进行评价，可采用问卷调查、反馈表等方式。学习评估的目的是衡量学员在知识、技能、态度和行为上对培训内容的理解和掌握程度，主要针对培训大纲知识点、行为点的掌握程度进行测试，可采用考试、考核等方式。行为评估的目的是衡量学员在培训后运用所学内容使其行为改善的程度，主要针对所学知识技能实际应用的范围、使用频率、工作成就和绩效改进情况、用人单位的满意度和支持度等进行评价，一般在培训结束3~6个月后进行。效益评估的目的是衡量培训项目对公司安全生产、经营管理、科技进步等方面的综合影响，主要包括培训前后有关数据的分析比较、培训成本和绩效分析等，一般在培训结束6~12个月后进行。各级单位均应建立培训效果评估常态机制，根据培训时长开展相应层级评估，并将评估结果与各级培训机构业绩考核及学员当期绩效考核挂钩，确保培训取得预期成效。

CHAPTER 4

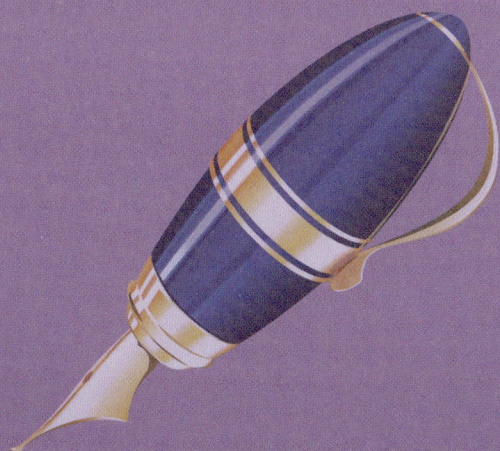

一、抓主责　促履职　推动领导人员"能上能下"

摘要

　　国网南充供电公司（简称南充公司）全面贯彻省公司强化领导人员担当作为推进能上能下管理规定，深入推进领导人员担当作为、能上能下工作。对业绩指标提升不力、排名垫底，重点（专项）工作推进不力、成效不佳的领导人员，实行履职问责，对不作为、慢作为、乱作为的领导人员，严格奖惩规定，对其问责处罚，切实推动领导人员"能上能下"。南充公司推进履职问责后，进一步强化了领导人员践行"三严三实"的自觉性，鲜明了业绩优先的用人导向，营造了"能者上、庸者下、劣者汰"的用人氛围。

　　三项制度改革工作推进以来，为促进领导人员履职尽责、担当作为，打破"只能上、不能下"的怪圈，南充公司以省公司实施强化领导人员担当作为推进能上能下工作为契机，出台《强化领导人员担当作为促进干事创业 20 项措施》等规章制度，并在会议中三令五申："各级领导人员'在其位，谋其职'，要以提升业绩为己任，以推进重点工作落实为抓手，履好职，尽好责。否则'能下'这把利剑就会落到头上。"

以评价结果为依据　强化绩效等级的"含金量"　以深化应用为抓手　激发员工自我提升的内在需求　岗位动态"能上能下" 等级激励"能增能减"

▲ 具体举措

专项工作不落实，问题屡禁不止

在南充公司营销分管领导顾总办公室，一场履职问责正在展开……

"非流程销户专项工作，你们是怎么推进的呢？"顾总质问营销部主任。

营销部主任连忙解释："按照公司专项工作部署，营销部编制了专项工作推进方案，并对责任单位和部门进行了安排，确保工作落到实处……"

"完成了吗？"顾总打断了营销部主任的话。

"完成了！"营销部主任肯定地回答，"那为什么到现在某小区又发现类似的问题！"顾总严肃地问。

"这个小区是客户服务中心在负责排查清理，我马上了解一下……"营销部主任眉头紧皱，走出了办公室。

原来在年初，南充公司个别变压器"有表无档"问题暴露后，领导班子明确要求相关单位和部门，按照专项工作进行全面排查和清理，确保类似问题能及时被发现和整改。

南充公司4月中旬印发了《关于开展SG186系统非流程销户的专变客户及已停用计量点专项排查的通知》，要求"从即日起全面启动此项工作，于6月21日前完成"。时至9月初，南充公司在线损排查中，又发现某小区长期存在"有表无档"和"无表无档"的问题。

查根源找源头，让不作为者"现形"

营销部主任找到客户服务中心主管，问道："'非流程销户'这项专项工作你们是怎么开展的？"客户服务中心主管轻描淡写地回答："我们是按你们的要求开展的。"

"现在完成了吗？"

"完成了！有什么问题吗？"客户服务中心主管非常肯定地说。

"你看看某小区是怎么回事？为什么又出现'有表无档''无表无档'的现象？这不是专项工作清理检查的项目吗？"

"这个肯定是我们员工的问题，员工不给力，工作不认真、不仔细……"客户服务中心主管摇着头说。

"把你们的会议纪要拿来我看看！"营销部主任严肃地说。

综合部专责拿来的会议纪要等相关资料记录显示：客户服务中心接到工作任务及正式

文件后，虽然做了安排布置，但未对该工作进行专题研究，并且未对后续工作进行监督检查，该项工作推进缓慢，超过两个月才完成此项工作。

"你这是专项工作不专啊！没有起到专项工作推进落实的效果。走过场、讲形式，你的工作是怎么干的？"营销部主任严肃地教训道。

"都是员工推进不力……"客户服务中心主管急忙支支吾吾解释。

"我不听你这些解释，首先你扪心自问，你是否专题研究了这项工作？你是否真正对该项工作用心思考？你是否亲自部署和指导审核该项工作的实施方案？你对实施成效进度，是否亲自监督过问过？"营销部主任继续问道："你们的会议记录上，只有简简单单的传达，没有清晰的部署，没有落实责任。你说这么干能达到预期的效果吗？"

"你这是典型的不作为、慢作为！"营销部主任脸色很难看。"这件事严重影响了我们公司优质服务质量。"

对不作为、慢作为说：不！

营销部主任将调查情况向领导进行了汇报，并会同党委组织部（人力资源部）商量处理对策。

"我认为在这件事上，反映出我们部分领导人员存在典型的不作为、慢作为，按照《国网四川省电力公司强化领导人员担当作为推进能上能下实施细则》以及《国网南充供电公司强化领导人员担当作为促进干事创业 20 项措施》相关要求，把不作为、慢作为，作风漂浮、热衷花拳绣腿，消极懈怠、萎靡不振，不愿负责、不敢碰硬者作为重点调整对象，经调查属实的，要坚决处理，果断调整。"党委组织部（人力资源部）负责人说道。

"对！我们就要严格打表，较真碰硬，不能再让不作为、慢作为的人就这样影响我们的业绩指标，影响公司形象。"领导又问："工作流程是怎么规定的？"

"首先，党委组织部（人力资源部）协同相关专业管理部门组成联合调查组开展调查；然后，收集并完善证明材料，形成调查报告和处理建议；最后，经党委会研究审议，决策后执行。"

"那就按规定办！党委组织部（人力资源部）牵头、营销部协同，一起对公司'非流程销户'专项工作推进落实不力的情况，进行全面调查，是谁的责任就追究谁的责任！"南充公司领导安排道。

　　组织部与营销部一同组成联合调查小组，在纪委办公室的监督下，开始了专项工作开展落实情况的调查。

　　通过查阅大量的工作记录和与相关责任部门负责人、员工谈话调查，找清了专项工作推进不利的原因和相关证明材料：客户服务中心没有专题研究，未制定具体举措，导致专项工作推进不力；没有督导排查工作进度，导致专项工作推进迟缓；工作超期后，未按照规定考核责任人，导致同期线损率一直处于市公司最低水平；客户服务中心领导班子未举一反三，彻底排查类似的问题，直接导致某小区"有表无档""无表无档"的问题长期存在，由于未能及时发现，造成电费流失，造成巨大经济损失。

　　南充公司领导仔细查阅了报告，严肃地说："我们必须刹住这股风气！对不作为、慢作为的人员必须进行处理。特别是领导人员，在其位必谋其事、任其职必尽其责！"

　　组织部依据《国网南充供电公司关于开展 SG186 系统非流程销户的专变客户及已停用计量点专项排查的通知》规定，以及国网公司员工奖惩相关规定，对客户服务中心领导班子成员提出处理意见：客户中心主管，因履行全面从严治党主体责任不力，抓班子带队伍成效差，对班子副职要求不严、督促不力，对重大工作把控不力，承担主要领导责任，给予党内警告、行政记过处分，当年度绩效评为"D"级。同时对领导班子其他成员和该项工作的责任者进行了相应处理。

　　该事件事实清楚，证据完整，当事人也认识到问题和错误，按照《国网四川省电力公司强化领导人员担当作为推进能上能下实施细则》要求，结合相关专项工作管理规定，党委组织部（人力资源部）按照规定的流程，将处理建议提交党委会研究审议，通过后行文兑现。

"不"字后面就是"能上能下"

　　此处理事件一出，南充公司上下一片哗然！到处在议论此事。

　　"在其位就该谋其事，不然就该得到处理，公司这样做很好啊！"

　　"专项工作督办的事情不作为就应该考核，这是一种正向激励，我认为做得对。"

　　"现在就是应该对管理人员加强管理，让不作为的人无处可藏。"

　　听得最多的还是对此事件处理决定的赞同！

　　这个处理决定是南充公司近年来首次对领导人员不作为、慢作为的处理决定。它树立了一个导向，就是让不作为、慢作为的人员如坐针毡、现出原形。

自从这件事后，南充公司领导人员到员工的慵懒散漫、不作为、慢作为的现象得到了根本扭转。正是抓住了"关键少数"这个重要团群体，加强监管，履职问责，所有工作才得以顺利推进，各项指标得到全面提升。

南充公司建立领导人员岗位清单式履职与问责考核模式，细化量化岗位履职标准与"红线"，打破领导人员"能上不能下"的传统怪圈。两年多来，先后有 7 名领导人员因业绩不佳、履职不力被问责，其中 2 名领导人员受到降岗处理，全年收入降幅达 20%。"让领导人员能上能下"形成了良好选人用人工作导向，把勤奋有担当、实干有能力的人员选拔到关键岗位，履行关键职责。在领导人员队伍中，甘于奉献，勇于担责，岗位建功已成为主流，从根本上激励了广大领导人员的责任感，使命感，助力南充公司业绩排名持续保持在省公司前 4 名。

供稿单位：国网南充供电公司

撰写人：李茜　易婷　杨磊　唐伟峰

二、以心量行觅路径　退二线人员作用再发挥

摘要

　　退二线人员作风硬、能力强、点子多、管理经验丰富，是企业宝贵的人力资源财富。国网攀枝花供电公司（简称攀枝花公司）现有退二线人员 32 人，占现有领导人员比例接近 30%。如何强化对退二线人员的管理，最大限度发挥退二线人员的价值，再为公司发展贡献智慧和才能是摆在攀枝花公司面前的一道难题。攀枝花公司通过深入调研了解退二线人员身体状况、思想状态等基本情况后，秉承"严管和厚爱结合、激励和约束并重"的管理原则，根据退二线人员工作履历，将退二线人员合理安排到业务相近的部门，由部门落实退二线人员工作职责、日常考勤管理、绩效考核管理，鼓励他们在新的岗位上利用自身管理经验优势，继续发挥"传帮带"作用，有效促使退二线人员干工作从被动向主动转变，实现让退二线人员再为所用，在巡视巡察、创新管理等工作中发光发热。

摸清现状　直面"症结"开良方

　　国家电网公司员工退出管理规定中明确退二线人员工作职责包括"开展调查研究、现场安全指导、传授经验"等工作内容，但从实际管理成效来看，执行效果却是大打折扣。如何加强退二线人员管理，让退二线人员发挥其经验和智慧，在新的岗位上继续发挥"传帮带"作用，再为攀枝花公司发展贡献智慧和才能？攀枝花公司针对这一问题对退二线人员进行了深入走访调研，认真听取他们内心的真实想法。

　　有的老同志反应，现在年纪大了、工作有些力不从心，年轻人更有干劲、闯劲，有更好的工作思路和想法，应该给年轻人更多的发展空间。有的老同志认为，现在已经退出管理实职岗位，虽有一些建议和想法，但碍于情面，不方便再去"指手画脚"，怕影响与部门负责人之间的感情，发生不愉快的事情。有的老同志坦言，退二线后收入下降不少，工作的主动性、积极性有所下降。

　　通过深入调研，基本掌握了退二线人员的真实想法，明确了退二线人员管理的基本思

路。一是为主动参与企业发展谋实事的退二线人员，积极搭建干事的平台；二是对退二线人员年度绩效实行差异化考核，根据每个人完成的工作任务进行量化考核，解决退二线人员工作干与不干、干多干少、干好干坏年度绩效水平一个样的问题。

搭建平台　善筑"小径"归大路

古语曰"得十良马，不如得一伯乐"，攀枝花公司积极为退二线人员搭建干事平台。首先，畅通退二线人员沟通渠道，成立退二线人员微信群、即时通群，由党委组织部（人力资源部）专人负责，保证退二线人员反映问题和困难畅通无阻；其次，解决退二线人员课题研究工作中的交通、住宿等问题，为其提供充分的后勤保障；最后，根据退二线人员的经验和特长，在其擅长的工作领域安排布置工作任务，为退二线人员提供一定自由度，激发其干事积极性。

2018年，为做好攀枝花公司党委巡察工作，攀枝花公司专门成立巡察工作领导机构及巡察工作专家人才库。攀枝花公司认为这是充分发挥退二线人员丰富管理实践经验的好机会，向退二线人员发布该消息，并明确在年底绩效考核时将根据工作完成情况进行奖励。符合条件的退二线人员纷纷踊跃报名，通过筛选，选派一名四级协理高某担任巡察工作专家人才库组长，带队开展巡察工作。

"公司把这么重要的工作交给我，让我觉得自己是被组织认可的，我一定不会辜负组织的期望"，对于入选巡察工作专家人才库，高某表示很开心。她全身心投入到巡察工作，出色的完成了组织交办的任务。

2019年，为确保第二批"不忘初心、牢记使命"主题教育落实到位，攀枝花公司专门成立巡回指导组，督导主题教育的开展，指导组组长全部由退二线人员担任。为了帮助攀枝花公司年轻同志快速成长，每个指导组分配了1~2名年轻同志，全程参与该项工作。在督导过程中，退二线人员把自己在管理岗位上积累的"真本领""铁功夫"毫无保留的传授给年轻同志，"传帮带"教出了一批"好徒弟"。

"考"为"管"用　激发内在驱动力

近年来，互联网办公室在各类创新比赛中获得的名次不理想。为提升部门创新比赛获奖名次，互联网办公室负责人决定指派专人负责带队攻关创新比赛，这一重任落到部门退二线人员身上。"你今年的主要工作就是把部门创新工作抓起来，今年创新比赛搞好了，年终绩效考评的时候一定去申请奖励，如果还是和以前一样，那就只能接受考核了。"互联网办公室对退二线人员以"考"代"管"，促使退二线人员能全心全意投入到工作当中。

互联网办公室退二线人员雷某坦言："部门信任我，虽然我不敢保证最后的结果，但我一定尽全力负责到底。"雷某退二线之前，在互联网办公室工作多年，对互联网办公室的工作业务非常熟悉，业务能力也很强。雷某说道："在互联网办公室任主任期间，没有过多的时间过问创新比赛的事，现在退二线了，就一心一意把三线阳光大数据创新实验室工作抓好。"雷某全身心投入创新大赛，从创新项目选题、过程开发到创新课题发布一直全程参与。由于其合理安排，各参赛队员对项目中的疑问和困难能及时有效地沟通解决，雷某也充分发挥其个人经验优势，对项目中的缺点、不足之处及时提出修改意见，互联网办公室在当年的创新大赛中获得了不错的名次。

变"客"为"主" 纳涓滴言汇百川

"老经验"带来"新方法"。2020年，退二线人员主动对退休人员社会化管理工作建言献策：社会化管理工作涉及退休人员比较多，在工作开始前应该做好政策宣传和相关人员的思想工作，最好设立一个工作点，随时接待退休人员，解决他们的疑惑和问题，这样能保证工作开展得更平稳。

综合服务中心负责人采纳了退二线人员提出的建议，并让部分退二线人员参与到"维稳"工作中。因受疫情影响，没有设立工作点，退二线人员主动作为，从身边的退休人员入手，借助业主群交流平台和社区共建活动平台，向退休人员宣传攀枝花公司推进社会化管理的各项政策，发动身边的退休党员主动发挥先锋模范带头作用，一起做好退休人员的思想工作。

在推进退休人员社会化管理工作中，退二线人员的参与，为后期退休人员人事关系、档案移交工作、信访维稳打下了良好的基础，直至社会化管理工作结束，没有一例人员上访。

供稿单位：国网攀枝花供电公司

撰写人：李晓琴 肖斗金 刘勇 李小玉

三、改革浪潮席卷供电所　乡村振兴打赢攻坚战

摘要

　　为服务国家乡村振兴战略，配合省委省政府关于四川省乡镇行政区划调整改革的重大部署，进一步整合服务资源、优化服务方式、提升服务水平。国网四川省电力公司积极响应国家和国家电网公司战略部署，按照改革创新、重点突破、全面提升的工作思路，以解决乡镇供电所数量多、人员少、资源分散、服务能力弱等问题为目标，以调整布局、优化结构、转变模式、提升效能为切入点，大力实施优化提升工程，以更加灵活的布点提升主动服务能力，基本建成符合乡村振兴战略、适应全省乡镇行政区划调整布局、满足"三农"健康持续发展的农电管理体系。

　　国网德阳供电公司。供电所"四字诀"，助力乡村振兴。为适应城乡社会经济发展，德阳将六个县（市）区共计乡镇（街道）129个，减少为84个，压减率达34.8%。国网德阳供电公司采用"研判形势、定位症痛，变革组织、专业协同，管理提质、服务'三农'"的"四字诀"，将70个乡镇供电所减少为46个，压减率34.29%。

　　一是紧跟发展形势，找准痛点对症下药。德阳公司深入贯彻三项制度改革要求，聚焦乡镇供电所这一面向"三农"的第一窗口，通过对固定资产、设备数量、服务客户、人员配置等情况进行摸排清理，定位"设备规模较小""服务能力较弱""所内人员较少""资源较分散"等问题。

　　二是组织变革破冰，专业协同量身定制。构筑"1+6+8"工作体系，整合人力资源、运维检修、营销服务、信息系统、后勤保障、信访稳定等六个专业力量，延伸基层八家单位，建立横向协同、上下联动的工作机制，采用"乡镇供电所＋供电服务站"的模式，灵活运用"留、并、改、撤"四种手段，先后组织4轮机构设置和人员配置方案审核讨论，并统一指挥、统筹行动，集中一天时间维护46个供电所、23个供电服务站、807个岗位信息，同步完成1562人调动，为其他专业信息系统适应性调整争取了充足的时间。

三是管理提档升级，全面服务乡村振兴。供电所优化提升后，所长平均年龄由 48 岁下降至 45.6 岁，142 名营业厅人员转岗分流到供电所，大力充实一线服务力量。国网德阳供电公司以"一窗、一网、一次"为服务目标，科学设置服务机构，各供电所加入 981 个村社、61 个大客户（重要客户）微信工作群，实施"一对一""一对多"精准服务，实现政府乡镇区域精准匹配，助力农业全面升级、农村全面进步、农民全面发展，为实现乡村振兴战略贡献"国网力量"。

国网天府供电公司。以提质为目标，以减量为基础，对内强化业务及人员管控力度，对外提升乡镇供电服务质效，国网天府供电公司在供电所"留、并、改、撤"的基础上，进一步整合优势力量，在三新总公司设立"营配业务质量管控班"，结合智能营销全业务管控平台应用，通过"破困局、强管控、提质效"的方式，着力提升营销、配网全业务管控能力，已实现经济成效 171.04 万元，挽回经济损失 131.57 万元。

破困局：通过优化提升工程，减少供电所机构配置，压紧压实管理层，将年富力强、业务精湛的人员充实到营配业务质量管控班专业技术岗位，发挥引领作用，破解基层执行力不足、业务管理要求难以精准落地的困局。

强管控：充分发挥三新公司业务支撑机构的作用，强化对分公司、供电所业务管控力度，营配业务质量管控班采用线上"多系统"数据融合分析、现场工作巡查、重点任务跟踪、业务错误预警等方式，对农电营销、配网全业务进行全过程闭环管控，实现业务工作"可控、在控"。

提质效：强化业务管控，自 6 月 30 日营配业务质量管控班成立以来，共查实营销业务问题 200 余项，实现经济成效 171.04 万元，挽回经济损失 131.57 万元；查实配网现场违章 14 处，及时消除安全隐患，确保配网现场作业安全有序开展。完善线损管理机制，促使先进供电所带动落后供电所，先进台区经理带动落后台区经理，线损指标稳步提升，截至 9 月末，天府公司台区线损合格率 92%，比 8 月提升 5 个百分点。提升应急抢修能力，优化撤并后的供电所集中了原 2~3 个供电所的外勤力量，开启 24 小时不间断抢修保供电模式，到 8 月 20 日所有线路和客户全部恢复供电，打赢了一场"硬仗"。

国网乐山供电公司。推动乡镇供电所优化提升的创新实践。为进一步提升乡村供电服务能力和供电服务站综合运营质效，以多元化的缴费方式与服务方式，让客户真正实现了"零跑路"，得到了客户的一致满意与好评。截至 10 月底，农网居民客户线上缴费率达 68%，企业客户线上缴费率达 70%，客户获得电力感知持续提升。

一是盘活资源，提升客户感知。积极推动营业厅关停营销服务转型升级，将营业厅人员与作业组、片区紧密融合，执行全员首问负责制、片区经理责任制和台区经理全业务接单方式，形成了"农电服务中心+供电服务站+片区经理"的供电服务新格局，实现全供区供电服务站工作职责统一化、前后台服务客户精准化、农村10千伏及以下配网设备运维抢修一体化。

二是做优服务，激发服务活力。按照"每个员工都是一个流动的'微营业厅'，每个员工都是一个服务群众的站点"的服务理念，农电服务中心作为"中枢大脑"，指导管理供电服务站开展10千伏运维、故障抢修、业务受理、营销服务等工作，片区经理负责具体执行，同时张贴"便民服务联系卡"，辅以台区经理网格化一体化服务联动，拓展网上国网、企业网银等线上办理缴费渠道、邮寄发票和服务孤老人群，将运维抢修、客户服务等末端业务在属地融合做实。

三是减低风险，保障电费回收。2020年疫情期间，根据"复工一家，检查一家"的工作思路，制定"一户一策"保供电方案，主动走访客户，了解客户用电需求，落实各项电费优惠政策，全力为企业复工复产保电护航。8·18洪灾后，通过电话催收、上门告知、微信联系等沟通手段，大力推广网上国网、微信、支付宝等线上缴费方式，保证了用电客户足不出户完成电费缴费，有效降低和防控了电费风险。

国网南充供电公司。挖潜提质，重塑供电所新模式。以效益提升为导向，以服务质效为抓手，持续优化乡镇供电所管理，积极推进乡镇供电所优化提升工程，整合人力资源，走活基层一盘棋。

"工作写实"重塑构架体系。选派专业骨干对19个供电所进行为期一个月的工作写实，全程记录和掌握供电所工作内容、人员配备和劳动组织模式，为切实解决供电所人员配置不均衡、业务开展不畅、劳动效率不高等问题，提供有力的数据支撑。

"一长四员"做强一线力量。以供电所优化提升为契机，人岗匹配相适宜，"一长四员"主内勤，其余人员充实一线服务力量，严控负责职数，实现供电所人员岗位"能上能下"，有效促进营销业务服务前置。截至目前，精简供电所35个，撤销营业大厅66个，外勤班的增员达338人。提拔任用40人，交流调整115人，降岗撤职21人。

"必干业务"助力提质增效。出台《供电所及城区供电服务班必干业务清单》，明确15项必干业务，建立外包业务事前审批、事中监管、事后分析全过程管控机制，进一步提高公司劳动效率与经济效益，全年降低劳务外包费用32.65%。

"指标+工分"激活员工动力。在12家供电所试点推进供电所"指标+工分"多维度激励考核模式，建立以价值贡献为导向的，指标考核与工分激励相结合的新型"网格化"管理考核体系，实现了"干多干少不一样""多劳多得、绩优酬优"分配机制，全面激发员工工作热情。截至目前，南充公司有 16 家次供电所进入线损管理全国 100 强，10 家供电所入围全国 100 强供电所。

国网广安供电公司。整合服务资源，实现供电所全面优化提升。

一是因地制宜优化机构布局和人员配置。根据广安市乡镇行政区划调整情况减少供电所 10 个、内勤班 9 个、外勤班 3 个，新设农电服务中心 1 个，同时将内勤及综合柜员、"一长四员"减少的 106 人补充至一线岗位。

二是完善制度，建立激励约束机制。印发供电所（农电服务中心）岗位职责，建立可量化的绩效分配和指标挂钩体系，鼓励各所建立各自的绩效考核细则，各供电所季度绩效得分达 10~20 分的差距，同一供电所员工之间绩效最高有 15 分差距。

三是政企联动，探索试点农电协作。建立辖区政府领导工作沟通群、客户微信群、辖区重要客户群三级信息收集网，聘用村支书和威望高、行动能力强的村民组成农电协作员团队，担任信息员、协调员、护线员和宣传员角色，协助属地供电所共发现各类缺陷 301 处，砍伐树障 856 处，开展电力设施保护宣传 178 次，协调处理网改青苗占地矛盾 4 起，切实解决供电所客户服务"最后一公里"的问题。

国网广元供电公司。在优化供电所提升工程中认真贯彻落实上级决策部署，全方位整合组织机构和人力资源，高效完成机构设置和人员导入工作，有效提升乡镇供电服务效率效益。

科学制定人资方案，全面梳理乡镇供电所现状，因地制宜、合理制定乡镇供电所优化提升机构设置和人员配置实施方案，按照时间节点顺利完成 ERP 系统调整和人员配置。

统筹调配供电所资源，供电所数量由 60 个压减至 40 个，营业厅由 56 个压减至 1 个，所、站、厅布局及设置更加合理，资源集中调配和综合平衡，实现安全生产、优质服务和队伍稳定的平稳过渡。

优化人员岗位配置，调整 164 人至营销和生产一线，有效缓解供电所一线人员不足的现状，盘活供电所内部人力资源，全面提升乡镇供电服务水平。

国网达州供电公司。按照"集约业务、整合资源、优化布局、精简高效"的改革思路，通过实施"供电所 + 服务站"模式，整合乡镇供电所资源。以"123+N"工作思路，即制定一个总方案，把握市县两个层面，开展三次大调研，多专业协同配合，同时，通过打造样板工程（即供电所改革宣传样板和供电所改革成效样板），带动和引领国网达州供电公司乡镇供电所优化提升工程全面开展、全速推进，实现了"四个优化"。

一是机构设置及定员配置优化。乡镇供电所优化提升后，供电所由 68 个精简至 33 个，内勤班由 68 个减少至 33 个，外勤班由 68 个精简至 40 个，负责人职数由 134 人调整为 99 人，供电所定员由 1520 人调整至 1500 人，实现了精简机构岗位设置，优化定员配置，压缩管理层级，减少管理成本。

二是人员配置及服务模式优化。通过统筹优化配置人员，将内勤人员、窗口人员共 201 人充实到外勤生产服务一线，壮大了生产服务一线人员力量，一定程度缓解了各单位农电缺员问题。

三是管理流程及岗位职责优化。乡镇供电所优化提升后，重新明确供电所机构职责及岗位职责，梳理管理流程，制定国网达州供电公司乡镇供电所机构及岗位职责说明书，实施供电所负责人职责承诺展板上墙亮明，使员工明确岗位职责，增强责任意识。

国网巴中供电公司。按照"集约业务、整合资源、优化布局"工作思路，进一步深化"全能型"乡镇供电所建设，乡镇供电所从"压减"到"提升"。

一是压减数量，因地制宜，在 1 家县公司实施"农电服务中心 + 服务站"，4 家县公司实施"供电所 + 服务站"模式，压减乡镇供电所 35%（21 个），关停营业厅 87%（49 个），190 余名内勤班人员转岗至外勤班和其他生产一线班组，缓解部分乡镇供电所管理力量不足、结构性缺员等问题。

二是融合贯通，利用信息化手段，打造管控指挥"大后台"，通过 SG186、网上国网 APP、95598 网站收集客户用电需求，通过派工系统、客户投诉分析管控平台、川电客户经理云等辅助手段，进一步提升派工和监管效率，压实台区客户经理"小前端"责任，促进台区业务下沉到村到户，推进工作任务、工作异常工单化及闭环管理，采集成功率 99.95%，农村线上缴费率 75%。

三是提升质效，关停 49 个营业厅后，每年节约租金约 60 万元，31 处自有房屋转换为所在地供电所的办公用房，有效解决其办公用房不足的问题。同时，人员整合后各县级供电企业稳步推进"工分制 + 包干制"的考核模式，充分激发员工活力，促进经营指标和管理水平大幅提升。截至 2020 年 11 月底，台区线损合格率达 93.38%，同比提升 11.42%，排全省第 14 名，较去年同期提升 4 名。

供稿单位：国网四川省电力公司人力资源部

撰写人： 何晓勇   肖斗金   罗璨   孙雨薇

四、动真碰硬　破冰聘期降岗执行

摘要　　　三项制度改革实施以来，国网眉山供电公司（简称眉山公司）以"优化机制、盘活存量、挖潜提效"为目标，践行"六能"落地，但员工队伍中"能上不能下"的陈旧观点仍然存在。作为"岗位能上能下"最为核心的一环，关键岗位聘期制度的执行力一度成为眉山公司工作的重中之重。眉山公司党委组织部（人力资源部）坚持问题导向，突出刀口向内，以聘期制管理办法为核心，严格执行规章制度，对因触发关键事项导致年度绩效为 D 的关键重要岗位人员严格执行降岗、换岗工作，并做好降岗员工心态疏导，打破岗位"铁饭碗"思维定势，增强员工队伍纪律意识、履职意识、危机意识，实现三项制度改革精神入脑入心。

张主任的 2020 年过得有点难。

2020 年春节期间，新冠疫情肆虐，按照党和国家防疫要求，眉山公司迅速开展针对性防疫工作。作为一名优秀共产党员，张主任毅然报名加入到防疫队伍中，并负责梳理联络有疫情地区旅居史的员工。拿着梳理出的人员清单，看着一个个熟悉的姓名，听着新闻播报中迅速增长的确诊人数，张主任是看在眼里，急在心里。名单里有与湖北返川人员的密切接触者，也有刚从湖北旅行回来的员工，但张主任最关心的还是班组上的老黄。

老黄是有近二十年工龄的老班组长。在统计初期，张主任就收到老黄发来的微信消息："我在湖北孝感探亲，已封城，现一切都好。"孝感是除武汉外，疫情最为严重的地级市，张主任也只能在电话中向老黄千叮咛万嘱咐，做好防疫，定时联系，有困难给组织讲。

在全国人民英勇抗争下，3 月份，疫情得到有效控制，张主任像往常一样询问因疫情未返川的人员情况。但直到晚上，老黄也没回复任何消息，打电话也显示无法接通。"难道是发生了什么情况？"焦急的张主任在第二天一大早就赶到办公室，翻出了老黄的劳动合同，找到了上面的紧急联系人——老黄的母亲。通话结束，张主任放下电话，点了一支烟，在窗前愣了好久。毫不知情的老黄母亲，三言两句就道出了实情：老黄根本没有去湖北,就在老家过春节,哪都没去。思索良久,张主任暗自下了决心,员工工作纪律关系着作风建设,如果放任不管,势必产生"破窗效应",影响眉山公司经营发展。必须要塑造劳动纪律的威严,绝不能让制度成为"纸老虎""稻草人"。

张主任联系纪委办公室相关人员,就老黄的情况开展调查核实。在纪委询问下,老黄终于承认其并未前往湖北。针对老黄的情况,根据国家电网员工奖惩规定,依规对其给予警告处分,并明确其处分对应年度绩效等级D级。

按照省公司统一部署,眉山公司已于2019年完成了管理、技术、重要技能岗位聘期协议签订,协议中规定:年度绩效动态考评为D的,立即脱离原岗位,并同级或向下调整。在与老黄谈话过程中,他觉得自己最多就算旷了几天工,没道理要调整岗位,就算调整岗位,也应该平级调整。用人部门的管理人员也被他请了出来说情:"张主任啊,老黄是我们的老班组长了,他的情况你们该处理处理,该扣钱扣钱,但你要调整他的岗位,非常影响我们后续工作开展。这个聘期考评,要不就算了呗。"

纪律的尊严在于遵守,规章的尊严在于执行。张主任翻看着岗位聘期协议管理办法,思索着下一步的工作。随后张主任请老黄到了办公室:"你的行为不仅是旷几天工这么简单,刻意对组织隐瞒,影响了正常的生产秩序、工作秩序,同时也产生了不良影响。作为组织的一员,重规则,讲规矩是无条件的,失去这一点,一个单位就会像一盘散沙,毫无凝聚力,更别奢谈什么战斗力。调整你的岗位,不是针对个人,是按规矩办事,希望你理解。"

老黄看着盖着手印的岗位聘期制协议,摇头苦笑道:"我一开始,只是想借着疫情名义躲懒,少上几天班。没想到疫情这么严重,想回来上班,却怎么都编不回来,只能继续下去。一步错,步步错,是我对不住组织的关心与信任,该怎么罚,我都认了。"

老黄离开班组长岗位,短期时间会影响班组业务发展,但长远来看,更能让纪律意识深入人心,能促进队伍作风建设与人力资源管理的良性发展。组织部门作为制度的执行者,抹不开面子、狠不下心,缺乏担当精神、不愿得罪人,就会导致执行走样、规定落空。张主任的看法得到了公司领导的认可,经总经理办公会审议通过,老黄离开了班组长岗位,调配调整为普通班员,岗级也向下调整了二级。关键重要岗位聘期制动态管理的第一把火,就这样落在了老黄身上。

时间未过半月,某班组的班组长小张,因班组管理不严,肩负管理责任而被处罚,年度绩效也归为D级。但由于小张对违规事件确不知情,眉山公司对其决定为调整而非降低岗位。本已平息下去的老黄得知此事后，又心有不甘地找到了张主任："张主任，凭什么我降岗小张不降，你这一碗水不端平，我不服。"对此张主任解释道："聘期管理里明确规定，'员工发生关键事项符合年度绩效等级直接归 D 级的情况时，不再聘任现岗位，及时进行同级或向下调整岗位'。小张受到的处分，是因为班组上的员工犯错，他没有主观犯错的行为，更没有隐瞒不报的情况，可以同级调整。我们只对事，不对人。"

对关键重要岗位聘期制的执行，打破了岗位"能上不能下"的"铁饭碗"。与此同时，对于被"下"的员工，张主任也有自己的一套方法。"下"的目的是惩前毖后、治病救人，既不能"一棍子打死"，也不能当甩手掌柜，一"下"了之。员工"下"要"下"到合适的岗位上发挥才干，让其有所用。还要树立"上"的导向，对在新的岗位上作风踏实的员工，要给予充分信任与表现舞台，最终打通上升通道。张主任在工作之余，常叫上老黄与其他管理人员交流沟通，打开老黄的心结。在 2020 年电费回收等年度重点工作任务中，老黄更加积极承担工作担子，用丰富的工作经验带领青年员工，实现了电费回收 100% 的工作目标，受到了一致的好评。

自 2019 年签订关键重要岗位聘期制管理协议以来，眉山公司共有 3 人因触发年度绩效归 D 级而进行岗位调整，同时通过岗位竞聘等方式，共下调岗级 27 人。员工的"上"与"下"成为动态过程、常态行为，打破了岗位"铁饭碗"思维定势，增强了员工队伍纪律意识、履职意识、危机意识，实现了三项制度改革精神入脑入心。

供稿单位：国网眉山供电公司

撰写人：夏承续　邓雄　罗海波　邓宫泰

五、重规章严执行　吹响劳动纪律威严号角

摘
要

　　劳动纪律与工作作风是保障企业健康持续发展的先决条件，也是每名干部职工必须遵循的基本规矩。企业员工队伍工作作风的好坏，直接影响到企业发展及广大职工的切身利益。国网仁寿县供电公司（简称仁寿公司）借助三项制度改革东风，针对当前部分职工工作作风不严的问题，修订考勤细则，根据人员工作状态设置"三色看板"，将"状态检修"策略创新运用到员工管理中，并采取"钉钉"定位、视频考勤等多样化考勤方式。对违反劳动纪律人员严肃处理，打通"能出"通道，把劳动纪律规范执行做严做实，为公司转型发展夯实人力资源基础。

建章立制　多效手段转变工作作风

在仁寿公司人力资源工作会上，党委组织部（人力资源部）丁主任了解到个别员工仍存在工作态度消极、纪律意识不强的问题。根据基层班组与供电所反映，部分员工代打卡现象时有发生，兼职考勤员不愿得罪同事，经常睁一只眼闭一只眼，甚至有些员工有办法从专责手中弄来不实的工作单或者假条。而个别员工工作态度敷衍、到岗不到位的问题也严重影响着工作的推进，遇到个人职责问题，"不清楚""这事不该我管"总是其口头禅。严肃的工作纪律与工作作风需要完善的管控机制。为加强员工纪律过程管控与落地，建立以规章制度为核心的闭环管理模式，仁寿公司开展了以规范劳动纪律，转变工作作风为题的专项工作。

丁主任认为，要肃清此种顽固不化的工作作风，"软硬兼施"是重点，既要从源头打破员工思想桎梏，更要从外部构建压力环境。俗话说"无规矩不成方圆"，专项工作首要任务是建章立制，从纪律规定、监督手段到激励考核机制，一整套标准清晰严明的管理体系必不可缺。其次，在制度实施中以人为本是关键，注重沟通、关注个体感受，才能从大山到碎石，真正撬动与清扫这块管理工作中的阻力。

制度先行，分层分类管理，刚性严肃纪律。针对考勤管理，仁寿公司新修订的《国网

仁寿县供电公司考勤管理实施细则（试行）》（简称考勤细则）重点采取"三结合"管理方式，分层级统一考勤体系，考核约束员工工作纪律。一是管理人员"动静"结合。对于工作时间固定的一般管理人员，采取"静态"的每日固定时间指纹考勤与"动态"的不定期抽查相结合的全面考勤措施。由仁寿公司党委组织部（人力资源部）、党委党建部、纪委办公室联合开展不定期作风检查，检查结果挂网通报并落实考核。二是一线员工"放管"结合。对于一些工作时间相对波动的一线班组人员，可通过日常指纹考勤与"钉钉"远程定位考勤结合的方式，确切落实考勤签到。仁寿公司每周进行考勤情况汇总，定期公示员工考勤结果，接受全体员工监督。三是重点人员"深浅"结合。对于可能存在"三天打鱼、两天晒网"、虚假考勤等历史行为的人员，由各负责部门拟定重点关注名单，除正常考勤管理外，实施阶段性地、深层次地采取考勤管理措施。不定期对清单人员采取 1~3 个月不等的针对性严格考勤，特别对农电台区经理等在外工作人员采用不定时视频抽查等方式，确认其工作状态，规范其行为纪律。

"台区经理考勤，一直是我心中的痛。"某供电所所长老刘说，"原来我们所一半供区都在山区，台区经理过来打考勤，等走到都要大半天，坐班打考勤感觉是强人所难，不打考勤又失于管理。但是现在，多种手段并用，更有仁寿公司对重点人员针对性督促，我们对台区经理的管理是真正落到了实处。"

对标争先，设立三色看板，促进监督成效。工作作风转变既依赖于个人纪律的规整，更离不开群体成员的压力与感染力。通过管理人员讨论策划，仁寿公司创新性将"三色工作法"运用到作风管理中，动态设定人员红标、黄标、绿标三色分级，并设立月度更新的"三色看板"，引导全员明确站位、共同监督。

"三色看板"以班组、部门为单位，根据业绩指标、重点工作参与及工作纪律三方面综合对员工表现进行测定，设定固定比例人员为前端绿标、后端红标。而劳动纪律是底线，凡在工作纪律与作风表现不良人员，如被列入考勤重点清单人员，一律设定为红标。仁寿公司对红标人员除正常管理外，着重采取跟进式提醒谈话等措施，了解员工思想动态，确认其工作状态，引导其行为作风，三个月期满后，由其上级主管确认其严肃遵循工作纪律、工作态度积极、工作质效提升，则转为黄标，进入三个月继续观察期。"三色工作法"的运用帮助员工找准定位、对标争先，形成人员整体联动，充分调动了全员积极因素，激发了员工工作热情。

奖罚严明，坚持业绩导向，严格绩效考核。员工工作表现作为个人考核的重要内容，对员工绩效考核有着重要影响，在绩效管理中，仁寿公司对合约管理与考核管理制度再构建，通过管理人员绩效合约履约考核、班组积分制考核，将组织指标层层分解化为员工考核具体标准，以业绩为基础，以工作态度、工作表现等能动性因素为辅助，按照规范的程序和科学的方法，公开、公平、公正地对员工绩效进行量化考核，使工作纪律、工作作风的转变在收入能增能减的分配制度中发挥实效。

依法依规　峰回路转化解难题

2020 年 5 月，供电所一件难事摆在了丁主任桌头。"我们所张某，平时就三天打鱼两天晒网，经常迟到早退，玩失踪。批评他也没啥作用，照样我行我素，之前碍于面子，想着还能说服他，但现在他擅自离岗越来越频繁，时间也越来越长，这不又有 3 天没来了，电话也打不通，我只能依规给组织汇报。"

得知员工失踪的情况，丁主任多次通过电话联系、上门拜访、联系亲友、询问同事，试图联系上张某了解情况，但得到的回答基本都是不知道、不清楚。"张某呀？他父母兄弟已经去世，他本人离异，子女还没成年并由前妻抚养，基本是孤家寡人一个。""张某？因为他个人债务纠纷问题，追债公司找了我好几次，我们早就不来往了。"时间又过去了十来天，丁主任和用工专责小邓奔波在寻找张某的路上，但张某的音信如同石沉大海，收获甚微。

"照我说，张某欠了这么多钱，又电话不接、短信不回，十有八九是出去躲债了。旷工时间都够开除了，还不如直接解除劳动合同，一了百了。"小邓抱怨道。走访工作让他早就对张某的事情失去了耐心。丁主任闻言，敲了敲小邓的头说："回去好好学习下《国家电网有限公司劳动合同管理办法》，张某是失联，不是旷工，能直接开除吗？别想了，去公安局报案吧。"

"员工失联，有可能是员工主观旷工，但你也知道他背了不少债务，万一是被非法扣押了怎么办？我们不管不顾，直接解除劳动合同，岂不是侵害了他的合法权益。做员工管理，必须依法依规办理，容不得半点错误。"在前往公安局的路上，丁主任耐心地给小邓解释道，"作为利益相关方，我们单位只能向警方依法报案，并根据《国家电网有限公司劳动合同管理办法》规定，办理劳动合同中止，暂时保留劳动关系，并停止履行劳动合同规定的权利与义务。只有下落不明满两年，并由法院宣告其为失踪人，我们才可以根据《劳动合同法》等相关规定，终止与其劳动合同。你回去看下，准备履行劳动合同中止手续吧。"

话音未落，车停到了公安局门口，丁主任与小邓两人走进公安局，却得到了意想不到的收获。公安机关提供出张某近期的出行记录与摄像照片，都证明了张某并非"失踪或因不可抗力无法返岗"，而是主观切断了与单位联络，拒不返岗。有了这决定性证据，丁主任通过寻求外部法律服务支持，根据律师事务所出具的法律意见书，明确了解除与张某劳动合同的合法性，并明确相关流程，制定了规避潜在法律风险的专项处置方案。其后，仁寿公司通过细致排查、证据收集整理、形成决策、通知送达、过程记录备案等大量工作，最终于 2020 年 7 月，完成与张某解除劳动合同的全部流程，攻下人员清理之战的"艰难一城"。

"丁主任，我明白了，虽然最后结果都是解除劳动合同，但是过程是不一样的。正是因为我们有证明其主观旷工的证据，办理解除劳动合同才是合法合规的，否则还是只能办理中止。"小邓说。

2020 年以来，仁寿公司依靠三项制度改革，通过清晰的工作方法与思路和坚决的态度，严肃劳动纪律管理，加强公司队伍工作作风建设，严格按照国家劳动法和劳动纪律相关规定，依法依规解除劳动合同 3 人，惩处 3 人，警示谈话 8 人，向不称职员工层层传递压力，着力增强员工队伍纪律意识、危机意识，营造良好工作氛围。

供稿单位：国网仁寿县供电公司

撰写人：邓宫泰　龚婧　毛瑞　李学松

六、多措并举做好停薪留职复岗人员"后半篇文章"

摘要

自 2017 年 3 月到 2018 年 8 月，国网巴中供电公司（简称巴中公司）平稳处理了 129 名停薪留职人员，其中申请复岗上班共计 74 人。针对复岗人员多年在外自谋职业，已不熟悉公司内部管理制度、工作内容等情况，如何培训、如何管理和如何使用成为急需研究和解决的课题。巴中公司立足实际，从培训、考评和成长成才三个方面着手，实施培训"三步"工作法，创新设置"三个"考核评价窗口期，通过"选树先进、打造能手"两个激励手段，在加强复岗人员培养和使用的同时，畅通能进能出渠道，切实做好复岗"后半篇文章"，助推复岗人员角色转变，在岗位上成长成才。

复岗上班后怎么培训和使用？如果确实难以适应公司管理要求的，怎么处理？如果工作能力强的，可以加以重用吗？……这些问题自 74 名停薪留职人员申请返岗开始，就困扰着巴中公司。

培训一直在路上！

规则意识强化，安全思想提高，业务技能提升，是复岗人员培训的关键点和着力点。巴中公司创新实施培训"三步"工作法（岗前培训、师带徒培训、在岗培训），通过自上而下、分批分层级的教育宣贯和文化引导，助推复岗人员角色转变，较快适应公司管理需要。

岗前培训强意识。小张在停薪留职之前是一名乡镇供电所工作人员，在外闯荡多年后回到单位，感觉很是茫然，对国家电网文化、企业情况等方面都不清楚，这其实是复岗人员的一种普遍状态。针对该种情况巴中公司启动了"两个 15"岗前培训，即组织开展 15 天集中授课培训 +15 天集中自学，集中授课聚焦企业文化、规章制度、安全规程，集中自学以员工自主温习为主并严格考勤，达到熟悉公司概况、企业文化和适应企业规则要求。岗前培训旨在向复岗人员传递最新的企业文化和通用管理要求，为其后的上岗管理打好坚实的基础。

师带徒培训提技能。47 岁的老李在 2018 年 1 月通过试岗期考核并正式上岗后，感慨自己脱离电力行业 11 个年头，公司的管理要求、模式都发生了翻天覆地的变化，还好"一对一"师带徒模式，让他尽快适应了新的岗位。为确保复岗人员学有所授，巴中公司实施了 730 天"师带徒"模式，即针对复岗人员从试岗期开始，就根据其培养需要，以"一对一"模式，安排技能导师，由技能导师规划培训工作，制定针对性的、切实可行的培养计划，因人施教，全面提升复岗人员综合素质和业务技能水平。

在岗培训提素质。多年的"社会人"生活，导致有一部分复岗人员规范管理认识欠缺，如何加强和提升该部分人员的认识也是一项非常重要的课题。巴中公司采取了持续性、多样性、多载体的培训模式。其中，持续性就是以复岗人员的直接管理人为第一责任人，按季度开展交心谈心，了解思想动态，掌握其对公司规范管理工作的认识度和执行情况。多样性就是在提技能谈业务的同时，将廉洁文化知识、安全规程知识、保密管理等内容引入，丰富培训内容和维度。多载体就是依托各类廉洁文化知识讲堂、廉洁文化教育、本单位依法治企综合培训班等契机，将该部分同志纳入统一培训教育范畴。

考评一直不缺位！

申请复岗的人员由于离开企业多年，对国家电网公司的认识多数停滞不前，对工作时间的弹性、薪资福利的预期、管理要求的刚性普遍存在较大认识偏差。为确保后续管理有效，巴中公司实行三个"窗口期"，加强考核评价，切实畅通人员出口。

第一个"窗口期"——返岗培训期满。"现在管理和考核好严啊！工作要求也高，需要学习掌握的内容太多！我觉得实在适应不了工作要求！我还是选择与单位协商解除劳动关系吧。"这是刚刚参加完第一个"15 天"培训后，年满 49 岁的老李由衷的感叹。"两个 15"的岗前培训涵盖内容丰富，同时考核评价要求高，不能顺利通过考评的将继续自行学习完成相关培训内容，每个自学周期为 7 天，直至考评合格才能正式进入岗位工作。在岗前培训期间，有 1 人因无法适应培训学习要求，在第一个"15 天"期间就要求与本单位协商解除劳动关系；有 1 人因首次考核未过关，且第二次考评也未顺利通过，也提出与单位协商解除劳动关系。

第二个"窗口期"——试岗期满。返岗培训结束后，复岗人员首次上岗，均安排到生产一线初级工岗位，实行 180 天的试岗期，试岗期主要采取轮岗实习方式开展，主要在生产一线技能岗位专业间轮动实习，试岗期满考核合格后方能正式上岗。2019年2月，国网南江县供电公司收到一份申请：因个人原因自愿申请辞去现有工作，与公司解除劳动合同，请批准！申请人小张。随即党委组织部（人力资源部）联系到他说："小张，刚复岗不久怎么又申请辞职？是不是遇到困难？"小张很平静地说："谢谢关心，没有什么困难，主要是我停薪留职这么多年了，经过前段时间的培训和现在试岗，我觉得现在国家电网公司要求太高，工作要求太严格，不像以前那么自由，我不适应，所以申请辞职。"这是在巴中公司规范管理、严格要求下第一位因不适应管理要求主动申请辞职的停薪留职复岗人员。

第三个"窗口期"——定岗期满。在试岗期满后，根据人员试岗期的工作表现和能力特点，以一线生产班组岗位为主，确定复岗人员的最终工作岗位，并进入定岗实习阶段，期满后再次进行考核评价。定岗实习主要结合复岗人员的专业、学历、轮岗实习情况及巴中公司整体人力资源需求开展定岗培养，不少于1年，要求复岗人员能熟练运用基本技能独立完成岗位常规工作，提升所在岗位的现场操作能力。老杨在试岗期间换了一次岗位，从输电线路运检换到了乡镇供电所，顺利通过试岗期满考评后，正式定岗在乡镇供电所外勤班工作，但定岗实习期间由于对供电所"包干制＋工分制"的考核机制不适应，吃大锅饭、混日子的愿望破灭，在定岗期满前也提出了与单位解除劳动关系。

先进典型大力选树！

停薪留职人员到岗位上如何激励和培养，如何做到物尽其用和人岗匹配，巴中公司也花了不少心思，通过在复岗人员中选树先进、打造专业能手等方面下功夫，营造良好的比学赶超氛围，激励复岗人员在岗位上成长成才。

选树先进。巴中公司专门为复岗人员建立了"月度明星"事迹展播专栏，并每月定期展播表现优异的复岗人员工作业绩；同时，在每年的年度先进评比表彰中，首先在停薪留职复岗人员中筛选部分优秀人员参与评选。国网平昌县供电公司停薪留职人员唐大姐在2018年的时候已经46岁了，当时申请复岗时，家里人和单位都多次劝说，离退休不到5年时间了，就不要回单位折腾了，但唐大姐还是凭着自己的一股劲，顺利通过三个窗口期的考核。"虽然我已临近退休，他们能适应我也能适应，老员工应该首先作表率！"唐大姐说道。2019年，唐大姐以优异的表现和积极的态度被评为该公司先进工作者。这在复岗人员中引起了极大反响，带来了积极正面的示范效应。

打造能手。充分结合"大培训、大比武、大提升"活动，以"校企联合""巴山夜校"

培训为载体，加强对复岗人员专业知识、业务水平、职业道德等综合能力提升培训培养。
"离开单位 6 年，没想到管理方式发生这么大的变化，现在我非常不适应变电运维这个岗位工作，请求公司后续能否调整一下我的工作岗位。"试岗期间，老周提出了轮换岗位的申请。经过对该同志工作岗位能力、适应情况评估后，巴中公司党委组织部（人力资源部）与本人沟通确定了营销客户服务岗位。通过组织培养，老周在新的岗位上认真努力工作，凝练本领，在次年巴中公司营销技能比武中取得了第一名的成绩。

　　74 名停薪留职人员申请复岗以来，共有 10 人因集中培训考核不合格再次培训，5 人岗位试用培训不合格重新转岗培训，4 人在三个"窗口期"期间自愿离职。截至目前，复岗人员中有 5 人已成为班组专业骨干，1 人已成长为县公司中层管理人员，复岗人员综合素质及业务水平大幅提升。

供稿单位：国网巴中供电公司
撰写人：罗敏　杨龙　余胜

七、以岗位资格准入为核心 促进班组人员有序流动

摘要

近年来，新进员工在班组学习主动性不强，成长缓慢，生产一线技能人员中坚力量出现断层；部分员工"三种人"不愿意当、不能当、不会当，占据着班组高层级岗位"下不来"。国网攀枝花供电公司（简称攀枝花公司）以问题为导向，加强员工岗位任职资格管理，在"358"工作年限的基础上，明确员工岗位晋升时岗级调整一次不得超过 3 个岗级，即员工在班组至少要到高级工岗位及以上才能继续晋升管理技术岗位；同时，在原有技能岗位任职条件的基础上，新增"三种人"资格、特种作业资格、个人培训积分三个岗位资格准入条件，员工岗位资格条件不符合员工所上岗位层级的，向下调整岗位岗级，实现技能岗位动态调整，为生产一线人员中愿干事、想干事、能干事的畅通岗位晋升通道，为不愿干、不想干、不能干的畅通能下通道，促使员工岗位胜任能力的提升，缓解班组"空心化"问题，促进班组员工有序流动。

过了渡口桥，车一路往前行就到了攀枝花公司技能培训基地。望着窗外碧绿的金沙江，火红的凤凰花挂满了枝头，在金沙江两岸显得格外引人注目，坐在车上的攀枝花公司盐边供电分公司（简称盐边公司）人力资源培训专责小李心里美滋滋的。上个月特种作业培训取证 25 人中有 20 人都通过了考试，员工报名参加培训取证也比以往更积极，在她看来，特种作业送培将不再是难事、烦心事。

面对问题，敢于亮剑

"肖主任，党委组织部（人力资源部）这边是不是想点办法，加强'三种人'岗位管理，员工具备了岗位资格才允许调整到相应岗位"。在攀枝花公司安全总监看来，攀枝花公司个别生产现场有的员工不愿当、不能当、不会当工作负责人，派到现场的工作负责人水平参差不齐，现场把控能力不足，工作积极性不高，这样的员工怎么能够在现场做好安全工

作，这些都是影响公司安全生产的问题隐患。

在攀枝花公司人力资源部肖主任看来，安全总监提出的工作负责人问题不只是一个班组的问题，这样的问题在攀枝花公司班组普遍存在，生产一线班组的问题也不仅限于此，还有更多的问题亟需解决。

如何解决班组"空心化"问题？如何让新进大学生能够沉下心来学习岗位技能知识，培养专业技能人才，保证一线员工合理流动？这一系列的问题既有专业部门管理的责任，也有人力资源管理的问题。能否从加强员工岗位管理入手，引入适当的岗位调整限制条件，实现员工岗位胜任能力与员工所上岗位一致。这一想法的提出，得到了部分基层单位的积极响应。其中，盐边公司更是主动请缨，表示愿意配合市公司先行先试。

四大举措，机制保障

小李此行去技能培训基地是为了申请开办一期盐边公司供电所员工特种作业换证培训班。现在小李望着手中的 20 本特种作业证，心情格外好，打开了话匣子，与同车的盐边公司人力资源部王主任聊起了培训发生的变化。小李说："去年组织员工参加特种作业培训，很多员工都不当回事，觉得可去可不去，我一个一个地打电话通知，员工知道培训考试通不过不报销培训费，都打起了退堂鼓。现在员工们主动报名参加特种作业培训，得益于公司提出的'特种作业持证与员工岗级挂钩'的管理新模式，老员工表示即使再难，为了自己的收入不减，咬咬牙也要努力通过培训取证，调动员工参培的积极性。同时，公司提出的'员工岗位岗级晋升与年度培训积分挂钩'这一想法也很有效，员工上年度完成了相应的积分，次年才能参与岗位岗级晋升，调动了员工主动参与培训授课和接受培训的积极性，在班组掀起了班组大讲堂的热潮。"

小李说起自己的工作就滔滔不绝，坐在一旁的王主任笑着补充道："还有员工岗位调整一次岗级不能超过 3 岗，县公司班组中级工岗位才 9 岗，高级工岗位 11 岗，新进员工想要晋升到管理技术岗位，除了要满足'358'工作年限外，还要获得高级工岗位资格。高级工岗位资格的获得又与'三种人'资格挂钩，每年根据员工'三种人'认证资格，同步调整其岗位岗级，实现了岗位的动态调整，不得不说四措并举，连锁效应的结果很好。"

四个统一，规范积分管理

积分如何与岗位调整挂钩？培训积分由哪些项目组成？培训积分怎么管理、使用？这些问题都是亟需讨论解决的问题。为了便于积分应用管理，人力资源部和相关部门经过几次讨论，收集基层单位意见，建立相应的积分管理规则：

（1）培训积分类别统一，培训积分分成四类，A类为"三种人"岗位资格准入积分；B类为特种作业资格积分；C类为业务技能培训积分，包括外送培训和内部培训，参与授课和接受培训都纳入积分，以攀枝花公司培训专责下发的培训班通知为准；D类为其他积分，包括学历学位进修积分，职称技能等级积分，竞赛创新获奖积分。

（2）培训积分标准统一，根据积分类别，制定对应的积分标准，由各单位培训员按照统一的积分计算规则进行统一计算。

（3）培训积分应用周期统一，A类积分在认证周期内一直有效；B类积分在特种作业资格证书有效期内有效；C、D类积分应用上一年度的培训积分。

（4）培训积分与岗位调整标准统一，初级工岗位向中级工岗位调整的需要满足积分60分；中级工岗位向高级工及以上岗位调整的需要满足90分。

● 积分明细表

积分类别	积分大类	积分小类	积分标准	积分系数	积分有效期	备注
A类	"三种人"准入积分		15分		认证周期内有效	
B类	特种作业资格持证积分		5分		证书有效期内有效	
C类	参培积分		1课时/0.5分	市县层级系数1.0，省公司层级及以上2.0	次年有效	培训下发通知为准
	授课积分		1课时/1分	一般员工系数1.0；中级（技师）1.5；高级（高级技师）2.0。市县层级系数1.0，省公司层级及以上2.0	次年有效	培训下发通知为准
D类	学历提升积分	专科升到本科	10分		次年有效	
		本科升到硕士	15分			

续表

积分类别	积分大类	积分小类	积分标准	积分系数	积分有效期	备注
D类	职称技能等级提升积分	获得中级工	4分		次年有效	
		获得高级工	6分			
		获得技师（中级职称）	10分			
		获得高级技师（高级职称）	15分			
	创新成果积分	管理创新、QC等成果一等奖	15分	市公司层级1.0，省公司层级2.0，国网公司层级3.0	次年有效	参与者可积分，以发文为准
		管理创新、QC等成果二等奖	12分			
		管理创新、QC等成果三等奖	10分			
	竞赛获奖积分	个人一等奖	15分	市公司层级1.0，省公司层级2.0，国网公司层级3.0	次年有效	
		个人二等奖	12分			
		个人三等奖	10分			

资格准入，岗位"能上能下"

虽然明确将"三种人"任职资格、特种作业资格与员工的岗位岗级关联，但在实际操作过程中，"三种人"任职资格应该如何与岗位层级有效衔接。党委组织部（人力资源部）、安全监察部、运维检修部、相关基层单位经过讨论后明确：员工要聘任中级工岗位的，必须具备"二种工作票负责人""二种工作票许可人""二种工作票签发人"其中一种及以上资格；员工要聘任高级工岗位及以上的，必须具备"一种工作票负责人""一种工作票许可人""一种工作票签发人"其中一种及以上资格。员工当年度取得的"三种人"认证资格低于员工现任岗位岗级条件的，向下调整到"三种人"认证资格对应层级的岗位岗级。

为避免员工"三种人"认证资格时通过了认证考试，但在实际工作中却不愿意承担相应的岗位职责，增加了"三种人"年度履职考评，由安全监察部负责统一考评，市公司党委组织部（人力资源部）根据考评结果执行岗位岗级调整，考评不合格的一律实行降岗。

新进员工工作年限超过 2 年的或转岗超过 1 年的，均应取得从事本岗位所必须的特种作业资格证书。员工没有取得特种作业证书或证书过期的，在规定的过渡期内，一律实行降岗，直到员工取得相应的证书后方可恢复。超过规定期仍未取得岗位特种作业资格证书的，调离原岗位，调整到其他的岗位。

变革之路，成长之路

盐边公司在新的技能岗位调整管理制度试推行过程中，有的部门提出了质疑，认为这个新规定只是给部门增加了负担，毫无意义；也有不少部门大力支持，认为这项规定能够直接有效促进员工更好的在岗位上履责。盐边公司人力资源部与提出质疑的部门负责人进行多次沟通和解释，表明了这既是攀枝花公司加强员工岗位管理的措施，也是推进三项制度改革的重要部分。

"王主任，这是我的岗位调整申请，这是'三种人'资格、这是上一年度培训积分、这是特种作业资格证书，我已经按照公司新的岗位调整办法要求核对了，里面提到的要求都满足。"变电运维班老廖向人力资源部提交了自己的岗位调整申请。

盐边公司人力资源部员工管理专责认真核对了老廖的岗位调整资格，"三种人"资格、特种作业资格及上年度培训积分均满足要求，班组岗位层级比例和学历、职称、工作年限也满足要求，认定她可以进行岗位调整。

盐边公司实施新的技能岗位调整管理模式以来，生产一线员工逐渐意识到"三种人"资格、特种作业取证、培训积分在岗位调整的重要性，积极参加培训和授课，在现场工作中争当"三种人"。新的技能岗位调整管理模式，充分发挥了人力资源部、安全监察部的主导作用，调动了生产一线员工工作主动性，提升了员工主动学习的积极性，推动班组岗位动态调整、人岗相适、有序流动。

供稿单位：国网攀枝花供电公司

撰写人：刘勇　肖斗金　吴超　陆茜

八、你被"共享"了吗?

摘要

　　为有效解决产业单位人力资源供需不平衡的问题,推动横向协同开拓外部市场资源,国网绵阳供电公司产业单位(简称启明星公司)创新建立"共享员工"机制。通过搭建"1个供需信息平台",分类开展"劳动力和市场2类共享",配套建立"人才培养和专项激励2项措施",以市场驱动各分公司(中心)主导发起各类资源要素共享,实现公司、项目方和员工三方共赢。"共享员工"实施以来,启明星公司先后在成兰铁路绵阳高川牵引站220千伏供电工程等5个重要项目中共享员工约65人次,增强了员工的工程技能和项目管控能力,市场签约量较去年同期上涨11%,其中外部市场占比增长15.26%。

机缘巧合,共享概念灵光现

　　刚过而立之年的我是启明星北川分公司的一名员工,入职八年了,现在在公司中仍旧是一个普通得不能再普通的专责工。高不成低不就的日子大概如我这般,发不了大财,但也不至于饿肚子,只是时间长了,难免觉得有些乏味,有的时候觉得自己就像是一株向日葵,迎面向着太阳,日出而作日落而息,然后一个猛回头,等到第二天的时候继续工作,周而复始。

　　我一直在等待一个时机,若是想成就一番事业,勇气和机遇都必不可少,只是我一直找不到突破自己的机会。

　　哎,人倒霉起来总是处处不顺,我这个月已经连续遭了2次罚单了,我总是忘记自己的车在星期三限号!今天我终于长了记性,限号的时候绝对不能开车,还是骑共享单车回去吧。

　　"帅哥,你能帮我看一下,这个共享单车是怎么回事吗?"我扫码的时候,一位气质不凡的长者问了我这样一个问题。

　　我上前一看才知道,原来是操作不当,他没有输入正确的验证码。

"怎么一个共享单车这么麻烦？"因为不熟悉流程，长者对此有些抱怨。

我轻轻一笑，"其实还好吧！用习惯就好了，毕竟现在是信息共享，资源共享的时代，有时候想想，其实蛮有意思的，物尽其用不就好了吗？"

"共享？物尽其用？"他重复着我的这句话，我有些莫名其妙。

"怎么了？"我一脸疑惑。

长者眼睛一亮，从我手里一把接过手机，情绪激动地握了握的我双手，还拍了拍我的肩膀，对我连声道谢，"小伙子，我真是太感谢你了。"

我一脸茫然地看着他，"先生，您言重了。"

"不不不，不言重，你的这句话可帮了我的大忙，有机会的话，我一定要请你吃饭。"他将自己刚买的橘子给了我，"一点心意，请你收下。"

他骑上共享单车，慌慌张张离开了，我高声嘱咐道："您慢点骑！"

他举起右手，向我比划了一个 OK 的手势，我望着他远去的背影，总觉得有点似曾相似的感觉，却又想不起他到底是谁。不管了，他买的这兜橘子倒还挺甜的，让我觉得平淡无味的生活多了几分趣味。

创新内涵，共享员工体系建设

翌日，我照常上班。只是，我发现公司的气氛有些不同，同事们都不约而同地盯着内部网站看，我好奇地打开网页，看到了公司最新下达的通知，首先映入眼帘的是"共享员工"四个大字。同事们聚在一起热烈的讨论着，消息最灵通的班长将其中的缘由与我们娓娓道来。

自 2012 年以来，国家电网公司对产业单位的用工入口严格管控，随着一系列的改革改制、瘦身健体、基建十二项配套等规定的落地，用工总量大幅降低，缺员矛盾不断凸显；随着启明星公司的持续做优做强，施工项目管理专业人才稀缺，项目推进困难，部分项目管理缺位，安全隐患较大；启明星公司内部各类资源要素分布不均，各分公司（中心）产值利润差距较大，发展不平衡。

恰逢成兰铁路绵阳高川牵引站 220 千伏供电工程开工在即，却碰到了难题，找不到人！高层们数次开会研究，最终形成了"共享员工"这一灵活用工模式的理念，并出台了"1+2+2"的共享员工体系。

"1"是指"搭建一个信息平台"。建立符合条件的"共享员工"信息库和项目信息公告平台，由需求方在平台上发布信息，由员工和各分公司（中心）根据实际情况选择是否参与共享。两个"2"分别是指"分类开展劳动力和市场两种共享""配套建立人才培养和专项激励"2项措施。

一个同事听闻不胜感慨地说："我们那些传统的用工模式已经不适应当今的社会啦，共享员工，蛮有创意的，不得不说公司高层领导的想法真是高明，就是不知道落到实处有没有这么美好哦！"

平静的湖面激起了浪花，我的心情也像浪花一样翻腾，这对于想要改变现状的我而言是一个绝佳的机会。

项目实践，共享成果初显现

我仔细研究了公司在信息平台上发布的共享员工的需求信息，认真整理好了简历，第一时间投递了出去。我要让各位领导知道我的能力，了解我的决心。

一周之后，我通过了员工技能水平等方面的层层筛选，被选为启明星公司第一批"共享员工"参与成兰铁路绵阳高川牵引站220千伏供电工程建设。我欢呼雀跃，和妻子分享了这个好消息，妻子笑着说，这是机会碰巧撞到了我的努力。

上岗第一天，我们12名"共享员工"首先与原单位、用工单位签订了三方协议，明确了各自的权责利。在项目期间，我们的人事、工资等关系维持不变，原岗位、岗级及工资水平不随工作岗位或职责变动而调整，我们的人工成本由用工单位承担，并负责日常管理。按照"谁用人、谁考核"的原则，我们的绩效评定也由用工单位进行考核。

随后，我们接受了来自启明星公司专业导师的配送式培训，并利用定期操作培训、不定期轮岗、师带徒等培养方式进一步提升共享员工的业务素质，充分发挥了共享员工的合作优势。我很快就适应了这种模式的工作安排，这种边干边学的方式针对性强、内容详细，我终于找准了自己的定位和成长的机会。

在此期间，我和其他11名不同岗位的员工在项目经理和专业导师的带领下，通过专业负责、导师指导、现场实践等方式用300余天的时间"边学边干"，高效完成了牵引站220千伏供电工程项目。

总结经验，共享之花遍地开

"谢谢，谢谢你们为北川的经济腾飞插上了翅膀！"在成兰铁路绵阳高川牵引站220

千伏供电工程竣工仪式上，北川县代副县长握住项目经理的手，对我们所付出的劳动心怀感激，这一刻，我的心也是激动的。

代副县长的这句话让我印象深刻，在回去的路上我心里反复念叨着这句话，因为我自豪，我骄傲，因为成功的不仅仅是我，我们为北川的经济腾飞插上了翅膀，这是一次合作的共赢，而我也成功"转型"。

我们胜利凯旋，人的潜力其实就像挤牙膏，只要你挤一挤，总是会有的。

在项目验收的总结会上，我代表"共享员工"上台和大家分享工作经验和心得，"我们对共享员工这种新潮的用工机制非常认可，因为这给了我们更多的工作机会和学习路径，实实在在提升了我们个人的专业技能，不得不说，这种工作模式对比传统的用工机制，的确是棋高一着，我要给'共享'点个赞！"

李经理也激动地说："要不是这种灵活用工机制的运用，我真不知道我们这个项目啥时候能完成，巧妇难为无米之炊的感觉太难受了！实行'共享员工'后，我们公司内部闲置人力资源得到开发，能有效解决各分公司（中心）人力资源需求不平衡问题，推动横向协同开拓外部市场资源。"

随着成功经验的分享和专项激励的刺激，启明星绵能分公司立即运用共享体系，与启明星北川分公司签订了《长虹智能制造临时施工供电项目共享协议书》，从合作内容、共享期限、项目成果共享、人工成本共享、安全责任、商业保密条款、协议解除等七个模块约定了共享双方的权、责、利。特别约定了两家公司以 2：8 的比例共享项目经营利润。启明星绵能分公司与启明星北川分公司成为了又一个"劳动力共享""市场共享"的代表单位，两家单位也充分的诠释了共享的特色，即"快速、精准、共赢"。

有了这两个项目的基础，其他分公司（中心）纷纷行动，积极利用公司搭建的信息平台，发布市场共享信息、吸纳共享员工，解决了不少横亘在领导们心中的难题。

成长成才，开启职业新征程

海明威有这样一句话，真正的高贵不是优于别人，而是优于过去的自己！这一次的"共享"经历让我学到了很多。当然，我也知道，这件事只是一个开始，接下来我需要做的事情还有更多。

不久之后，我接到公司下达的新通知，启明星北川分公司和启明星绵能分公司即将再次展开新的项目合作，公司需要委派一名项目经理前去，而这次的方式是公开竞选，我踊跃报名，因为上次"共享员工"的经历让我积累了不少经验，加之我在启明星北川分公司时表现不错，很快，我就被选为项目经理。

我开始着手准备新的项目资料。

"年轻人，又在努力加班啊！"这个声音很是耳熟，我应声抬头。

"您……"我恍然大悟，想起那天和他的一番对话，"肖董事长好！"

肖董事长哈哈一笑，从口袋中拿出一个橘子递给我，我想起和肖董事长那次戏剧性的偶遇。

"吃吧！这橘子甜着呢！"

我也不再推脱，剥开橘子吃了起来，玩笑道："确实很甜，您挑橘子的眼光不错。"

肖董事长又是一笑，"我看人的眼光更不错，那天你帮我给共享单车的扫码的时候，几句话便提醒到了我。"

我想起当时的情形，"共享，单车能共享，员工也可以共享啊！"

"真是无心插柳柳成荫啊，没想到我不经意的几句话竟然解决了这么多的事情。"

"今年，各分公司都积极运用共享员工体系，我们今年的专项奖估计要发不少钱哦！"肖董事长故意面露难色地说道，心里却是乐开了花，"小伙子，加油干！我看好你！"

供稿单位：国网绵阳供电公司

撰写人：王炫懿　韩飞　贾丹　刘晓琴　李小龙　张瑶

九、薪酬激励高招频频　人资管理收益多多

摘要

　　为深入贯彻"放管服"改革和三项制度改革的要求，国网德阳供电公司（简称德阳公司）开展了全面薪酬体系建设工作，在工资总额分配、企业负责人薪酬、员工绩效管理等方面采取了创新的措施"减人减半资""特殊贡献奖""A级员工绩效奖励"，这些薪酬管理的特色举措不仅在员工薪酬中发挥了激励作用，还对用工管理中人员交流使用、干部管理中履职能动性发挥、绩效管理中绩效文化建设等方面产生了神奇助力，让整个人力资源管理受益良多。

序

　　8月的骄阳炙烤着大地，所有的事物仿佛将要融化般，一股股的热浪向德阳这座城市袭来，渗透了德阳公司的工作现场，似乎在为员工高涨的工作热情呐喊鼓劲，这样的工作氛围在德阳公司已呈现了一段时间，并在不断高涨。

　　原来这一切皆得益于省公司在三项制度改革工作中提出的重要举措——全面薪酬体系的建设。德阳公司按照省公司的要求，制定了全面薪酬工作策划方案，在工资总额、分配制度、福利保障、职业发展、员工关爱等五个方面全面拓展薪酬管理内涵和外延，综合运用多元激励工具和激励方式，吸引关键人才、留住核心骨干，不断增强企业竞争优势。这些薪酬管理的措施不仅能打破大锅饭的困局，在员工薪酬方面发挥激励作用，还对人力资源管理前端各个环节比如用工管理、干部管理、绩效管理，产生了"有益的推动力"，有效改善和提升了德阳公司的人力资源活力与竞争力。

"减人减半资"增加了上挂下派锻炼的吸引力

　　"同事们，德阳公司优秀青年员工全链条锻炼计划已经开始启动了，今年公司计划选派2名青年员工参加，欢迎大家报名。"什邡分公司发出这个工作通知后，青年员工们就炸锅了，大家纷纷议论着"公司今年有举措哦！鼓励我们报名参加全链条锻炼，这在往年

都不敢想啊""还有2个名额呢！力度很大呀"。小谢听着大家的议论，内心的小火苗开始燃烧，他到什邡分公司5年了，一直在营销岗位上工作，他很想换个岗位锻炼，但是他也知道公司员工年龄偏大，青年员工是工作骨干，公司在让青年员工出去挂职锻炼的事情上一直很慎重。可他不想放弃这样的机会，"领导，我听说这次的青年员工全链条锻炼计划要把青年员工放到更加重要岗位进行锻炼，所以我想申请上挂到德阳公司本部学习，提高自己的管理水平，还望公司批准！"经理的回答让他很惊喜，"小伙子很有眼光啊，机会确实难得！你是公司的骨干，需要这样的机会锻炼，来填一下报名表吧。"

经理在小谢离开后，对综合部主任说："虽然这些青年员工是工作骨干，但是我们这次依然计划派出2名青年员工参加上挂锻炼，一来他们确实需要交流学习的机会，二来我们公司的员工配置率高于德阳公司的平均配置率，在工资总额的人员增减工资政策里，我们在减人减半资的区间，我们要力争在德阳公司允许的员工流动范围内，把我们的配置率降到平均水平以下，争取跳到减人不减资的区间，这样我们的人均工资才能保持足够的增长。"

什邡分公司确实学懂了德阳公司全面薪酬体系建设的第一个重磅文件《工资总额管理实施细则》，这个细则里具有代表性的措施之一就是"减人减半资"的创新政策，在工资总额增长缓慢的形势下，减人工资是工资增量的主要构成部分，成为基层单位薪酬管理优先关注的重点。德阳公司把整个市公司的平均配置率作为"减人不减资"和"减人减半资"的分界点，高于平均配置率，执行减人减半资的政策，低于平均配置率，执行减人不减资的政策，员工配置率成为基层单位能否最大程度保留减人工资最关键的因素。所以为了提高基层单位对员工配置率的关注，德阳公司还将岗位锻炼、岗位竞聘等因素加入员工配置

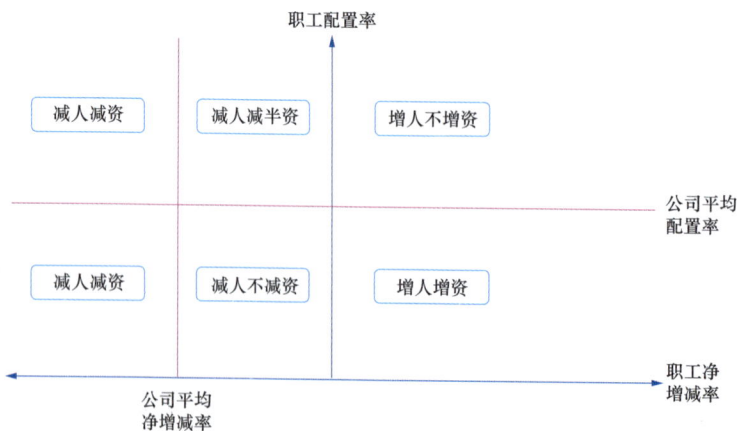

▲ 平均配置率应用示意图

率的计算中，这些举措让基层单位开始对自己的用工策略进行年度规划，不断追赶市公司的平均配置率，努力向"减人不减资"的区域奋进。

2020 年 5 月《工资总额管理实施细则》正式执行，2020 年 8 月优秀青年员工全链条锻炼计划启动，不少基层单位一改初衷，积极地派出人员参与，最终有 20 名青年员工参与上挂下派平行交流锻炼，是德阳公司有史以来规模最大的一次，这就是全面薪酬举措"减人减半资"对员工管理的神奇反作用力。

"特殊贡献奖"开启了企业负责人履职心

绵竹分公司书记对 2019 年度的年薪结果非常满意，他心里美滋滋地说："功夫不负有心人啊！去年我分管了人资工作，和班子成员一起研究指标，制定提高绵竹分公司重点指标的专项考核方案，带领我们的员工努力工作，我们的指标进步了，员工的收入涨幅创造了近几年的新高，班子的年薪也成为分公司里面最高的。看来认真履职、不断创新真的有回报！今年还要再抓紧，再干点新意出来。"

德阳公司 2019 年 3 月制定了《年薪制管理实施方案》，开始将分公司企业负责人由岗位绩效工资制度改为年薪制，并将年薪的各部分与相应的关键因素挂钩，基本年薪和单位规模挂钩，绩效年薪和单位业绩挂钩，特殊贡献奖和重点工作评价挂钩，三挂钩的主要目的是希望企业负责人重视经营业绩，关注发展前景，积极参与重点工作，认真履职，推陈出新。

绵竹分公司的领导班子认真学习了年薪制方案后，看出了门道：绵竹分公司规模小，经营难度系数提高难度大，所以基本年薪大幅提高的希望小，整个业绩考核体系指标很多，全面抓提升周期很长，在重点指标和重点工作上下功夫成效会比较快，最终领导班子做出抉择，分阶段提升不同的指标，计划 3~5 年提高整个业绩成绩。

2019 年二季度绵竹分公司的领导班子选择了绵竹分公司的弱项指标，精心设计了专项考核体系，形成了《供电服务投诉管理绩效奖励考核实施方案》《压降配网线路跳闸奖惩方案》等六个专项考核实施方案，全面覆盖了服务投诉、配网线路跳闸等重点工作。自专项考核体系实施以来，绵竹分公司各项指标颇见成效，绵竹分公司全口径和专变采集成功率达到 99.91% 和 99.98%，台区线损合格率达到 96.28%，投诉管控同比下降 44.12%；居民客户侧故障引起跳闸和投诉同比下降 54.2% 和 25%。绵竹分公司 2019 年度专项奖励（同比增加 52.9%）。

领导者在企业的组织和协调中起着主导作用，领导者的经营理念，决定了这个企业的生命，通过薪酬激励的方式来激发领导人员"冲劲"，从而带动员工的"干劲"，让领导和员工的能动性发挥到了最大，这就是全面薪酬举措"特殊贡献奖"对干部管理的神奇反作用力。

"A级员工奖励"带动了绩效文化建设

随着三项制度改革工作的不断深化，德阳公司总经理在2020年的职工代表大会上宣布："A级员工绩效工资三年拉开差距计划是公司全面薪酬体系建设的一项重要举措，公司希望通过建立长期的绩效激励制度，体现多劳者多得，奖优罚劣，我们要用实际行动告诉大家工资是挣出来的。"2020年年初德阳公司针对平时绩效考核分数差距小，无法拉开员工收入差距的问题，启动了A级员工绩效工资三年拉开差距的计划，统筹安排三年的时间，使用一次性奖励的方式，让A级员工的绩效工资和人均绩效工资比较达到10%、12.5%、15%的差距。通过硬性奖励要求和由各单位工资总额自行解决的方式，把压力传递给各基层单位，鼓励绩效经理人在平时的业绩考核中拉开分数差距，减少一次性奖励带来的稳定风险。

2020年补差：2019年度绩效等级为A级的员工绩效工资达到同层级员工平均绩效工资的1.1倍。

2021年补差：2020年度绩效等级为A级的员工绩效工资达到同层级员工平均绩效工资的1.125倍。

2022年及以后补差：2021年度绩效等级为A级的员工绩效工资达到同层级员工平均绩效工资的1.15倍。

2022年及以后实现：绩效C级员工绩效工资与相同岗位层级员工平均绩效工资倍比不高于0.9。

▲ 员工绩效工资倍比变化

此次奖励方案在执行过程中，调度中心主任很费神，由于中心的绩效管理方案不完善，A级员工的评定变得很棘手。调度中心主任经过深思熟虑之后，在中心的周例会上宣布：调度中心必须制定新的绩效管理方案，而且这个绩效方案必须全员认可，按月认真执行。

于是调度中心组织各团队进行了多次讨论，要求员工踊跃提意见，经过多次的量、质、期配比测算，全体员工举手表决等过程，重构了调控中心的员工管理考核激励方案。从中心、科室、班组层层确定职责、分解指标、搭建积分框架、确定考核方式，制定加减分细则，并将其绩效考核结果和年度绩效、专项考核奖励挂钩，全新的员工管理考核激励方案大大提高了调度中心员工的积极性。

"2020年是我们中心不平凡的一年，第一季度我们兑现A级员工奖励矛盾重重，第二季度我们齐心协力建立绩效管理办法，现在第三季度了，各科室、班组的人员在大家自己建立的员工管理考核激励方案的指导下，工作动力和活力十足。不但年轻的员工工作积极性大，年龄大的员工也更愿意发挥自己传帮带的作用，以此来提升绩效成绩。我很享受现在的工作气氛！"调度中心主任开心地说。

调度中心在A级员工绩效奖励的压力倒逼下，通过员工共建的方式，形成了公平公正、多劳多得的绩效管理文化，这就是全面薪酬举措"A级员工绩效奖励"对绩效管理的神奇反作用力。

结语

从用工管理、干部管理到绩效管理，薪酬管理虽然作为人资管理的后端，但它的创新举措给前端管理带来的"反向助力"非常神奇、不容忽视。企业应当充分发挥薪酬这一激励杠杆的作用，调动员工工作积极性，驱动和改变员工行为来适应企业变革和发展的新阶段。

阳光依旧炙热，所有事物已经融化在这一股股的暖流中，德阳公司工作现场所有人还沉浸在忙碌的工作中，热情未减……

供稿单位：国网德阳供电公司

撰写人：易于　张华　贾少倩　金俊

十、互动式全面薪酬激励实践

摘
要　　　　在国有企业改革、电力体制改革及三项制度改革的大背景下，国网四川省电力公司党校（管理培训中心）（简称党校）在推进全面薪酬体系建设过程中，改变过去自上而下的薪酬激励方式，理清企业、部门、员工的薪酬激励关系，落地公司互动式目标约定的差异化业绩考核奖惩机制中的核心理念，建立企业与部门、部门与员工、企业与员工的双向互动式全面薪酬激励体系。寻找到目标下达和自主承诺的平衡，实现了考核责任和内生动力的平衡。

国网四川省电力公司党校（管理培训中心）肩负党建、培训双职能，如何盘活现有人力资源，激发每个组织、每支团队活力，让每位员工更用心干事，一直是党校激励机制建设的核心和关键。随着三项制度改革工作的不断推进，党校在"六能"落地中探索实践，以优化绩效管理、薪酬激励体系为重要抓手，通过在单位、部门、员工三方中建立双向互动的绩效管理模式，形成导向清晰、分配合理、激励有效的薪酬体系，充分激发组织、员工干事创业活力，确保党校薪酬激励指向更明晰、考核更精准、激励更直接。

单位与部门互动——交还主动权设定合理目标

"哎，我们专业评价去年在省公司排名第3，今年怎么就让我们去争第2呢？不行不行，根本完不成啊！"

"年年设定高目标，年年目标完不成，设定目标排名是不是也要考虑实际呀？"

每年年初，党校企业负责人业绩考核目标下达会上都会出现这样的声音。党校业绩考核目标一直采用自上而下的下达方式，指标责任部门作为执行主体在目标确定过程中参与度不够，部分责任部门与组织单方面下达的目标值无法达成共识，内生动力难以激发。

为解决这一问题，党校沿袭公司差异化业绩考核奖惩机制的核心理念，在目标制定过程中实行党校与部门的"双向交互"。一方面党校优化指标评价规则，从"与标杆比""与目标比""与历史比"3 个维度设置目标承诺分、目标完成分和同比波动分 3 项得分综合考察部门贡献。

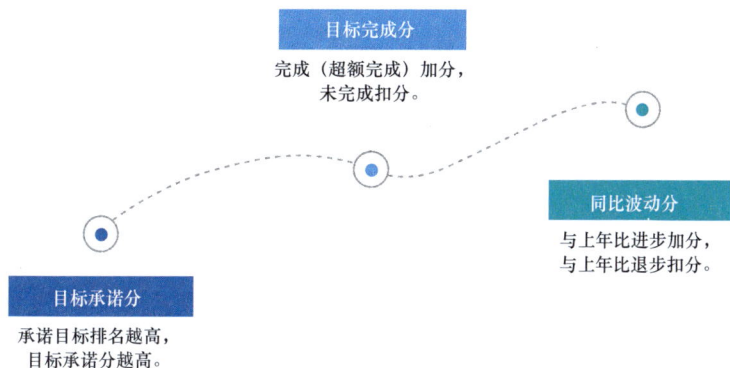

▲ 三维指标评价体系

　　部门完成目标时可获得目标承诺和目标完成双重奖励,部门未完成目标时,综合目标承诺排名和同比进退情况确定考核力度。同时,目标承诺分、目标完成分及同比波动分分值联动,部门目标排名越高得分越高,目标承诺排名在 A 段以后得分大幅下降,有效鼓励部门"跳起摸高"。为避免部门"过度求稳",党校目标承诺分分值差高于目标完成分分值差,也就是说,完成同一排名目标的部门,高目标承诺部门得分始终高于低目标承诺部门。另一方面部门掌握指标目标设定的主动权,并根据自身的资源配置和专业潜力自主申报,增强目标制定科学性,提升目标达成准确率。部门通过自我加压实现部门薪酬收入差异化,由"被动考核"变"主动承诺"。

● 三维指标评价规则

完成情况		目标排名 A 段	目标排名 A 段以后
完成目标		目标承诺分(0.2~1 分) 目标完成分(每超额完成 1 位 +0.1 分)	目标承诺分(0~0.08 分) 目标完成分(每超额完成 1 位 +0.01 分)
未完成 目标	同比 进步	目标承诺得分(0.2~1 分) 目标完成得分(每相差 1 位 -0.1 分) 同比波动得分(每进步 1 位 +0.1 分)	目标承诺得分(0~0.08 分) 目标完成得分(每相差 1 位 -0.02 分) 同比波动得分(每进步 1 位 +0.01 分)
	同比 退步	目标承诺得分(0.2~1 分) 目标完成得分(每相差 1 位 -0.1 分) 同比波动分(每退步 1 位 -0.1 分)	目标承诺分清零 目标完成得分(每相差 1 位 -0.02 分) 同比波动分(每退步 1 位 -0.01 分)

在党校与部门双向互动的模式下，党校通过评价标准差异化解决部门参与度不高、评价规则激励不足等问题，部门由过去"保守估计"到现在"主动领跑"，今年有 46.7% 的部门年度目标值设定较往年有所提升。

部门与员工互动——用好分配权拉开收入差距

"我们部门人少事多，工作内容各异，大家工作又都很给力，手心手背都是肉，让我怎么拉开分数和收入差距？"

"现在不是凭业绩定绩效收入吗？我工作出色，领导也认可，为什么到头来绩效工资就是不如老员工呢？"

过去，党校各部门考核员工方式单一，部分员工对考核结果认同度不高。部门绩效工资分配权仅 20%，绩效经理人无法较大拉开内部收入差距。员工实际贡献得不到充分体现，积极性极大受挫。

为提高部门考核结果准确性和二次分配科学性，党校强化分级负责，100% 下放绩效考核权和绩效工资分配权，鼓励部门在绩效经理人的带领下根据业务特点、发展阶段，通过共同参与、民主协商，建立差异化的绩效考核及分配制度。其中，人力资源部通过在绩效工资分配中引入排名系数，以最后一名为基准，每上升一名绩效工资上浮 5%，进一步拉开部门内部收入差距，鼓励员工多干多得、干好多得。党建教研部通过"3 张表"明确工作积分规则，评价标准制定、绩效考核全程公开，增强员工参与度和认同感。后勤保障中心在绩效工资中设立专项奖金，推进部门年度重点工作，将团队目标与员工绩效联动，对多干事、干实事的员工实行靶向激励。针对员工普遍反映的绩效工资与岗位挂钩的问题，党校规定绩效工资与岗位脱钩下限，由部门根据实际情况决定脱钩上限。目前 37.5% 的部门实现绩效工资与岗位 100% 脱钩，剩下 62.5% 的团队均在一定程度弱化员工岗位和绩效工资挂钩力度。

在部门与员工双向互动的模式下，员工考核结果更准确、薪金分配更合理，"业绩是干出来的，工资是挣出来的"理念落地有效。员工干事动力充足，薪酬激励功能发挥充分。

单位与员工互动——用活专项奖激励柔性团队

"唉，这次工作任务要多部门协作，接近年底各部门都忙，团队员工积极性不高，愁的我头发都白了。"

"虽然参加课程开发可以锻炼自己，但我每天工作已经很累了，实现不想占用休息时间，我还是不报名了。"

近年来，党校通过建立柔性团队解决在发展核心业务、推进重点工作过程中的动力性缺员问题。但团队部分员工积极性不高，工作质量和效果不尽如人意。

面对这些问题，党校充分发挥专项考核奖的补充激励作用，大幅提升奖励额度，总额较去年提升 87.5%。同时根据党校核心业务、重点任务、实际需要设置奖励细项，建立明确激励导向。这种以贡献定收入的直接激励方式，极大提高了广大干部员工尤其是青年员工的干事热情，为安全生产、培训研发等专项工作吸引了大批人才，有效解决党校核心业务结构性、动力性缺员问题。在专项考核奖的激励下，党校累计开发课程 22 门，参与课程开发人员 59 人，占员工队伍一半以上，先后有 18 名兼职内训师走上讲台，青年内训师占比高达 77.78%。

在党校与员工双向互动的模式下，党校通过用活专项考核奖实现靶向激励，有效盘活现有人力资源。员工参与安全工作、培训研发、年度重点工作热情明显高涨，专项工作推进效果明显。

互动式全面薪酬激励体系将企业目标与组织绩效联动，充分体现了绩效合约的契约思想，实现了目标下达与自主承诺的平衡。将企业目标与员工利益统一，充分调动了广大员工积极性，在一定程度上解决了结构性、动力性缺员问题。互动式全面薪酬激励体系为党校发展添活力、增动力！

供稿单位：国网四川省电力公司党校（管理培训中心）

撰写人：喻廷华 周俊 饶钰涵 李佳

十一、聚效能东风，破效益巨浪
——高扬职业经理人之帆

摘要　　国网四川电力送变电建设有限公司（简称送变电公司）通过打破原有人才选拔藩篱，广泛选拔人才竞聘项目职业经理人。项目职业经理人自主建立团队，负责工作安排和团队考核激励，激发团队活力和效率。送变电公司进行严格考核，按关键指标给予奖惩，做到岗位"能上能下"、薪酬"能增能减"。通过项目职业经理人制度，实现扭亏为盈，激发团队协作潜能，活化人才运行与选拔机制，为公司进一步深化市场化改革走出坚实一步。

送变电公司作为四川电网建设的主力军，六十多年来一直深耕电网基建，从建设 500 千伏超高压电网到世界最高等级的特高压线路，从藏区主电网运行维护到应急抢险，送变电公司一直业绩优秀，在省公司市场化单位中名列前茅。

然而近几年，形势却急转直下。随着电网基建竞争加剧、企业成本居高不下，四川送变电公司的处境已经十分艰难，作为最重要的基本单元——工程项目，亏损率竟然达到60%。企业内部大锅饭现象依然存在，员工积极性提不起来。2018 年，送变电公司营业收入甚至降到了五年来的最低点，员工们普遍感受到了公司的发展困境。

送变电公司意识到，要扭转局面，重新启航，就必须高高竖立"人才之帆"，建立一套职业经理人制度，通过这个"人才之帆"，聚拢干劲、激活创新，使得送变电公司这艘巨轮全力提速，破浪前行。

广泛遴选，严格竞聘，锁定"关键人"

"行船看帆，走车看道"。长期以来，决定送变电公司工程项目成败的关键人物就是项目经理。职业经理人试点的第一步，就从项目经理开始。

对此，四川送变电公司的着眼点是"广"字诀和"严"字诀。广，意味着"不拘一格"，不限制人选的级别、资历等，以开放的姿态、严谨的态度广纳人才；严，意味着坚持任人唯贤、公开公正的原则，严格把关职业经理人的选拔和任命。

在经过经验借鉴、广泛论证之后，送变电公司组织部门开始酝酿一套新的职业经理人薪酬管理办法。

"我看行，咱们公司里很多黑马这次要跃跃欲试了吧？""考核这么严格，说不定这职业经理人还没当几天就被下了，还是压力山大哦！""看这一条——'不受行政级别约束'，不如放手一搏？""这职业经理人适合咱国企吗，我先观望观望！"……在一片质疑声和期盼声中，职业经理人薪酬管理办法正式出台了。

"安全质量、利润核算、经营计划、团队建设、文化建设、党建每一样在竞聘中都有不同权重的打分，最终通过总分来比拼。不打招呼，不走人情，一切公开斗硬。"富有项目管理经验的刘锦回想起当时竞聘当天"过关"时仍然额头冒汗。

刘锦这个"老项目头头"沉淀了多年，感受最深的是"差异化薪酬"带来的变化，"以前当项目经理，项目亏损也好，盈利也罢，都跟咱没太直接的关系。现在做职业经理人，薪酬和项目效益直接挂钩，那我们肯定要想方设法降本增效啊！"

面临巨大压力仍想使出浑身解数突出重围的，还有第一次竞聘的 32 岁年轻人李浩。"我是年轻人，管理经验还不够丰富。但年轻人靠的就是敢拼敢闯的劲儿！"李浩因为管理条理清晰、经营成效计算合理、年轻有为的大胆改革创新意识，成为雅中川 1 段的年轻项目经理。这在以前岗位论资排辈的时代是不可想象的。

在刘锦这样的老项目经理看来，职业经理人这个新身份，更多的是全新的责任和担当，忠诚履职，拿出效益。他清晰地记得，签订协议时，执行董事嘱咐他要把多年来施工管理的经验用好，制度管人，流程管事。这也成了刘锦在职业经理岗位上管理的一个"法宝"。而对李浩这样的"小辈"来说，这次机会则是一个证明自己的舞台，创新破局的试验田。

制度织密，创新跃升，激发"高效能"

2020 年，送变电公司所有的新建工程项目都通过公开竞聘选出了一批职业经理人。白鹤滩接网工程、布拖换流站、雅中特高压电气 A 包项目……在严格遴选出的"关键人"带领下，工程项目开展有了全新局面。

严格考核成为项目管理的强大推动力，以"考核"促"推动"，以"推动"迎"考核"。送变电公司考核职业经理人，职业经理人考核团队。管理织密，层层压实，以确保项目的工程目标和盈利目标的完成。

　　项目职业经理人的考核分为过程考核和竣工考核，而考核的关键指标有七项，其中党风廉政指标不占比例，但具有一票否决权。

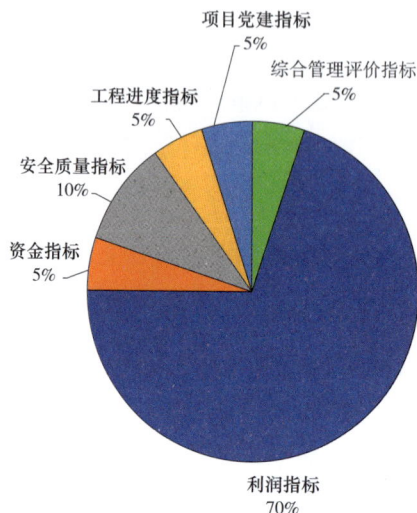

　　▲ 项目经理考核指标体系

　　最终的考核结果划分为优秀、合格、不合格三个等级。这三个等级与薪酬直接挂钩：一般人员担任项目经理参照中干副职薪酬待遇执行，考核结果为优秀的，薪酬最高可达到中干副职的 105%~110%；考核结果为合格的，薪酬为中干副职的 80%~85%；考核结果为不合格的，薪酬仅为中干副职的 60%。

　　其中，格外让人心动的是工程结算后的超额效益奖。刘锦颇带自豪地说，"上个工程我光是超额效益奖就几乎得了以前一年的收入，真是再辛苦也值得了！"但如果项目亏损，职业经理人的钱袋将不保，还会退还一部分薪酬。不仅仅是薪酬"能增能减"，悬在职业经理人头上的，还有一把"达摩克利斯之剑"——市场化退出，也就是说，在有限契约时间内，还有动态考核机制，一旦触发解聘条件，直接"下课"。

　　通过一系列的薪酬、考核、约束、容错、退出等相关制度的编制，制度设计、变革愿景、相关保障等关键信息的权责对等匹配，使得项目经理人这个"关键人"成为项目效益和安全保障的核心，以此核心作为效能辐射，团队积极性与创造性被最大化激发。

　　有了"第一推动力"，第一责任人就会自发产生"第二推动力"。职业经理人被赋权之后，整个团队的活动由此真正带动了起来。

　　项目团队绩效工资 100% 由项目经理实行考核、分配，让项目经理能管住人，能管住事。在绵阳南 500 千伏线路工程项目，刘锦和团队一起制定了项目绩效管理办法，每个月每个岗位的绩效考核，都有详细的标准。再也没法浑水摸鱼了，如果工作表现不好，当月绩效考核直接打 C，收入就会比同岗位的同事少好一大截。刘锦观察道，"用制度管人，用流程管事确实管用，办法实行几个月后，明显感觉大家积极性强了，都想挣得更多，谁也不愿意拉后腿。"

而在大凉山深处，年轻的职业经理人李浩已经驻扎了大半年。他也身处职业经理人机制"效能辐射"的管理激励中。

他遴选了一线工作人员、队长、项目部主要管理人员等 15 人进入团队，而这些人的平均年龄只有 37 岁。以他为核心的科技创新工作也由此展开。他和团队成员创造性地开发了电子沙盘监控系统，将所有塔位点导入 App，通过定位功能，配合视频监控，随时掌握到岗到位情况。除此以外，他还通过无人机采集跨越点精确数据，通过三维建模确保跨越施工精确无误。环水保方面，尽最大可能维持建设、民生、生态环境三者之间的精细平衡，环水保整改率达 90%，实现真正的绿色施工。

他坦言，"这是在工作中的一种自发性创造，既然公司信任我让我带领这个团队，我就要发挥好自己的年轻人优势嘛！"无疑，通过制度安排，挑战性压力对职业自我效能的积极作用增强了，这是职业经理人制度对个人创造的一种最大激发。

领跑效益，培育人才，建好"新洼地"

"长风破浪会有时，直挂云帆济沧海"。通过层层压力传导的考核办法织密，职业经理人的内生动力被激活和放大，团队的潜力和创造力被充分挖掘出来。无论是工程安全保障，工期进度的顺利完成，项目利润的提升，都是看得见的成效。

2020 年，送变电公司承建的特高压青豫线圆满完成"6.30"目标，阿里联网工程顺利竣工，完成 6 省 12 座特高压变电站（换流站）检修，雅中川 1 标段四川段也在年底实现全线贯通……在一个个得力的项目经理人带领下，工程项目也由一个个的成本单元转变成为利润单元，由 60% 的亏损变为了 90% 的盈利。2019 年送变电公司营业收入同比增长 45.11%，创历年新高；利润总额同比增长 23.7%，创"十三五"新高。

活力释放后，项目经理和团队成员的薪酬待遇也"活"了起来。据统计，2020 年，送变电公司 27 名项目职业经理人薪酬均超过中干副职待遇，其中 4 名超过中干正职待遇，平均收入较 2019 年增长了 45%，其中薪酬最高的增长了 110%，年收入几乎赶上副总经理。

当然，这只是"万里长征"第一步。一项新的举措必然是一个长期探索、不断完善的过程。送变电公司的职业经理人制度还存在市场成熟度不够高、相关配套政策待进一步完善等问题，但方向是明确的。下一步，还将在事业部、核心商务团队及分公司经营副职中推行一级职业经理人，继续深化改革，蹚进"深水区"，探索建立灵活高效的市场化经营机制和专业化的职业经理人管理团队。

职业经理人制度是"催化剂"，也是"培育田"。送变电公司将继续将职业经理人个人价值实现与企业持续发展相统一，使经营管理人才可以冒出来、用得好、留得住，全面建立经营管理人才的"新洼地"。一方面，给予及时有效的职业引导和跃迁，减少管理人员对变革不确定性的担忧，充分调动其参与积极性与创造性，形成更好发展氛围；另一方面，对标市场在企业内部形成科学公正的职业经理人薪酬体系和评价机制，使得职业经理人制度可持续良性发展，继续谱写新的"川送故事"。

供稿单位：国网四川电力送变电建设有限公司

撰写人：胡畅　裴蕾　雷红英

十二、通用工作轮换制　奖惩结合见真章

摘要

班组绩效管理的主要矛盾体现为现场检修工作与班务管理工作之间的矛盾，核心工作与通用工作积分难以平衡。国网四川检修公司变检中心检修一班通过创新考核模式——多维度积分量化，科学量化核心工作与通用工作，建立工作轮换制度，同时让员工通过民主审议参与绩效评价，提高员工积极性，基本做到了多劳多得，实现了收入能增能减，既保证了绩效管理公平、公正、公开，又增强了班组员工凝聚力。

检修班组作为电网设备检修的主体力量，存在外出工作频繁、现场工作安全压力大、内勤人员少且班务集中工作量大等特点，绩效管理问题体现为三个方面：一是现场检修工作积分难量化；二是检修任务集中，人员出差多，难以调和核心工作积分与通用工作积分的平衡；三是奖惩机制难落地，积分扣减主观性强。针对以上问题，检修一班推陈出新，首先从外出工作天数、工作职责系数等维度建立与岗位脱钩的核心积分制度；其次设立"五大员"将通用工作进行职责划分，又设立 A、B 角及轮换制度，给员工提供全方位学习平台；最后建立合理化奖惩制度，采取"参照上级奖惩 + 班组长评分 + 民主审议"的形式，营造良好的班组环境。

岗位脱钩积分制　多劳多得创公平

变检中心检修班组绩效考核采用"工作积分制"考核方式，由"核心工作积分 + 通用工作积分"两个重要部分组成，以月为单位结算工作积分，作为班组员工薪酬分配、年度绩效考核的依据。其中核心工作积分采用"标准定额制"，按大修、技改、应急抢修等大型任务类型进行定额分配，团队完成同类型的单项检修工作，按人头均摊该项工作应得的定额积分。

"这个月龙王站大修，我怎么和今年才来的初级工小王得一样的分呢，这个算法不科学！"有着快 30 年工龄的班组老员工三哥说到。在采用"标准定额制"以后，检修班长频频

收到这样的反馈，为解决这个难题，检修一班班长采取了增加岗位系数的办法，按照岗位高低采取不同的系数，在标准定额的基础上体现岗位的区别。然而，加了岗位系数，岗位高的老同志积分太高了；无论岗位低的同志参与多少核心工作，积分都很难超过岗位高的；岗位低的员工除了薪酬水平较低外，始终偏低的积分还影响到年终绩效考核等级排序。

班长陷入了两难的处境：一方面，高岗位的同志绩效任务分工更重，承担的安全责任也更大，用定额积分计算体现不出相应水平的薪酬；另一方面，如果将积分与岗位挂钩，岗位高的同志积分高，在年终绩效核算时难免会存在不公平的情况。考虑再三，班长勇敢尝试"跳出积分看积分"，采用岗位与积分完全脱钩，采取出差天数 × 工作职责系数的方式，工作职责系数侧重考虑工作负责人、安全监护人等重点工作分工等因素。

▲ 核心工作积分制示意图

新办法出台后立竿见影。"我得尽快考工作负责人，虽然辛苦点，但系数高！""咱们新入职员工，虽然系数不高，但按照天数来核算，要是每个现场我都多去跑跑，说不定收入也能蹭蹭往上涨！"班长看到这样的结果很欣慰，核心工作积分的问题解决了，但新的问题又暴露出来。

通用工作难量化　能者多劳怨言多

变检中心一线员工"工作积分制"考核的另一重要部分"通用工作积分"则主要体现在班务工作，由班组"五大员"承担，分别是安全员、培训员、政治宣传员、材料保管员及考勤核算员。中心检修班组由于外出工作很频繁，常常出现集体出差、班组内勤人员少的情况，特别在集中检修期，完成班组内务工作的压力，几乎全都落在了内勤人员的身上。"班务工作琐碎繁重，不比现场工作轻松，却拿不到工作加分，月底比参与现场工作多的同志低了好多分！"常常被"留守"在家从事班务工作的女同志小尹向班长提出了意见。小尹在班组承担考勤核算员的职责，集中检修期间，班组成员大多在检修现场参与工作，所有班务工作落到了她的肩上，常常让她苦不堪言。

班长组织多次讨论，最终敲定了用岗位职责来量化通用工作积分的办法。"五大员"岗位设立 A、B 角，A 角牵头主管负责，B 角协助完成事务。每个"员"A、B 角各自分配相应的"职责得分"。当月月度例会上，"五大员"轮流汇报工作情况，圆满完成自己分内工作的，则拿到相应的基础得分，没有完成自己分内工作的，则按照一定比例扣分或转移得分。"最近现场太多，我安全员的报表可能需要帮下忙，小尹你帮个忙吧，放心，这个忙不白帮，月底我的分就转给你了！""小阳，你在内勤，这个月的培训资料麻烦你做一下行吗？按规矩，这个内容是 10 分，就你拿了！"

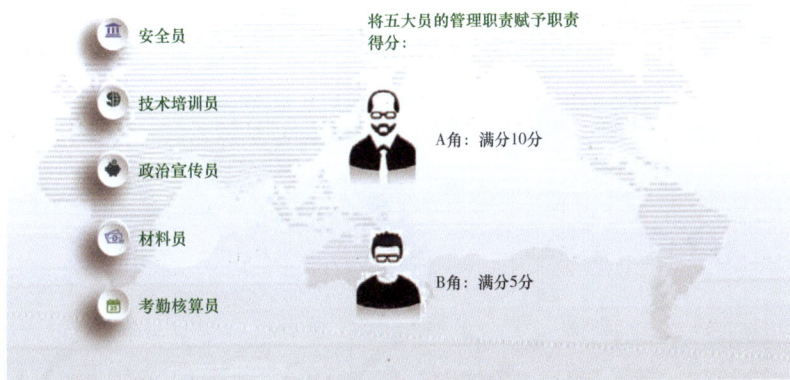

▲"五大员"A、B 角积分标准

▲ 得分转移制度

有了这样自主结合的制度，班组员工在和谐的环境中互帮互助，集中检修期，现场人员减轻自己班务工作负担的同时，内勤人员也能得到相应的加分，大大增进了班组凝聚力，营造出和谐共进的班组氛围。

轮换担任"五大员" 调动人才积极性

"五大员"职责融入通用工作积分试行后，各个"员"职责采用相同的基础得分，又引起了大家的异议，"宣传员的工作跟安全员差距太大，无论是工作量还是责任压力上，安全员承担得更多一些。"

为了解决这一问题，检修班组采取了治本溯源的方法，建立了"五大员"轮换制度，以季度为周期，对"五大员"A、B角进行轮换，本周期内的B角在下一周期担任A角，而A角则轮换至其他"员"的岗位担任B角。经过两到三轮的轮换，在两到三年时间里，一个刚入职的新员工，就能基本胜任班务管理的各个岗位。

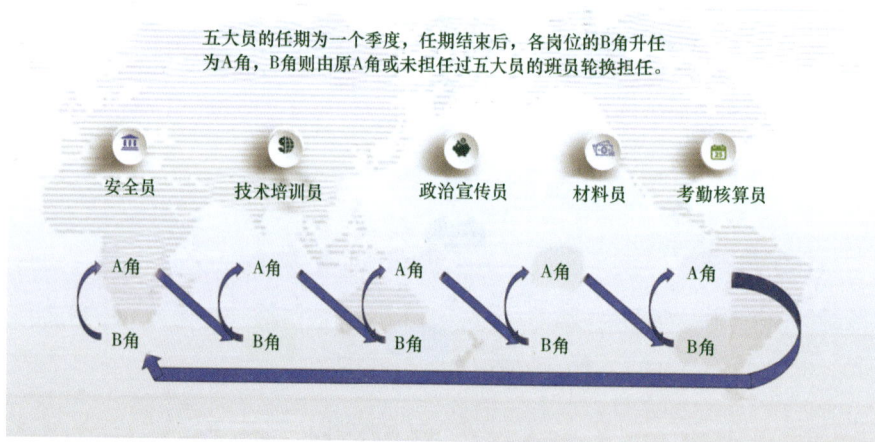

五大员的任期为一个季度，任期结束后，各岗位的B角升任为A角，B角则由原A角或未担任过五大员的班员轮换担任。

安全员　　技术培训员　　政治宣传员　　材料员　　考勤核算员

A角　　A角　　A角　　A角　　A角

B角　　B角　　B角　　B角　　B角

▲"五大员"轮换制度

奖惩制度规范化 民主审议促和谐

在完善的绩效管理制度下，如何通过奖惩制度激发员工能力，才是绩效管理和团队建设能否有机结合的关键。班组在"营造和谐宽松环境、发挥团队最优"的大前提下，探索"参照上级奖惩标准＋班组长评价＋民主审议"的形式，在周例会上对每条奖惩记录进行评议，做到"公平、公正、公开"，真正实现民主管理融入绩效管理中，绩效管理落实到团队建设中。

在本次绩效改革实施后，班组成员有了一定的自由度来获取自己的积分，班组长也有了更规范的管理手段来调配人员的积极性。民主审议制的奖惩制度让每个班组成员都扮演着被考核者和考核监督者的角色，提升了所有成员的团队意识，在做好自己分内工作的同时，更多地关注团队的利益和发展。班组也探索出一条以绩效推动人才建设，以绩效促进人员进步的管理思路。

供稿单位：国网四川检修公司

撰写人：李维康　蒲舟　李思思　罗捷　任杰　张付粤

十三、绩效工资核定"双脱钩"低岗级挣出高绩效

摘要

为进一步优化完善公司薪酬绩效体系，引导员工树立"业绩是干出来的、工资是挣出来的"理念，国网宜宾供电公司（简称宜宾公司）优化绩效工资核定机制，坚持绩效工资总量管控，取消绩效工资核定与薪级、岗级双挂钩模式，以绩效分配基数、员工层级系数、职工人数、绩效评价得分等因素决定团队绩效工资，同时授权赋能绩效经理人二次分配权，指导各级团队建立与业绩贡献和考核结果紧密挂钩的绩效分配制度，充分发挥团队绩效管理灵活高效特点和协同聚合效能，打破"高岗级坐享高绩效"的固有现象，真正体现"干得多挣得多""干好干坏不一样"。

"围魏救赵"破困局

"从目前三项制度改革推进情况来看，我觉得'硬骨头'在于管理人员'能上不能下'。高岗级代表着高工资，调低岗级就意味着降工资，员工一旦上了高岗要他再退下来真不是件容易的事。"宜宾公司党委组织部（人力资源部）副主任在部门内部会议上说道。"今年组织机构优化调整，大部分单位只是进行了内部的组、竞聘，有几个从高岗调整到低岗的员工都找我表达过不满。明年咱们公司本部进行全员竞聘，要'能者上、平者让、庸者下'，势必会有业绩不达标的员工从高岗上被淘汰，到时矛盾必然会更加突出。"

"那就从改革现有的团队绩效工资核定模式为突破口，取消绩效工资核定与薪级、岗级双挂钩机制，打破'高岗级坐享高绩效'的固有思维，使高、低岗在同一起跑线，再根据业绩贡献和价值创造拉差距，引导员工干业绩、挣绩效。"党委组织部（人力资源部）主任定调。

薪酬管理专责思忖，在团队绩效工资总额分配上，以前绩效工资的计算非常复杂，需要考虑到每一个基层员工的岗级、薪点，再加上管理技术岗位 3 个层级、技能岗位 6 个层级系数，除了人资专业人员其他员工都不清楚绩效工资是如何计算的，并且基层各单位二

次考核分配空间被大大压缩。现在的突破点集中在简化绩效工资的分配因素，同一类别单位的员工采用同一绩效工资基数，再按照职工人数和团队绩效考核得分来核定各级团队绩效工资总额，就能实现绩效工资核定与薪级、岗级 100% 脱钩。

绩效专责想，划平各级团队员工绩效工资起跑线后，再由各级团队制定内部绩效考核办法，充分放权绩效经理人，根据业绩贡献和价值创造科学进行绩效评价，从而拉开员工收入差距，届时业绩不达标的高岗员工收入水平就会低于业绩优秀的低岗员工，"能上能下"的阻力就自然而然消失。

这一招"围魏救赵"，破除岗位调整、收入差距双困局，绩效激励这根指挥棒挥得实在妙。

八仙过海显神通

什么样的绩效考核机制才能科学评价员工业绩表现？量和质是评价工作业绩的两个根本维度。宜宾公司将各级团队的员工绩效考核内容分为三个模块，分别为岗位职责、业绩贡献和增量浮动，围绕"提升关键业绩、突出工作重心、夯实日常管理"这一核心目标，让员工绩效目标更明确。

岗位职责考核日常工作，主要是扣分制。按照"定岗、定责、定人"原则，结合岗位职责、履责要求、工作流程、业务记录，建立岗位职责清单，形成模块化、标准化、可应用的"表单化"职责考核体系，按要求完成则获得基准分。岗位所涉及指标部分除省公司企业负责人业绩指标外，增设了宜宾公司内部关键业绩指标 20 个，针对性制定了考核规则。

业绩贡献为积分制，对应重点工作任务，重点工作任务等级分为省公司级、市公司级和团队级，根据完成质量可以获得积分。市公司级重点工作年初确定 3 项，年末由市公司领导再从督办工作中选择性确定市公司级 2~3 项重点工作。团队级重点工作任务则由绩效经理人确定，以引导员工围绕核心工作开展业绩贡献和价值创造。

增量浮动为积分制，采用的是"抢单制"，主要针对创新类项目、综合性课题和兼职等额外工作任务。可通过柔性团队或个人的方式进行抢单，承揽相应任务，从而获得额外加分。在体现"多劳多得"的同时，又通过柔性团队激励打破专业壁垒，助力了复合型人才培养。

各级团队可以根据单位性质、工作侧重点差异化制定三大模块的具体考核内容，但绩效分配方案必须经过团队内充分酝酿讨论，通过内部决策程序后执行，确保绩效分配改革阳光下运行。

低岗级挣出高绩效

宜宾公司绩效改革后的第一个月，运维检修部小王的绩效工资居然反超了同部门高岗级的赵姐，这是以前没想到的事。

根据绩效工资改革后的新规则，以小王所在的运维检修部为例，其团队绩效工资总额就是通过本部职能部门绩效工资基数 × 人数 × 部门团队绩效考核得分来进行核算的，实现了绩效工资核定与岗级、薪级双脱钩。同时，由于宜宾公司对绩效经理放权赋能，完全下放绩效考核权力，运维检修部组织多次商讨，积极征求部门员工意见，制定了部门内部绩效考核办法，采用"岗位职责、业绩贡献和增量浮动"相结合的绩效考核模式，根据运维检修部的工作特点，各模块考核内容如下。

岗位职责	业绩贡献	增量浮动
1.考勤情况。 2.周工作计划完成情况。 3.指标完成情况。 4.服务基层质量。 5.领导交办工作完成情况。	1.承担省公司重点工作。 2.承担公司督办工作。 3.公司级别方案制定。 4.专业工作完成出色。 5.竞赛调考获奖。 6.参与部门大型协作工作。	1.兼职。 2.培训。 3.参与各类课题研究、管理创新。 4.材料撰写。 5.外出检查。 6.领导安排岗位职责范围以外其他工作。
与岗位职责清单相关的基本工作内容和基本指标。	承担的任务被列为省公司、公司、团队重点工作。	岗位职责以外承担的工作（本职工作按时完成）。

▲ 绩效考核内容

日常工作考核得分计算整体业绩贡献占比，获得实际月度绩效工资。由于同一类型单位的员工绩效工资基数相同，那么只要工作干得多、质量高，完全有可能实现低岗级绩效工资反超高岗级，岗位岗级不再那么重要，形成了良好导向，激励员工进行价值创造。

$$员工绩效工资 = \frac{各员工绩效工资标准 \times 各员工日常工作考核得分/100}{\Sigma 各员工绩效工资标准 \times 各员工日常工作考核/100} \times$$

部门月度绩效工资总额

　　而各员工的年度绩效考核又是由 80% 的年度工作任务积分和 20% 的综合评价组成，年度工作任务积分 = 月度绩效考核得分 /12+ 年度绩效加分（市公司重点工作任务申报），综合评价则是由部门主任、副主任、专责互评构成。以过程考核得分为核心的绩效考核方式，也有效避免了员工年度绩效等级评定"轮流坐庄"的情况，让绩效考核更加科学透明。

　　在新一轮三项制度改革中，宜宾公司以绩效工资与岗级、薪级双脱钩的应用，破除了"高岗级坐享高绩效""岗位终身制"等改革困局。部分低岗级员工因业绩出众，绩效工资增长 60%，达团队最高。同层级员工高低倍比差适度合理拉开。高效灵活的薪酬机制，进一步强化了团队成本效益意识，多元化的绩效考核模式，进一步激发了员工干事创业热情。下一步，宜宾公司将探索"增人不增资、减人不减资"在绩效工资核定中的应用，以薪酬绩效改革挖掘企业人力资源潜力，切实推动改革"六能"落地实践。

供稿单位：国网宜宾供电公司

撰写人：温静　廖芸婧　邹绚　蔡霞

十四、业绩评级破陈规　工作负责人激励见实效

摘要

　　近年来，随着生产一线的安全风险管控越来越严格，工作负责人承受的安全压力越来越大，或多或少的出现了"干得多、错得多、罚得多"的现象，基层一线技术骨干争当工作负责人的积极性不高。国网达州供电公司（简称达州公司）结合三项制度改革，创新制定了工作负责人业绩评级实施方案，探索业绩考核与结果运用的全面联动，构建以 5 项综合指标、10 项评定标准、四级动态管理为核心的工作负责人业绩评级体系，坚持"月度评分、年度评级、多方联动"，实现"做多做好不一样"，将工作负责人业绩评级结果广泛应用到员工薪酬福利、人才培养及职务晋升，激发员工队伍活力，助推公司健康发展。

　　"罗主任，今年报考工作负责人的员工较去年又少了 50 人。"安全监察部专责小陈冲到主任办公室，焦急地说："这样下去，安全怎么办啊？"达州公司工作负责人的报考人数已连续三年递减。工作负责人长期活跃在各个施工现场，不仅是各项安全、技术、组织措施的"明白人"，更是确保各项工作安全顺利进行的"主心骨"，对此，达州公司党委组织部（人力资源部）与安全监察部迅速组队下访基层。在反复与员工、班组长沟通之后，调研小组发现作为现场"总开关"，工作负责人普遍存在工作任务多、经常被考核、奖惩不对等现象，导致现有工作负责人态度消极，不愿意参加"三种人"考试，严重阻碍了正常的安全生产工作。针对这一情况，达州公司积极思考对策，结合三项制度改革努力探索，坚持业绩优先、奖罚分明的原则，形成待遇"能增能减"的工作负责人业绩评级考核激励机制，终寻得"治病良方"。

业绩评级出奇招　评分等级见真章

　　"我的工资这个月怎么比上个月多了近 800 元"，2021 年 1 月，电气试验班小李疑惑地向薪酬专责询问本月的工资情况。原来小李在 2020 年的工作负责人业绩评级中获得二

级，按月兑现了专项奖励。这得益于《工作负责人业绩评级考核实施方案》的推行，该方案科学设置了评价标准，构建了以 5 项综合指标、10 项评定标准、四级动态管理为核心的工作负责人业绩评级体系，采用"月度评分、年度评级"的方式精准评价工作负责人业绩，实现"做多做好不一样"。

落实 5 项综合指标，分数亮业绩。每月工作负责人业绩评分有 5 项指标，分为评分项、加分项和减分项三大类。业绩综合得分是工作负责人业绩最直观的体现，也是年度评级的重要依据。

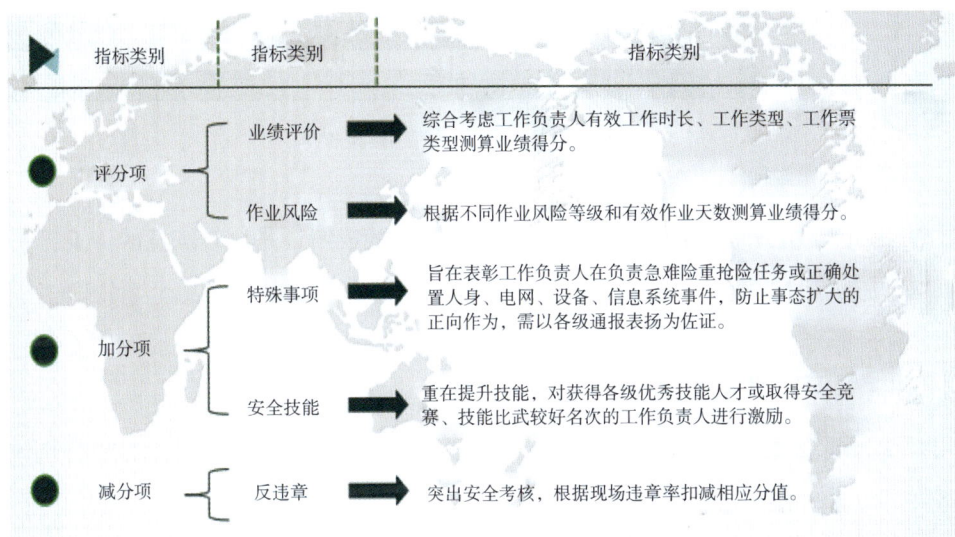

指标类别 | 指标类别 | 指标类别

评分项
业绩评价 → 综合考虑工作负责人有效工作时长、工作类型、工作票类型测算业绩得分。
作业风险 → 根据不同作业风险等级和有效作业天数测算业绩得分。

加分项
特殊事项 → 旨在表彰工作负责人在负责急难险重抢险任务或正确处置人身、电网、设备、信息系统事件，防止事态扩大的正向作为，需以各级通报表扬为佐证。
安全技能 → 重在提升技能，对获得各级优秀技能人才或取得安全竞赛、技能比武较好名次的工作负责人进行激励。

减分项
反违章 → 突出安全考核，根据现场违章率扣减相应分值。

▲ 工作负责人业绩指标评价体系

小李疑惑地询问安全监察部专责小陈："我去年业绩综合得分 1300 分，高于业绩等级一级设定的 1200 分，为什么被评为二级呢？"小陈解释说："那是因为业绩等级的评定不只是看你的分数，还有其他必要条件你没达到。"小李恍然大悟。

把握 10 个评定标准，等级显高低。结合工作负责人特点，每年四个业绩等级的评定不仅仅靠综合得分来决定，每个等级还设有相应的安全必要条件，同时满足才能取得相应等级。且前三个业绩等级采取限额设定，对于满足等级必要条件的超限人员，依据业绩综合得分高低，调整为下一业绩等级。

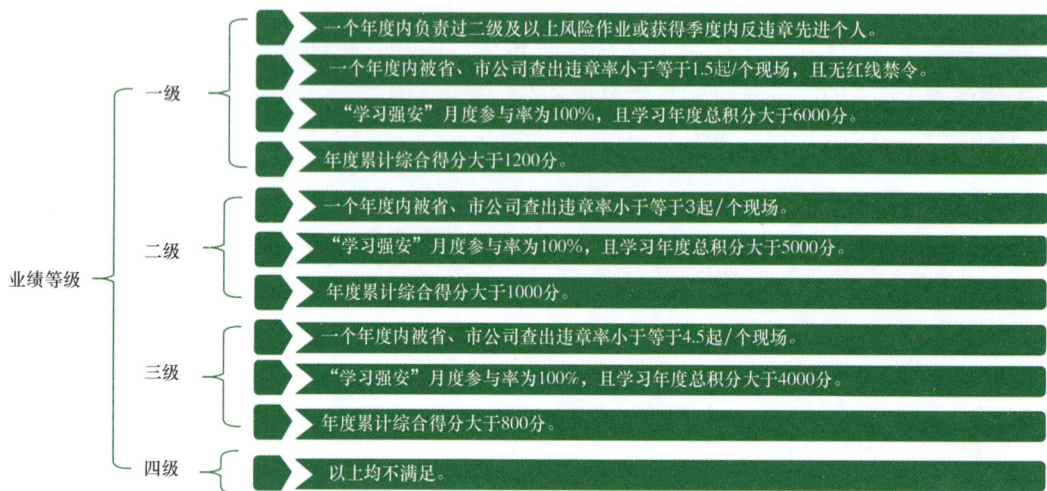

一级
- 一个年度内负责过二级及以上风险作业或获得季度内反违章先进个人。
- 一个年度内被省、市公司查出违章率小于等于1.5起/个现场，且无红线禁令。
- "学习强安"月度参与率为100%，且学习年度总积分大于6000分。
- 年度累计综合得分大于1200分。

二级
- 一个年度内被省、市公司查出违章率小于等于3起/个现场。
- "学习强安"月度参与率为100%，且学习年度总积分大于5000分。
- 年度累计综合得分大于1000分。

三级
- 一个年度内被省、市公司查出违章率小于等于4.5起/个现场。
- "学习强安"月度参与率为100%，且学习年度总积分大于4000分。
- 年度累计综合得分大于800分。

四级
- 以上均不满足。

业绩等级

▲ 工作负责人业绩评审必要条件

　　小李去年虽然没有被评定为一级，但对自己取得的成绩还是比较满意的。王班长告诫小李："成绩是一时的，今年开始每月兑现工作负责人专项奖励，要想全额领取工作负责人专项奖励，今年的工作你就不能马虎，否则出现不安全事件会降低或取消你去年的业绩等级，你的奖励不但领不全还会受到相应的处罚。"

　　用好2类调级机制，等级能上能下。工作负责人的业绩等级评定后，设置相应的升、降级条件，对业绩等级进行动态调整。

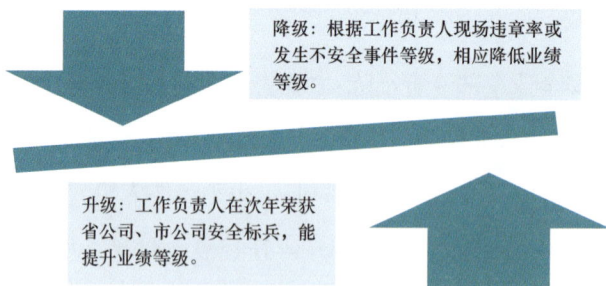

降级：根据工作负责人现场违章率或发生不安全事件等级，相应降低业绩等级。

升级：工作负责人在次年荣获省公司、市公司安全标兵，能提升业绩等级。

▲ 工作负责人调级机制

　　小李暗下决心，一定要万无一失地完成今年的工作，在全额领取专项绩效薪金的同时，争取今年能获得更好的业绩等级。

评级结果广应用　全面激励干劲强

人力资源管理学认为，未被满足的需求对员工具有最强的激励。为调动员工积极性，《工作负责人业绩评级考核实施方案》针对员工需求的多样性，多方联动，将评级结果运用到员工职业发展的各个方面。

联动薪酬福利，体现多劳多得。方案为工作负责人设置了专项奖励，只要取得相应等级且不发生降级行为，就能全额领取专项奖励，取得一级的工作负责人专项奖励约占全年总收入的6%。同时，工作负责人的业绩等级还将影响其年度绩效等级评定。当年被评定为一级的工作负责人，年度绩效等级直接评为A；取得二级的工作负责人，年度绩效等级原则上不低于B。当员工绩效积分满足要求时，还能提升岗位薪级，再次加薪。另外，连续两年被评定为一级的工作负责人，可直接评选为年度先进个人，并优先报考达州公司优秀技能人才。

联动晋升发展，实现能上能下。方案将工作负责人业绩等级运用于员工的晋升发展，打通了上下通道。连续3年获得二级及以上的工作负责人，同等条件下优先选聘到管理技术岗位或上一级职员职级；连续3年获得一级的工作负责人，直接纳入达州公司两个"50"优秀业务骨干储备库；连续3年评分靠后的四级工作负责人，经评价确不适宜当前岗位的，对其岗位进行调整。

工作负责人的岗位不再是相互推诿的"皮球"，员工间形成比学赶超的良好氛围。每个月的评分、年度业绩等级的评定都能让每个工作负责人清楚的了解自己的工作量，是否存在不安全因素，与其他工作负责人的差距等，明白自己在今后工作中改进的方向。对每个业绩等级的相应激励也是工作负责人的动力源泉，在获得较好业绩的情况下，专项奖励和绩效升薪都是一笔不菲的薪酬收入。小李和班组员工对今年的工作充满了期待，都鼓足了劲，力争取得更好的业绩。

踊跃争当负责人　促进生产保安全

"罗主任，今年报考工作负责人的员工较去年增加了将近200人，尤其是农电员工今年报考工作负责人的人数大幅增加。"转眼间到了2021年达州公司"三种人"考试，安全监察部小陈拿着报考名单激动地汇报到。

《工作负责人业绩评级考核实施方案》运行了一年，成效明显。取得较好业绩等级的工作负责人不仅收获了经济上的奖励，更获得了精神上的鼓励，明确了个人发展方向，其中4人获得年度先进个人称号、4人取得达州公司优秀技能人才称号、8人进入达州公司两个"50"优秀业务骨干储备库。多维度业绩评价体系打破了员工身份界限，各类身份的工作负责人均可参加年度评级，对省管产业单位员工的工作负责人起到了极大的鼓舞，有力助推了现场作业安全管控水平提升，成为了解决一线工作负责人"干得多，错得多，罚得多"这一难题。应对疫情，达州公司积极承担各项保电、复工复产任务，基层一线员工勇于担当作为，争当工作负责人。在工作负责人的精心组织下，宣汉县东乡镇卫生院集中隔离观察点、达州市红十字医院、万源南银座酒店新冠病毒肺炎临时集中观察点、魏兴富东医疗制品有限公司等保电工作，德昌银厂35千伏开关站新建工程、周家堡至银厂开关站35千伏线路工程、三区三州凉山援建三乡十村农配网工程等复工复产工作安全有序完成。

供稿单位：国网达州供电公司

撰写人：丁华飞　陈秋桐　蒋红亮　周亚征　李树红　李娟

十五、"双 A+ 双 S" 流动小金人　让管理型团队生机勃勃

摘要

　　针对管理岗工作绩效评价难、绩效等级评选难等问题，国网德阳供电公司（简称德阳公司）党委组织部（人力资源部）结合工作实际，深入研究管理型团队的绩效管理模式，充分使用提高员工积极性的诱导因素，把"工作、精神、荣誉、薪酬"相互融合，通过绩效经理人引领和员工参与的方式，共同建立了全员认可的"双 A+ 双 S"的流动小金人绩效管理制度。"小金人"试行的一年里，员工们工作积极性空前高涨，团队形成了良性竞争状态和稳定发展态势，关键业绩指标和专业评价均取得有史以来的最好成绩，共享共建的绩效文化正在不断精准激励着我们的奋斗者。

　　"二十一世纪最缺的是什么？人才！"资深的 HR 都知道，绩效考核轮流坐庄看似风平浪静，其实水下暗流涌动。优秀人才不断消失，不干活的越来越多，最终的结果是"不在沉默中爆发，就在沉默中死亡"。所以我们要坚决拒绝绩效"轮流坐庄"和"吃大锅饭"。怎么解决这个问题呢？一定是对症下药，这个药就是共享共建绩效文化。由全员参与、共同建设的团队考核激励方案，主要由考核框架和考核方式两部分构成。

共建考核框架——"五瓣花"

　　鉴于党委组织部（人力资源部）是一个管理型的团队，德阳公司设计出的考核框架由五个部分构成，像一朵五瓣花。

　　第一瓣是任务计划，主要是月度重点工作完成情况和月度基础工作完成情况，属于本职工作范畴。

　　第二瓣是重要指标，主要是上级单位的关键业绩指标和专业评价情况，属于工作成效范畴。

　　第三瓣是综合评价，包括事故考核、劳动纪律、工作态度、团队协作等情况，属于团

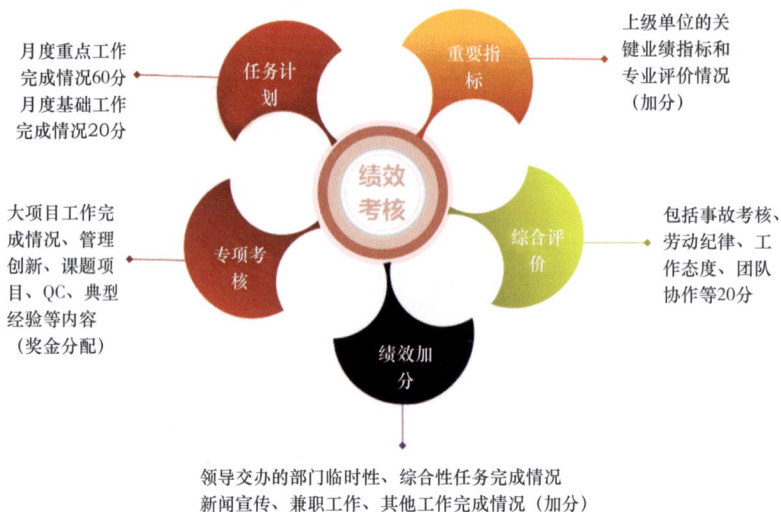

月度重点工作
完成情况60分
月度基础工作
完成情况20分

任务计
划

重要指
标

上级单位的关
键业绩指标和
专业评价情况
（加分）

绩效
考核

大项目工作完
成情况、管理
创新、课题项
目、QC、典型
经验等内容
（奖金分配）

专项考
核

综合评
价

包括事故考核、
劳动纪律、工
作态度、团队
协作等20分

绩效加
分

领导交办的部门临时性、综合性任务完成情况
新闻宣传、兼职工作、其他工作完成情况（加分）

▲ 绩效考核"五瓣花"框架

队气氛范畴。

　　第四瓣是绩效加分，主要是领导交办的部门临时性和综合性任务、新闻宣传、兼职工作、其他工作的完成情况，属于通用工作范畴。

　　第五瓣是专项考核，主要是大项目工作、管理创新、课题项目、QC、典型经验等完成情况，属于创新能力范畴。

共建考核方式——"双 A+ 双 S"

　　第一个 A，Application——自主申报考核及加分事项。为了鼓励员工主动思考和积极参与绩效考核，解决在考核评价过程中，绩效经理人和员工对考核评分的方式和内容有不同认识的问题，我们设计了自主申报考核及加分事项环节，把主动权交给员工。每月初，由员工自行申报当月重点工作和普通工作事项，每月结束后，再由员工自行填报工作完成情况及加分事项，交由绩效经理人依据评价标准进行核准、打分，因此每个月"流动小金人"的评选角逐激烈程度可以说不亚于奥斯卡金像奖，有时 0.1 分就能一决胜负，全员参与的氛围非常浓烈。

　　第二个 A，Agreement——两级沟通达成共识。党委组织部（人力资源部）共 14 人，由 3 名绩效经理人分别完成 11 名员工的绩效管理，所以第一级沟通是绩效经理人之间的持续沟通，统一评价标准，避免出现因评分者不同而导致的评价尺度不同的问题。第二级

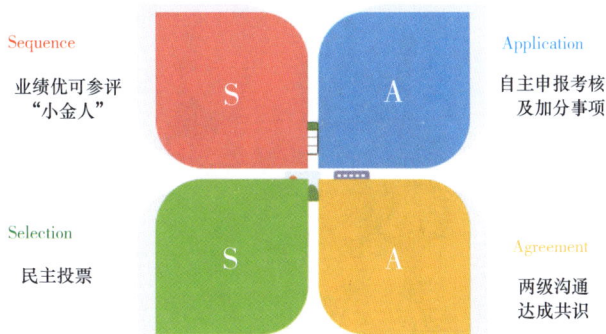

▲ "双 A+ 双 S" 考核方式

沟通是绩效经理人与员工之间的持续沟通，主要是基于工作表现来客观分析问题原因，避免分析员工的性格等问题，双方要在工作内容、工作质量、评价打分等三方面达成一致意见并签字确认。

第一个 S，Sequence——业绩优可参评"小金人"。业绩得分排名前 6 名的员工才能角逐月度优秀员工的评选，月度绩效考核得分按当月绩效考核得分排名折算，占总分的70%。业绩优异是月度优秀员工的门槛，取团队成员前55%（即前 6 名）参与优秀员工角逐，一方面突出业绩的重要性，业绩是参选的必要且关键条件；另一方面体现评选公平性，机会面向团队的绝大多数人。

第二个 S，Selection——民主投票。只有全员共同参与和认可的绩效方案，才能真正发挥成效。首先在绩效方案的制定过程中，组织员工共同讨论，建言献策，并在部门会议上通过民主决策程序审议。其次在"小金人"的评选时加入民主测评环节，给员工们投票权，投票结果占总分的30%。民主测评环节的投票数充分尊重绩效经理人的抉择，设置为主任 3 票、副主任 2 票、员工 1 票。民主评分按选票得票数排名进行折算，第一名得 100 分、第二名得 98 分、第三名得 96 分、第四名得 94 分、第五名得 92 分、第六名得 90 分。

共享考核结果——"小金人"和绩效 A 级

每月党委组织部（人力资源部）团队都会根据业绩和民主测评的综合计算结果进行排序，评选出前 2 名优秀员工获得小金人，并使用市公司下放给绩效经理的奖励计划，发放每人 1000 元的奖金。

▲ 小金人

　　自这种激励制度推行以来，员工的工作和创新热情得到大幅提高。想想奥斯卡金像奖一年一度，而咱们这个"小金人"每个月都有机会站上去发表感言，顺带还有钱拿，面子里子赚个足，谁不想呢？ 2020 年党委组织部（人力资源部）团队有 12 名月度优秀员工诞生，每一次"获奖感言"绝不亚于"奥斯卡金像奖感言"的心潮澎湃。

　　"小金人"开展以来，党委组织部（人力资源部）团队的得主类型很多，最灿烂的还属首届得主职场新秀小肖，后面又出现三连冠得主管理专家陈姐，最让人羡慕的是累积获

▲"小金人"颁奖现场（一）

▲ "小金人"颁奖现场（二）

得六次的优秀青年员工小樊！大家看，我们的获奖员工都笑得那么开心！我们的绩效经理人也笑得那么甜蜜！

2020 年 4 月，党委组织部（人力资源部）团队同样采用业绩 70%+ 民选 30% 的方式评选出了 2019 年度的绩效 A 级员工，业绩成绩来自 2019 年每月的绩效评价得分的平均分，排名前六名的员工成为 A 级员工的候选人，最后在大家的热烈掌声中诞生了 3 名众望所归的 2019 年度 A 级员工。

药到病除——员工感受和团队变化

团队内部骨干员工如何看待这套绩效管理制度呢？

首届得主职场新秀小肖说："这套绩效评价方案是公正透明的，经过全员研讨、不断修订，最终的方案非常全面而公正，兼顾了各方的利益，覆盖了各类的工作成果，让每个人的每一份努力都受到尊重。"

三连冠管理专家陈姐说："有了'小金人'优秀员工评选制度以后，每月都能跟绩效经理人交流，他们对我工作的评价和认可，激励我不断前行。绩效经理人也会接受我对相关加分项的疑问，让打分透明。这种交流，我觉得非常有必要。"

获得六次奖的优秀青年员工小樊说："每一次获得'小金人'，我感觉最深的是被肯定与认可，绩效经理人对工作业绩的肯定，同事对综合能力的认可，这种鼓励是我不断前行的催化剂。同时，在每次沟通反馈，让我清楚知道需要改善的问题和提升的短板，以及目标达成进度情况，让我在工作中不断成长并获得快乐。"

正在努力追赶的新进员工说："每次看到他们获得'小金人'，我很眼红，私下里我认真地看了大家的工作计划和完成情况，发现我自己的工作量确实落后了，获奖的同事除了本职工作干得漂亮外，还完成了好多通用工作。我和绩效经理人沟通时表明了我的决心，希望能多干点活。现在我争取到了牵头工作的机会，我会好好干的。争取发表获奖感言！"

有"小金人"的 2020 年，党委组织部（人力资源部）团队员工的工作积极性提高了，主动思考和主动作为的意识增强，个人工作能力得到了很大提升。员工间进行着良性竞争，呈现一种积极向上、你追我赶的氛围，谁也不想被落下，竞争中有团结，工作中有协作，"一花独放不是春，百花齐放春满园"！这一年团队成员有的在省公司激励论坛上宣讲，有的成为省公司三项制度改革工作的突出贡献个人，有的成为市公司优秀青年骨干，有的成为市公司优秀工作者，每一个人都在进步，并带动了团队一起进步，人力资源归口管理的关键业绩指标史无前例的迈进省公司前三名，专业评价获得省公司第一名。这就是"双 A+ 双 S"流动小金人的卓越魅力，这就是德阳公司党委组织部（人力资源部）共享共建的绩效故事，它为管理型团队解决绩效管理问题提供了一个努力的方向。

供稿单位：国网德阳供电公司

撰写人：易于　代璇　李良城

十六、放权赋能注活力 "六能"落地提质效

摘要

2020 年，国网绵阳供电公司（简称绵阳公司）立足农电管理新体系，针对当前的人员结构性矛盾及日益加剧的减员趋势，深入实施三项制度改革，大力推进供服站"放权赋能制"，下放组织模式决定权、人事调配决定权、考核模式决定权和绩效薪金分配权，鼓励供电服务站创新生产组织模式，优化人力资源配置，拉开绩效收入差距，激活队伍内生动力，通过内部竞标制、台区合伙制、设备主人制、村网共建制等一系列创新举措，力争达到"人靓、物靓、服务靓"的"电靓乡村"总体目标，为服务乡村振兴、完善基层治理提供了坚实的电力保障。

多年以来，农电员工队伍"只出不进"，年龄结构不断老化、减员幅度逐年加剧，人员结构性矛盾已成为绵阳公司乃至四川供电企业的共性问题。为找准问题关键，绵阳公司深入基层开展人力资源摸底调查，结果显示农电工未来 5 年将减少 461 人，占农电队伍的 35%，年均减少近 100 人；除总量减少外，在现有人员中技师及以上的不足 30%；能担任工作负责人的与能登杆作业的人数相当，仅占 31%；此外还有近 35% 的人员不会使用电脑打字。部分年龄与退休尚有一定距离的员工，正是经验丰富，贡献价值的时候，实际上却想着少干事或不干事，制约了企业的动力活力。

深入一线聚焦问题 集思广益因企施策

"调研数据充分说明了动力性缺员和效能性缺员才是农电队伍结构性矛盾的问题关键！农电管理质效能否提升，关键取决于现有广大员工是否想干事、是否能干事。所以，我们当前的策略重点应该是对内挖潜。"绵阳公司总经理姚总说道。

自 2020 年 3 月起，绵阳公司采用视频工作会议、现场交流座谈、问题建议征集等方式，组织讨论逾 300 人次，收集书面意见 60 余条，全面调研基层一线实际情况，参考借鉴了包括家庭联产承包责任制、内部合伙人制、阿米巴经营模式、市场化绩效分配制度在

内的多种经验做法，经过筛选研判与分析论证，研究形成了一整套新时期的农电人力资源优化策略体系，即以盘活存量，对内挖潜为目标，以优化职责流程与分配机制为抓手的供服站"放权赋能"制，培养全能型复合型人才，逐步解决当前的农电缺员矛盾。

"'放权赋能'——具体是下放哪些权限给大家呢？"在试点方案宣贯讨论会上，供电服务站负责人问道。

"简而言之，就是把组织、人事、分配等权限下放，由供电服务站的同志们担任经营者的角色，大家自行研究决策站内的活儿怎么干、岗位由谁上、薪酬怎么分。"党委组织部（人力资源部）贾主任说道。

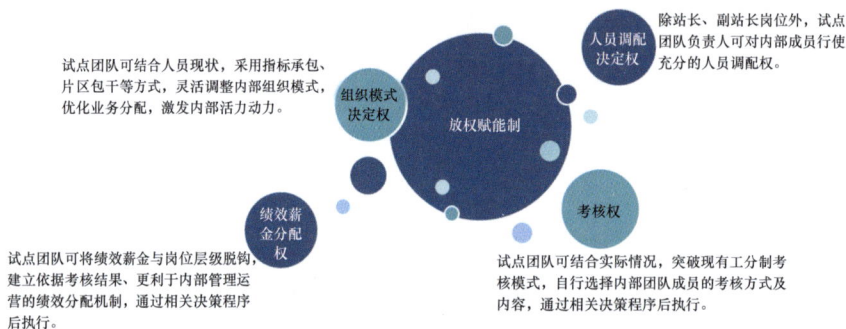

试点团队可结合人员现状，采用指标承包、片区包干等方式，灵活调整内部组织模式，优化业务分配，激发内部活力动力。

组织模式决定权

人员调配决定权

除站长、副站长岗位外，试点团队负责人可对内部成员行使充分的人员调配权。

放权赋能制

绩效薪金分配权

试点团队可将绩效薪金与岗位层级脱钩，建立依据考核结果、更利于内部管理运营的绩效分配机制，通过相关决策程序后执行。

考核权

试点团队可结合实际情况，突破现有工分制考核模式，自行选择内部团队成员的考核方式及内容，通过相关决策程序后执行。

▲ 放权赋能制内容

"其实大家最关心的，可能是试点后收入增幅能有多少体现？"一名站长直截了当问道。

"收入增幅主要体现在工资总额减员不减资。就是说大家通过优化职责分工、提升工作效率，承担并完成好退休、调离等减员部分的业务，那么减员部分的工资也会按一定比例核给大家，实现多劳多得。"党委组织部（人力资源部）相关人员解释。

根据超（缺）员及人员净增减情况，核定超（欠）配工资及人员增减调整工资。

增减工资

超（欠）配工资

根据供电服务站实际用工配置，对超（缺）员部分按一定比例核减（增）

人员增减调整工资

根据供电服务站当年实际人员净增减情况，在2%以内不减资，对超过2%的部分，按一定比例核减。

▲ 增减工资核定因素

"在专项奖方面，我们也设置了一些重点攻坚指标，例如配网运维'三零'目标，难度系数较高，主要是鼓励大家'跳起摸高'，相应的激励也是比较可观的。"运维检修部相关人员说道。

绵阳公司统筹考虑其人员配置率、指标水平、改革氛围、团队负责人管理经验等多个维度，从整个市公司 52 家供电服务站中选定了江油厚坝等 6 个具备较好改革条件的供电服务站作为第一批试点站，签订"放权赋能制"工作责任书，推进农电三项制度改革的新举措正式进入实施阶段。

▲"放权赋能制"工作责任书签订

权限下放对内挖潜 减员增效改革破局

绵阳公司"放权赋能"后，供电服务站一线员工全面参与到企业的管理与改革中，自主优化职责分工、生产模式和流程链条，深入推进"六能"落地，激活了内部团队动力活力，取得了良好的工作实效。

在用好组织模式决定权方面，供服站广泛采用指标承包、片区包干、供服站协议合伙等方式，灵活调整内部组织模式，优化业务分配。

开放抢单搭平台，台区竞标引活力。"在认真研究了台区管理招标条件、业绩指标等要求以后，经认真核算，本人愿意承担下列重华镇片区农村公、专变台区的管理任务。投标书内容如下……"厚坝供电服务站内，一摞员工标书被提交到台区电管家竞标会上。绵阳公司放权赋能后，厚坝站改变以前的上级分工摊派任务的方式，引入市场化竞标模式的活水，把台区设备管理任务作为标的拿出来，由员工自主申报抢单，激发员工能动性和创造性，实现台区采集成功率、台区线损率等各项指标得到显著改善，优化率最高达6%以上。

台区合伙压职责，设备主人践承诺。除电管家竞标制外，厚坝站还开展了台区合伙人制、双设备主人制等模式，着力于内部职责分工的重构优化。对地理位置相近、台区状况相似的，采用"电管家＋电管家"模式，对艰苦偏远、设备状况差的，采用"电管家＋站内负责人"模式，实现台区电管家合伙结对，共同提升台区管理水平。合伙人与公司同时签订设备主人制工作承诺书，负责设备巡视、故障抢修、优质服务、班组建设等各项工作，大力提升电网安全管控能力，其中试点实施当季实现了农电配网运维"三零"目标。

属地管家强基础，专业团队克难关。梓潼宝石供电服务站辖区包括宝石乡、自强镇、仁和镇、文兴镇4个乡镇，针对供区部分配网可靠性弱、故障跳闸率高等特点，将站内人员按柔性模式分为4个工作组。其中2个组沿用传统电管家模式各自分管2个乡镇供区，按"属地化"模式夯实片区内日常管理基础；另集中站内优势骨干力量组建运维抢修组，抽调经验丰富的老员工组建指标监控组，按照"集约化、专业化"模式对台区重点指标、重要任务进行攻坚，推进台区各项指标稳步提升。

村网共建谋双赢，政企联动提服务。游仙、安州公司试点选取66个村，与当地政府建立战略合作关系，大力开展村网共建制，从村社干部中选拔培训"网协员"，将符合《四川省电力设施保护和供用电秩序维护条例》规定的，涉及政府职能的电力设施保护、安全用电知识宣传等业务，交由"网协员"承担，搭建干部"走村入户"联系村民的桥梁。江油公司在辖区22个乡镇及街道办设立"电靓乡村"电力服务办公室，选派服务水平高的客服人员值守，实现"乡乡驻点"，畅通了农村供电服务"最后一公里"道路。

团队赋能自主运营　动力激活企业增效

在用好人员调配决定权方面，供服站在现有规章制度范围内，履行内部民主决策，自行开展人员组、竞聘工作，优化人力资源配置。

内勤队伍精兵简政，农电人员"能上能下"。绵阳公司乡镇供电所优化提升后，内勤班由原来的41个精简为9个，经转岗培训和考试考核，113名内勤人员已转岗到生产一线，从事电管家相关业务。安州公司择优录用6名原供电所内勤班长到农服中心，集中精锐力量做好县级农电数据管控中心建设。游仙信义供电服务站以"能者上、劣者汰"为导向，开展台区电管家能力评估，让能动性差的电管家退下来，选拔敢拼敢干的业务骨干到片区负责人岗位。安州秀水供电服务站将内勤人员下沉至台区，台区电管家人均管理户数降低至1400余户，实现了内勤人员"能进能出"。

在用好考核模式决定权和绩效薪金分配权方面，供电服务站突破现有模式，灵活采用有利于安全生产　　提升、指标突破的考核方式及内容，通过内部民主决策程序后实施。站内负　　　　　员业绩表现，差异化分配内部绩效薪金，拉开拉大收入差距，充分体　　　　　　　　　干坏不一样。

　　　　　　　　　　　差距。信义供电服务站深入贯彻"减员不减资"理念，　　　　　　　下伸手向上要人，而是对内优化绩效管理体系，分类　　　　　　　站内负责人、站内电管家2个实施细则，将团队
上　　　　　　　　　　助，先进引领后进，实现共同进步；将绩效
与岗　　　　　　　　　行员工收入待遇分配，同岗级人员绩效最大差
距达30　　　　　　　芯潜增效。

优机制　　　　中求进。秀水供电服务站因历史遗留问题较多，长期以来队伍稳定问题　　理人员不敢作为，一线员工态度消极，成为县公司管理的"老大难"。试点启动　该站以专项考核中的团队和谐指标为导向，充分发挥党建引领、工会组织与民主管理在企业队伍建设中的重要作用，通过民管会、民意调查表、职工座谈等方式，让员工充分理解并参与改革，积极主动建言献策，归属感与获得感明显增强，站内经营质效显著提升，变压器过载由上年的8台降至0台，试点首月的考核排名中，由原来的安州公司第6名跃升至第2名。

绵阳公司严格落实"放管服"思路，辩证处理好"放"与"管"之间的关系，做好工

作服务，深入推进三项制度改革，在农电体系内大力推进供电服务站"放权赋能"制，激活了企业活力动力，基层一线被赋予权限后，积极思考，主动作为，各出奇招，百花齐放，在农电管理体制内创新实施了各项卓有成效的试点建设，实现了"六能"的深化落地和企业效益、优质服务的提升。

供稿单位：国网绵阳供电公司

撰写人：王奕　贾海燕　吴婷　杨玲　易小勇　游东玲

十七、"业绩 × 党建"构建党政同责互促提升的团队激励新模式

摘要

为深化团队合力对业绩持续提升的支撑保障作用，国网南充供电公司（简称南充公司）基于一部门一支部组织构架，创新"业绩 × 党建"党政同责互促提升的全新团队激励模式，构建业绩考核与党建评价互为系数评价机制，按照团队业绩得分与团队所在支部党建评价得分相乘计算团队绩效考核总得分的考核规则，凸显党支部（团队）建设对业绩支撑作用，激发集体智慧、团队合力对业绩提升的新动力，实现南充公司业绩考核大幅提升，并稳定保持在省公司前 5 名。

如何将团队合力应用到业绩提升上去？ ——酝酿篇

年初，南充公司唐总对党委组织部（人力资源部）杨主任说："去年公司业绩考核排名第四，连续两年保持在全省前五，成绩还是不错的。但是，'打江山容易守江山难'，各地市公司排名竞争相当激烈啊。下来你从绩效管理的角度思考一下，结合绩效管理实施方案修编工作，创新思维，有效发挥绩效管理'指挥棒'作用，持续巩固和提升业绩指标，实现公司今年保四争三的奋斗目标。"

对于领导交办的任务，杨主任与部门绩效管理专责深入研讨："小杨，前段时间的绩效调研，各级团队绩效管理方面存在的主要问题和改进建议有哪些呢？"小杨将绩效调研结果整理后发现，有 78% 的员工认为好的团队文化、企业文化对业绩提升作用明显；有 72% 的参调人员认同要抓住"关键少数"这个重要群体（绩效经理人、团队负责人），责利对等，按责问责。

杨主任仔细研读后有了工作方向，"团队的力量远高于个人的力量，我们可以往团队建设的方向思考一下。"

"支部建设好业绩提升就有保障"团队激励模式——诞生篇

在党委组织部（人力资源部）会议室，杨主任做了简单的开场："今天开会主要是希

望通过群策群力，为如何把团队建设与业绩提升有机结合起来提供新思路。"

部门兼任党支部组织委员的小李说："团队业绩的提升当然离不开党建工作的支撑啊，党建工作的落脚点就是提升员工使命感，就是提升业绩。那怎么才能将支部建设与业绩提升在业绩考核中体现出来呢？"

"我们现在的绩效管理实施方案就是基于'业绩＋党建'模式的。"绩效管理专责小杨若有所思，"不过，原来的'业绩＋党建'，只是简单的把党建评价得分放进去，没有真正体现党建工作在业绩提升过程中的引领作用……"

杨主任认真倾听大家讨论，思考建议的可行性。"'业绩 × 党建'怎么样？我们可以给业绩考核和党建评价得分各设一个系数，并分别设一个上限，总分就可以控制在一定范围内。或者……互为系数怎么样？支部工作好，业绩就是体现；业绩差，说明支部建设没有抓住重点。""嗯，我觉得可行。""这个想法好！"大家普遍认可。

绩效管理专责小杨按这个思路搭建一个考核评价框架，分为业绩考核和党建评价两部分，业绩和党建互为系数，团队总得分等于党建系数乘以业绩得分与业绩系数乘以党建得分两部分之和，形成了互促提升的激励机制，将经营业绩与党建工作深度融合。

唐总对考核体系表示认可，并提出考核模型，进一步明确职责分配、责任落实、标准建立。

三天后，杨主任向小杨询问进度："业绩和党建的标准分以及加分上限怎么定？现有的考核标准是业绩考核标准分 100 分，最高加至 127 分；党建评价标准分为 34 分，最高加至 37 分。""这个标准贯通了省公司业绩考核精神，同时又是公司的成熟做法，员工比较认可。"小杨代入公式测算后看到，业绩加 1 分，总考核得分加 1 分；党建加 1 分，总考核得分加 0.33 分。

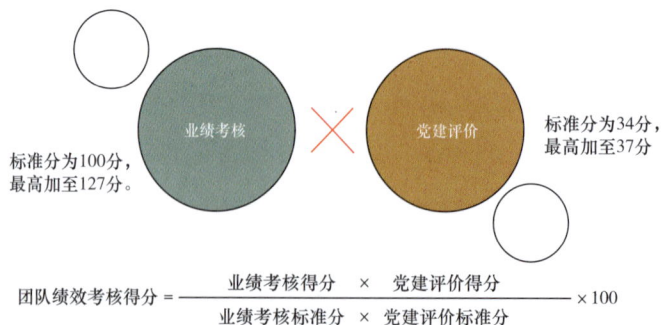

业绩考核　标准分为100分，最高加至127分。

党建评价　标准分为34分，最高加至37分。

$$团队绩效考核得分 = \frac{业绩考核得分 \times 党建评价得分}{业绩考核标准分 \times 党建评价标准分} \times 100$$

▲ 业绩 × 党建模型

"党政同责，同舟共济"共促团队业绩再提升——成熟篇

"今天 15 号，要发工资了！"某天早会后，部门负责人们一边往外走，一边聊道。"客服中心许主任又要郁闷了，他肯定又要遭扣钱。""南部公司刘主任也是啊，绩效薪金每个月都要扣一两千，拿到手的还比不上普通专责。"大家议论纷纷。"主要他们分管的部分指标恰恰是他们单位的硬伤，按责划分兑现，也只有吃这个亏了。"

杨主任默默听着大家的讨论，若有所思。按责任区分兑现，本身是没有问题的，但某些部门和单位月月被考核，弱项指标还是一直提不上来。考核只是手段，提升业绩才是目的。怎么才能形成团队合力，让团队各位负责人各负其责的同时互相支撑，实现共促提升，而不是自扫门前雪，"事不关己高高挂起"。看来，考核责任落实方面还有待优化。

党建工作一般都是书记在主抓，按现在的团队负责人考核兑现模式，党建评价的结果直接兑现到团队支部书记头上去了，并没有体现支部其他成员的责任，党建的引领作用、团队的力量未能充分体现。党建工作、团队建设不是书记一个人的事，应该人人有责，那考核兑现也应该是人人有份。经过多次内部讨论和修订，人力资源部最终拟定，按照"党政同责"原则，实施"双兑现"考核，即：业绩考核按责任区分兑现，而党建评价则按职务兑现，体现支部建设、业绩考核人人有责。

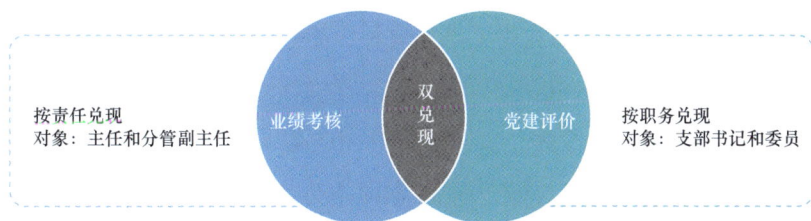

按责任兑现
对象：主任和分管副主任

业绩考核　双兑现　党建评价

按职务兑现
对象：支部书记和委员

▲ 业绩、党建双兑现规则

2020 版《国网南充供电公司绩效管理实施方案》履行了上会决策程序后正式出台。一是创新考核机制，实施业绩考核与党建评价互为系数评价机制，覆盖关键业绩指标 56 项、重点工作 122 项、日常基础管理 64 项，强化了党建引领，充分发挥支部建设对业绩支撑作用，达到"业绩、党建"互促提升的目的；二是创新兑现机制，实施业绩评价、党建评价"双兑现"考核，按照 1 分 1000 元的标准，针对性落实党政同责对等考核，强化"关键少数"履职尽责；三是优化评价体系，构建横向比排名、纵向比提升、向上比目标

的"3D"评价体系，客观科学评价业绩贡献，全面激发团队内生动力。

"团队建设有合力，业绩提升有动力"成效显著——成效篇

南充公司"业绩 × 党建"互促提升绩效评价模式的实施，给团队业绩提升注入了强大动力。

财务资产部邹主任针对新的《国网南充供电公司绩效管理实施方案》召开部门会议，"同志们，如何按照'业绩 × 党建'的规则提升团队业绩？以前的规则是'业绩 + 党建'，党建评价得分对团队绩效影响不大，现在不一样了，业绩指标和支部建设得分同等重要，支部建设的好坏直接影响团队绩效。只有好的团队，形成合力的团队，才能进一步推动和提升团队绩效。我们支部委员和党员，要发挥先锋模范作用，把党建和业绩一起抓，抓好抓实。不然按照党政同责的考核规则，对支部委员和业绩负责人都要考核兑现，任何一部分出现问题，都会拉低团队绩效得分，直接后果就是团队绩效工资总额降低。"

支部委员小王感慨："我们不但要做好党建工作，更要帮助支部把业绩提升上去，党建工作找到了真正的抓手。"党员小张表态："以前作为党员，使命感和责任感体现的不明显，现在提升业绩就是我们的政绩。"

"互为系数之后，党建被考核的话，会放大业绩考核结果，拉大团队绩效考核差距，影响我们月度及年度排名。"县公司负责人在业绩考核分析会上部署工作时提醒班子成员，"新的考核模式，要求我们必须以党建工作为引领，通过加强我们的支部建设、团队建设，形成团队合力，来促进业绩指标提升。"

南充公司通过绩效改革的深入，进一步提升团队战斗力，业绩指标得到进一步提升，2020 年度业绩考核排名达到预设目标，在 23 家地市公司排名第 4，持续保持在第一方队。

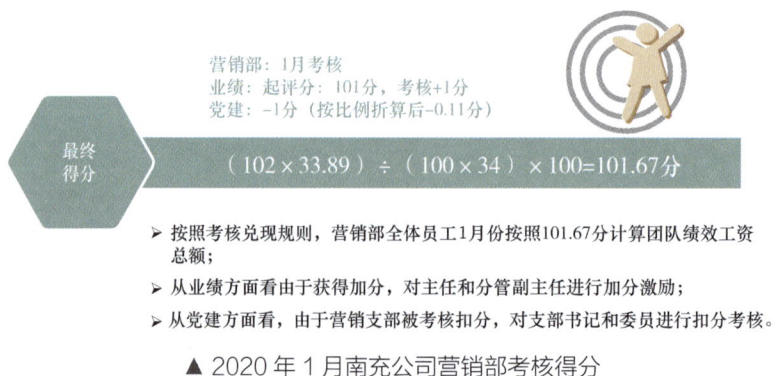

营销部：1月考核
业绩：起评分：101分，考核+1分
党建：–1分（按比例折算后–0.11分）

最终得分　$（102 × 33.89）÷（100 × 34）× 100=101.67分$

➢ 按照考核兑现规则，营销部全体员工1月份按照101.67分计算团队绩效工资总额；
➢ 从业绩方面看由于获得加分，对主任和分管副主任进行加分激励；
➢ 从党建方面看，由于营销支部被考核扣分，对支部书记和委员进行扣分考核。

▲ 2020 年 1 月南充公司营销部考核得分

例如，南充公司营销部在 2020 年 1 月份绩效考核中，业绩考核得分 102 分（其中标准分 100 分，起评分 101 分，考核总分 +1 分）；党建评价得分 33.89 分（其中标准分 34 分，党建满分 300 分，考核总分 –1 分，折算后 –0.11 分）。

按照"业绩 × 党建"的计算方法，营销部 2020 年 1 月份绩效考核最终得分为：（102×33.89）÷（100×34）×100=101.67 分。按照考核兑现规则，营销部全体员工 1 月份按照 101.67 分计算团队绩效工资总额；从业绩方面看由于获得加分，对主任和分管副主任进行加分激励；从党建方面看，由于营销支部被考核扣分，对支部书记和委员进行扣分考核。

从这个案例可以看出，"业绩 × 党建"考核模式，充分体现了支部建设对业绩支撑作用，支部建设搞不好，业绩再好，团队工资收入也上不去。该考核后，营销部非常注重支部建设，充分发挥党员先锋带头作用和支部战斗堡垒作用，在 2020 年实现营销专业业绩指标排名全省第一，专业评价全省第一。

供稿单位：国网南充供电公司

撰写人：唐伟峰　杨晓红　李茜　杨磊　易婷　邹健康

十八、融合完整人才孵化链　构建专业人才发展"生态雨林"

摘要　　2020 年，国网资阳供电公司（简称资阳公司）为加快人才队伍梯队建设，构建了以专业人才团队为平台的人才培养新模式，依托重点工作（工程）、创新项目、QC、指标提升、课题研究等载体，以实战锤炼方式，让人才在实战中快速成长。将人才成长由"自我生长"的被动模式转变为"靶向指引 + 差异化塑造 + 项目领办"的主动模式。以专业为主导，建立人才资源池，内部"大咖"贴心辅导，将人才培养与重点工作"同频共振"。同时，以结果为导向，"有形 + 无形"激励相结合，建立了"多维度"评价和"全方位"激励机制，形成规范和固化的保障体系，最大限度地激发员工干事创业的激情和活力，营造了"人人渴望成才、人人能够成才、人人得到发展"的人才培养氛围，筑就了资阳公司人才培养体系的基石。

牵线搭桥，人才培养对接专业需求

资阳公司小刘曾经是一名营销业务好手，干过业扩报装，处理过电费业务。班员、班长、管理专责……一路成长的他却有些迷茫，他喜欢编程，没事的时候就研究 Python、人工智能新技术，却又不知道从何"入手"，也没有足够的时间钻研。资阳公司互联网办公室是顺应时代发展而生的一个"新生儿"，不缺人，却极缺人才。为了弥补人才的不足，资阳公司成立了互联网人才专业团队，鼓励各个专业有兴趣的青年员工加入，共同学习成长。热爱编程的小刘，加入了互联网人才团队，通过在团队中的学习和交流，让自己的爱好成为了新专业，进而在四川省大数据竞赛中出类拔萃，荣获了四川省大数据比赛一等奖。

像小刘这样类似的情况，在资阳公司还有不少。新进青年员工，对未来感到迷茫，摸不着职业发展的"门道"；部门岗位空缺，却寻不到合适的"将才"；专家人才在平凡的岗位上找不到用武之地；如何培养急需的"工匠型""大师型"人才。

一方面员工找不到发展之路，一方面专业部门又急需要专业型人才。如何培养专业型人才？如何把员工放到最合适的岗位？如何充分发挥人力资源潜力，提高"人效"水平？

如何实现人才培养与专业需求的适配与对接？构建以专业人才团队为核心的人才培养新模式，或许就是一条新出路。

"金三角"引领，锻造专业人才团队

如何让专业人才团队这条"出路"走好？如何搭建团队？如何开展工作？

事实表明，人才是为专业服务的，而培养的人才必须满足专业需求。因此，资阳公司以"专业"为中心，构建"金三角"模式，即：专业专注（Professional focus）、专业主导（Professional leading）、专业负责（Professional responsibility），锻造专业人才团队，开启专业人才培养之路。

"靶向指引"聚焦专业重点问题

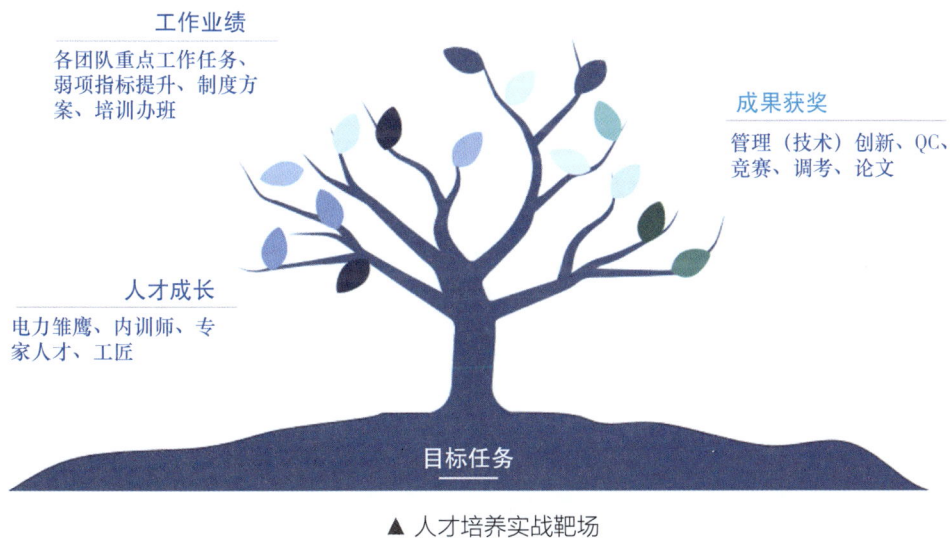

▲ 人才培养实战靶场

"专业专注＋专项培养"。专业专注，聚焦专业年度重点、难点、热点工作，与专业人才队伍建设充分融合。团队选取重点工作、弱项指标、制度方案、管理（技术）创新、人才培养成效等多项工作目标任务，建造人才培养的实战靶场。2020年，15支团队圆满完成15个重点工作任务，10个弱项指标显著提升。同时2个管理创新课题和1个QC项目获得省公司奖项。有了实战靶场，针对不同的人才培养需求，按照"一人一案"进行专项培养，用真实工作场景和工作内容，以实战锤炼方式，让人才在实战中成长。

"差异化塑造"搭建专业人才团队

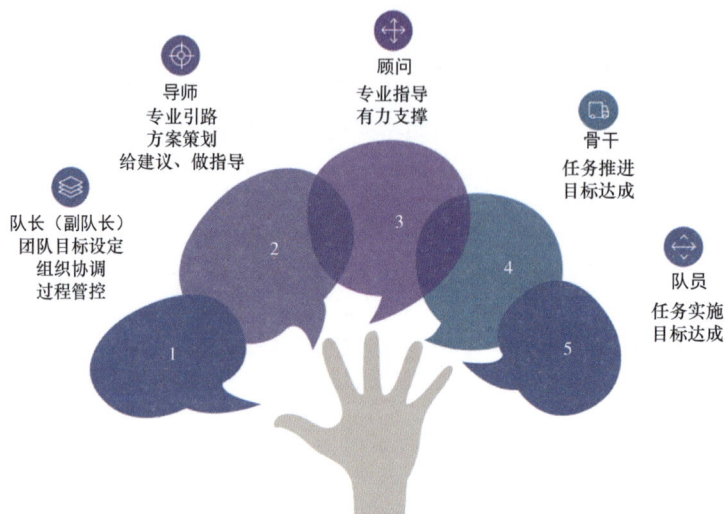

▲ 专业人才团队组织模型

"专业主导＋专业团队"。需要培养什么样的人才，由专业部门主导。资阳公司搭建"2C+T+2C"为专业人才团队组织模型，即以 Captain（队长）、Counselor（顾问）、Tutor（导师）、Center（核心骨干）、Crew（队员）为核心的人才团队框架体系。专业部门牵头，队长负责，提供组织保障。专家顾问指导，提供专业支撑。骨干人才冲锋，实战锻炼提升能力。青年员工参与，培养梯队人才。

用"聚才＋双选"选对人。建立人才池，资阳公司党委组织部（人力资源部）牵头，打破人才资历和专业限制，建立了"技能新星"人才储备库、"电力雏鹰"人才储备库、青年骨干人才储备库、内训师人才储备库、工匠（大师）人才储备库以及大数据人才储备库等。各专业团队根据目标任务，从各类人才库中招募核心骨干和队员，邀请顾问和导师，成员实行"双向选择"，让专业与兴趣特长充分融合，做到团队与成员之间"情投意合"。

"项目领办"落实专业责任

"专业负责＋专人落实"。专业负责，专业团队制定相应的目标责任书和工作方案，明确具体目标、工作内容、时间节点和责任人员。全年采用月论坛、月简报、成果发布、交

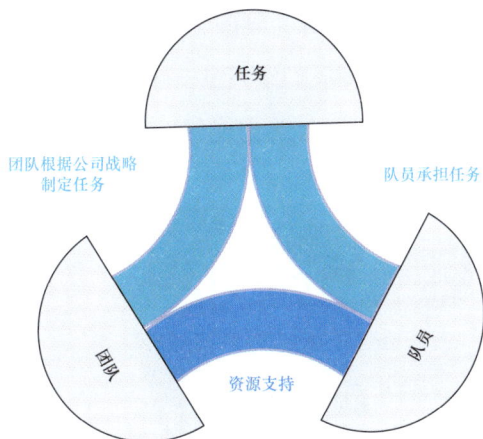

▲"项目领办"机制

流沙龙、宣传海报等线上线下相结合的方式推进各项任务。专人落实，专业部门负责人即为队长，是第一责任人。专业人才团队对工作目标按项目进行分解，通过"项目领办制"落实专人负责。即：团队队长根据任务难度、成员综合能力和专业特长，指定符合条件的骨干、队员承担该项任务。同时，骨干、队员也可以根据自身职业规划、兴趣、特长主动申请承担某项工作任务。

多维驱动，点燃团队内生动力

汽车的驱动离不开发动机，如何让专业人才团队高效优质运转，激发团队内生动力？我们需要定制一款动力十足的"发动机"。因此，资阳公司建立了"目标管控 + 多维评价 + 全面激励"机制，全面激发员工内生动力。

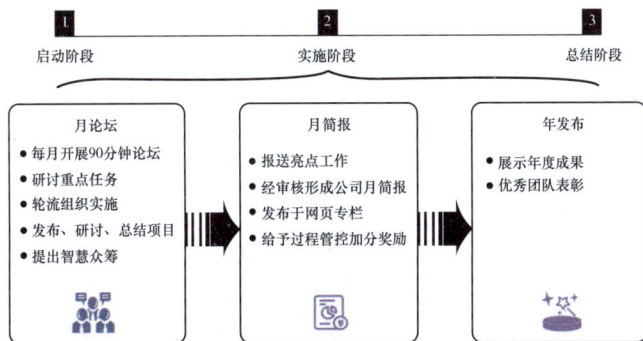

▲"目标管控 + 多维评价 + 全面激励"机制

目标管控。按照"专业负责"，以目标为导向，由专业部门对所在专业团队进行日常管理，根据时间节点把控任务进度，展示工作亮点、热点和难点，通过月论坛、月简报、年发布对项目进度及质量进行过程管控，最终实现目标达成并取得成果。

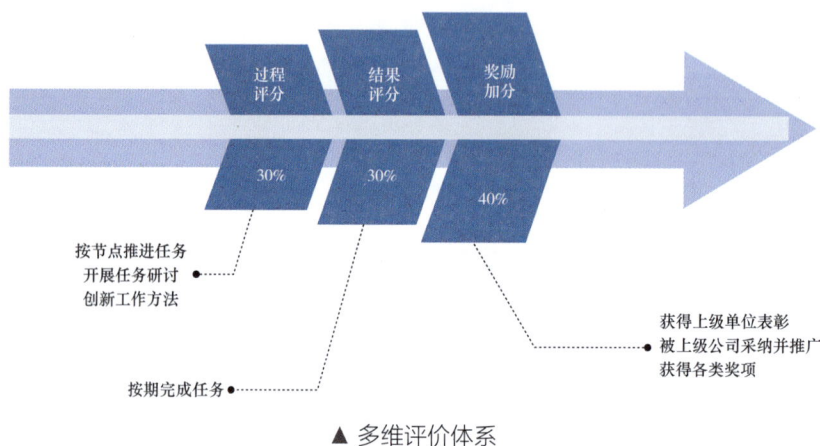

▲ 多维评价体系

多维评价。建立"过程评价＋结果评价＋奖励加分"的多维度评价体系。过程评价主要是评价团队任务执行的计划性、创新性，结果评价主要是评价目标任务的完成情况，奖励加分主要是评价目标完成的效果，获得上级单位表彰、竞赛获奖、成果获奖等，从国家级至市公司级给予不同分值的奖励加分。最终得分＝30% 过程评分＋30% 结果评分＋40% 奖励加分，并按最终得分和排名进行奖励。同时，为确保含金量，设置"保底门槛"，鼓励团队多争取省公司级以上的业绩、成果、亮点。

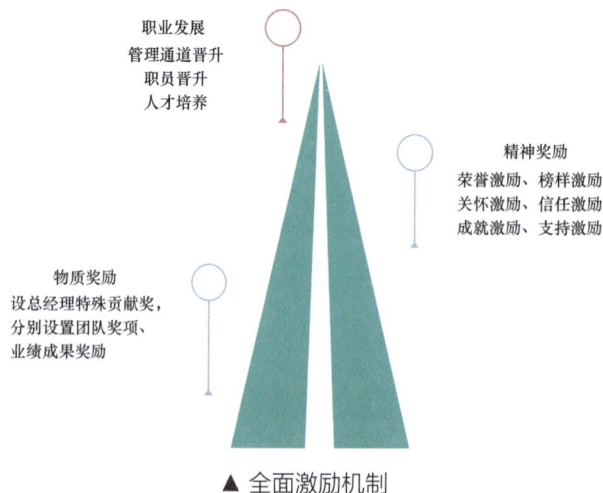

▲ 全面激励机制

全面激励。设置物质奖励、精神激励、员工职业发展等"有形＋无形"激励，使团队成员真正得到成就感、获得感。物质奖励包括设置专项奖励、团队奖励、优秀成果奖励、个人奖励等不同层级的现金奖励。精神激励包括荣誉激励、榜样激励、关怀激励、信任激励、成就激励、支持激励等。员工职业发展方面，主要有管理通道晋升、职员晋升、纳入重点人才培养等形式，充分发挥人才示范带动作用，鼓励各类人才不断展现新作为、创造新业绩。2020 年，四支专业人才团队获得团队奖，11 个人获"突出贡献先进个人"称号，奖励金额 25.2 万元，极大地激发了团队和员工的干事创业热情。

质的蜕变，星星之火渐成燎原之势

2020 年，资阳公司通过专业人才团队建设，实现了人才成长和公司发展"双赢"，人才培养实现了质的蜕变。

党建专业人才团队成员小李，先后在营销部、党建部工作，是一名优秀青年员工。2019 年，小李参加省公司"电力雏鹰"选拔失利。2020 年，小李加入党建专业人才团队后，团队将小李列入"电力雏鹰"重点培养对象。资阳公司积极组织笔试、面试培训和模拟考试，同时，在专业团队的多项重点工作中对小李委以重任，通过实战锻炼，其写作、语言表达、逻辑思维等方面的能力得到极大提升，最终小李入选 2020 年省公司"电力雏鹰"。经过专业人才团队的培养，资阳公司 4 名优秀青年员工入选"电力雏鹰"，在全省排名第 2，取得历史好成绩。

互联网专业人才团队成员小刘，自从加入互联网团队后，擅长的编程、Python、人工智能技术就有了用武之地。互联网专业人才团队 2020 年重点备战首届数字四川创新大赛算法对抗赛，小刘进入团队后，团队成员之间共同学习，团队也在初赛、复赛、线上决赛中给予了各类资源强力支撑，最终他在现场竞赛、现场答辩中获得了冠军，并获得"川电工匠"称号，像小刘这样的情况，公司还有很多……。2020 年，资阳公司获得省公司第三届"技能新星"竞赛团体一等奖，3 名员工获得第三、第四、第六名佳绩。资阳资源电力有限公司获得省公司产业单位技能大赛团体二等奖，1 名员工代表省公司参加国家电网公司技能竞赛获得团体三等奖。正是在专业人才团队的引领下，资阳公司在各类竞赛中人才辈出。

建设专业人才团队在 2020 年初受新冠疫情影响，220 千伏紫竹变电站输变电工程面临无法按期完工的困难。在将该工程列入团队重点工作后，团队骨干和队员积极攻坚，在房屋拆迁、建设协调、工程进度等多方面发力，最终提前完成 220 千伏紫竹变电站输变电工程，为"川电外送"做出了资阳贡献。同时，在完成重点任务方面，其他专业团队也毫不逊色，8 项重点工作得到省公司表扬，10 项弱项指标得到提升，调控典型经验入选国家电网典型经验，运检微课获国家电网公司二等奖。

回顾全年，资阳公司以搭建专业人才团队为抓手，将"重点工作"和"人才培养"融合，构建了一条完整的人才孵化链条，人才成长由"自我生长"的被动模式转变为"靶向指引 + 差异化塑造 + 项目领办"的主动模式，通过完善的管控、评价、激励机制构建出一个标准化、专业化的专业人才发展"生态雨林"系统。2021 年，资阳公司将以专业人才团队建设为抓手，以青年员工、内训师、专家人才、工匠（大师）为培养重点，搭建"1+1+5+N"人才培养框架，制定不同类别人才培养专项方案，"一人一案"定制个人专项培养方案，形成可复制的人才培养长效机制。

人才培养工作的星星之火已经点燃，不久的将来，必成燎原之势，为资阳公司持续培养更多优秀人才，为建设具有中国特色国际领先能源互联网企业贡献资阳力量。

供稿单位：国网资阳供电公司

撰写人：刘原　雷春强　罗怡　贾雪苓　张晔　宋烨

十九、以"三真"求"四感" 搭平台助成才

摘要

　　国网邛崃市供电公司（简称邛崃公司）共有全民员工 376 人，平均年龄 48 岁，其中 35 岁及以下青年员工仅 46 人，近五年新进员工 19 人。用工总量、人才少、留人难、发展难，管理人员年龄偏大、年轻人发展受限成为邛崃公司的劳动用工管理瓶颈。深化三项制度改革以来，邛崃公司重点对人员配置现状、人才队伍结构等进行分析研究，结合青年员工的个体特性，积极探索青年员工差异化培养体系，以"真情识人、真诚用人、真挚待人"的态度，用"量身打造职业生涯规划、精心打造专业队伍、综合培养复合人才、拓展职业发展通道"的方式，搭建青年员工专属成长平台，让青年员工充满幸福感、认可感、信任感、成就感，加快员工岗位流动，实现员工与企业共发展。

量身打造，走出专属职业轨迹

　　2018 年 8 月，国网成都供电公司（成都公司）即将举办"新时代　新青年　新作为"青年员工职业生涯规划大赛，邛崃公司新进员工硕士研究生佩佩心中泛起涟漪，却又充满迷茫，"我一个学传播学的，在供电公司能做什么呢？能做到什么呢？""不要怕！谁说电力行业只需要学电的？我们为你量身打造一个职业生涯规划吧！"听了党委组织部（人力资源部）张姐的话，佩佩心里有了底气。

　　比赛还未开始，党委组织部（人力资源部）就对佩佩进行了全面摸底，不仅采用职业测评工具对其进行专业评价，还开展"交心谈心"，以轻松的方式进一步"挖取信息"，对员工的专业、兴趣、特长以及个人发展意愿进行综合分析，同时结合邛崃公司财务专业严重缺员的配置现状、人才结构、上岗条件、职称职鉴评定条件和三大发展通道制度等，为其从所在的变电运维班组为起点，制定了技能类和管理类共三条短中期发展路线。

```
                          ┌──────────────┐
                          │ 专属职业生涯规划 │
                          └──────────────┘
          ┌───────────────────┼───────────────────┐
    ┌──────────┐        ┌────────────┐       ┌──────────┐
    │  个人摸底  │        │ 公司人员配置 │       │ 上岗条件分析 │
    └──────────┘        │    现状    │       └──────────┘
                        └────────────┘
     ┌──────┴──────┐                          ┌──────┴──────┐
┌──────────┐  ┌────────┐                ┌──────────┐  ┌──────────┐
│ 霍兰职业培训+ │  │ SWOT分析 │                │ 3、5、8年限制 │  │ 专责岗职称 │
│  综合分析   │  └────────┘                │    规定    │  │   要求   │
└──────────┘                             └──────────┘  └──────────┘
```

┌──────────────────────┐ ┌──────────────────────┐ ┌──────────────┐
│传播学硕士，爱好写作，喜 │ │优势：专业小众，竞争 │ │1.财务专业严 │
│欢与人交往、关心社会问 │ │　　　小 │ │重缺员 │
│题、渴望发挥自己的社会作 │ │劣势：缺乏电力专业知 │ │2.品牌新闻兼 │
│用、喜欢冒险和富有想象力 │ │　　　识 │ │法制管理岗配 │
│的活动，气质类型为"概念 │ │机会：公司重视新闻宣 │ │置已满 │
│主义者"，擅长分析、总 │ │　　　传 │ │ │
│结、判断，对文字、语言敏 │ │威胁：人才竞争大 │ │ │
│感，抽象思维能力强，擅长 │ │ │ │ │
│策略性思维。 │ │ │ │ │
└──────────────────────┘ └──────────────────────┘ └──────────────┘

```
    ┌──────────┐        ┌──────────┐       ┌──────────┐
    │ 任职能力提升 │        │ 职业道路规划 │       │ 综合素质提升 │
    │    计划    │        └──────────┘       │    计划    │
    └──────────┘                            └──────────┘
```

┌──────────────┐ ┌──────────────┐ ┌──────────────┐
│1.电力专业学 │ │ 变电运维班组 │ │理论联系实际，│
│习 │ └──────────────┘ │做好基层兼职通│
│2.巩固传播专 │ │讯员：参加QC、│
│业知识 │ │青创等各类团青│
│3.学习法律知 │ │活动、比赛等 │
│识 │ └──────────────┘
│4.职称职鉴提 │
│升 │
└──────────────┘

```
              ┌─────────┐                    ┌─────────┐
              │ 首选：管理 │                    │ 备选：技能 │
              │   路线   │                    │   路线   │
              └─────────┘                    └─────────┘
         ┌────────┴────────┐                      │
  ┌──────────┐      ┌──────────┐            ┌──────────┐
  │ 首选：办公室品 │      │ 备选：财务部 │            │   副班   │
  │ 牌新闻专责兼法 │      │   专责   │            └──────────┘
  │ 律管理   │      └──────────┘                  │
  └──────────┘            │                ┌──────────┐
        │            ┌──────────┐          │   正班   │
  ┌──────────┐      │ 部门主任 │          └──────────┘
  │ 部门主任 │      └──────────┘                │
  └──────────┘                           ┌──────────┐
                                         │  值班长  │
                                         └──────────┘
                                               │
                                         ┌──────────┐
                                         │  班组长  │
                                         └──────────┘
                                               │
                                         ┌──────────┐
                                         │ 部门主任 │
                                         └──────────┘
```

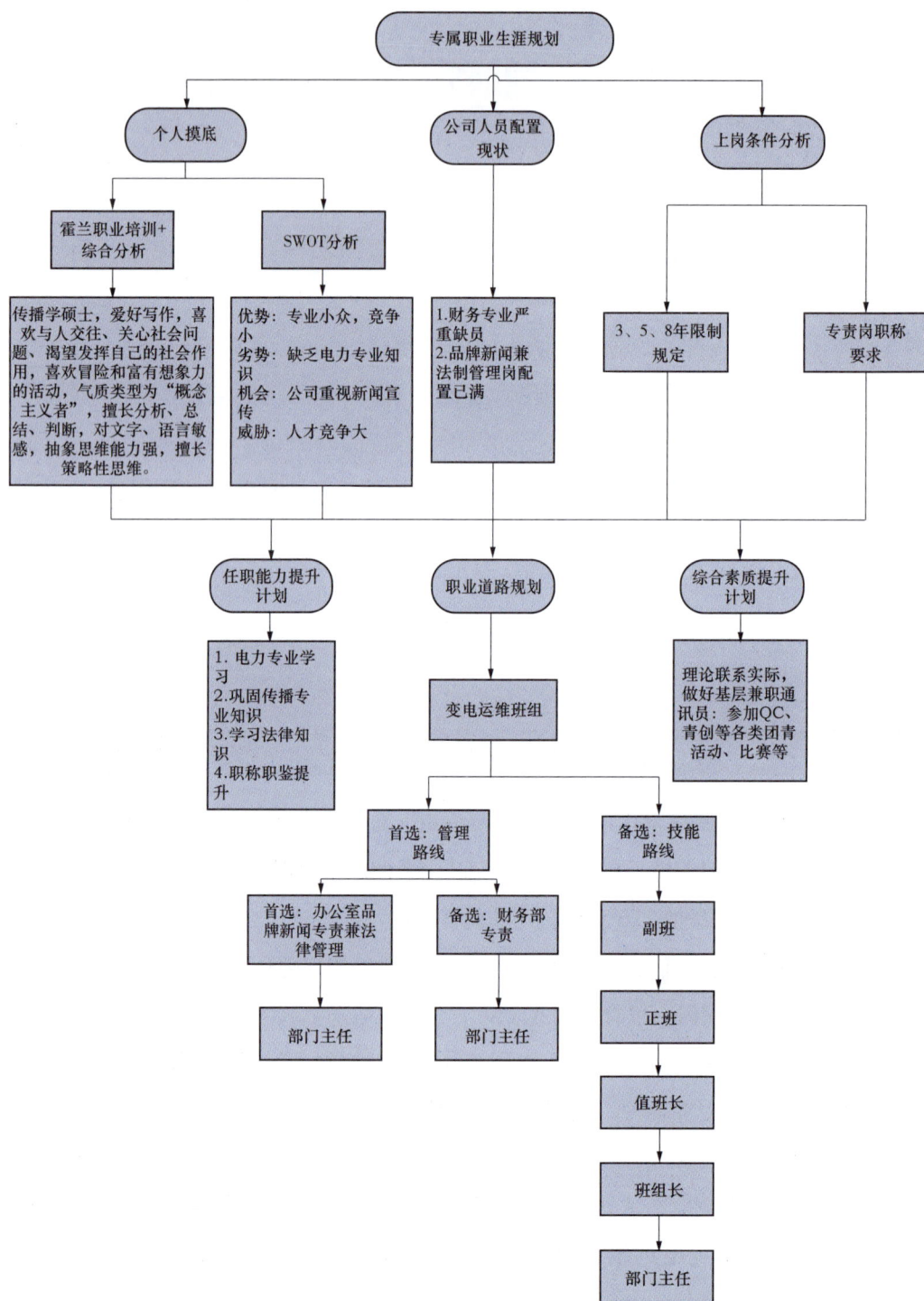

▲ 员工专属职业生涯规划路径图

经过专业化的指导和打造，佩佩通过了层层选拔，最终获得成都公司第一届青年员工职业生涯规划大赛第一名。她的职业生涯也从这次比赛开始走上了自己的专属轨迹，于2020年3月正式迈上职业生涯规划的第二步——品牌新闻与企业文化管理专责岗，并在今年新冠疫情、洪涝灾害期间在国家电网公司、省公司、成都公司等各层级媒体平台刊登多篇新闻报道，业绩突出。

"能将所学专业和兴趣作为事业来发展，我觉得很幸福！"佩佩经常说道。

经过佩佩的成功案例，邛崃公司建立了新进员工专属职业生涯规划定制体系，从入职摸底，到宣贯职工发展体系，再到个人兴趣契合企业需求制定发展规划，建立档案、跟踪发展、随时纠偏，邛崃公司用真心关注每一位青年员工的发展。

有的放矢　打造专业人才队伍

2016年新进员工小李在国家电网公司新员工集中培训技能竞赛中获得电力营销专业三等奖，好苗子的出现点燃了邛崃公司打造"专业人才新星"的希望。

通过素质能力测评和深入摸底，邛崃公司了解了小李对营销专业的"偏爱"。基于对其个人的专属职业规划，邛崃公司立即将小李安排到营销部和供电所轮岗学习，并安排其加入张涛创新工作室，签订师徒协议，深入学习装表接电的专业技术。2018年，小李在成都百万职工技能大赛（邛崃赛区）装表接电工比赛中崭露头角，获得第三名，更加坚定了邛崃公司对其进行专业培养的决心。

2019年8月，邛崃公司任命小李为三新桑园工业区供电所支部副书记进行挂职锻炼，让他既学习营销专业知识，又学习供电所综合管理。经过理论联系实战的培养，小李在2019年成都百万职工技能大赛装表接电工比赛中获得二等奖，被授予"成都市技术能手"称号。2020年更是荣获国网四川省电力公司装表接电技能竞赛三等奖和四川省技能大赛团体二等奖和个人优秀奖，使邛崃公司实现近7年来在优秀技能人才方面的"零突破"。

2020年9月，小李被聘任为邛崃公司营销部计量班副班长，并与新进员工签订了新型学徒制培训协议，以"专业知识＋操作技能＋职业素养"为主要传授内容，配以课题研究、动态考核，助力师徒共成长。

通过对小李专业化的培养，邛崃公司在解决人才发展瓶颈、培养专业人才好苗子中，探索出了一条新思路。依托为新进员工设立的专属职业轨迹，建立1~5年新员工成长关键期专业人才培养机制，综合考量，为青年员工选择经验丰富且优秀的企业导师，签订一对一的"传帮带"师徒协议，在安全知识、技术技能、岗位胜任力、综合素质培养等方面，通过理论教学、实操培训、项目实践、专业竞赛等多种方式，为青年员工成长发展提供了最为有利的环境和支撑。

外送综合锻炼　培养复合人才队伍

在邛崃公司青年员工成长手册上记录着大家的特点：

小邢，90后年轻帅小伙，能说会做，以组织者、主持人等身份多次参加市公司、省公司各种活动，获得过省公司优秀团员、QC等各种荣誉，复合型人才的好苗子。

小隋，在缺员严重的财务部任专责，专业过硬，却缺乏管理经验。

……

2019年4月，省公司需推荐一名青年员工到团省委培养锻炼一年，得知消息后，邛崃公司将目光聚集在团支部委员小邢身上，小邢作为公司团青工作的积极分子，又是复合型人才的好苗子，应该再走出去看看！邛崃公司领导立即向成都公司推荐，最终小邢获得在团省委挂职锻炼一年的机会，并以谦逊的学习姿态、积极的工作态度展现了川电青年的良好风貌，有效发挥了桥梁纽带作用，获得了借用单位的一致好评。

2020年7月，成都公司下发了开展2020年关键KPI提升及攻坚项目人才选拔的通知。"我可以去试试吗？"财务部专责小隋来到邛崃公司党委组织部（人力资源部）胆怯地问道。"当然可以啦！这既可以助力成都公司关键KPI和十大攻坚任务的完成，还能提升自己的管理能力，在解决问题中增长才干！"通过资格审查后，邛崃公司向成都公司推荐了小隋到东祥成都分公司任财务资产部副主任进行挂职锻炼。目前已开展近三个月的工作，挂职单位反映良好，并在该公司举办的2020年"电力工程建设项目安全质量管控技能"竞赛中获得非生产组个人一等奖。

2020年9月，邛崃公司抽调各专业优秀青年党员、团员组成"崃电了"等4个柔性团队，全力攻坚弱项KPI指标和QC创新创效项目，让青年员工在解决问题中积累经验、增长才干。

2020年10月，邛崃公司开展了第二轮优秀青年驻所挂职工作，选派3名政治素质好、业务能力强的优秀青年党员，分别担任3个供电所驻所支部副书记，助力供电所有效加强支部建设和生产经营管理。同时，邛崃公司党委对驻所支部副书记工作实行定期述职机制，对工作成效进行评价，并将评价结果运用到岗位竞聘、职员职级聘任等方面。

在青年员工综合培养锻炼工作中，邛崃公司给予青年员工们满满的信任和成才的期望，大大方方"送"出去；青年员工带着满满的收获和成长的喜悦，信心十足"走"回来。

无条件支持、无顾虑外送，让员工感受到了企业的真诚和信任。"待到学成归来，企业必将以我为荣"，小隋说。

尝试"Y"型职业通道　拓宽青工发展道路

2020年5月，《国网成都供电公司职员职级管理实施细则》正式下发，职员职级序列与领导职务序列同为员工职业的发展通道，二者互联互通，员工既可以在职员或职务序列内纵向晋升，又可以横向流动、交叉晋升。此文件无疑是为正在因管理人员队伍年龄偏大、青年员工晋升通道狭窄等问题苦恼的邛崃公司开辟了新的途径。

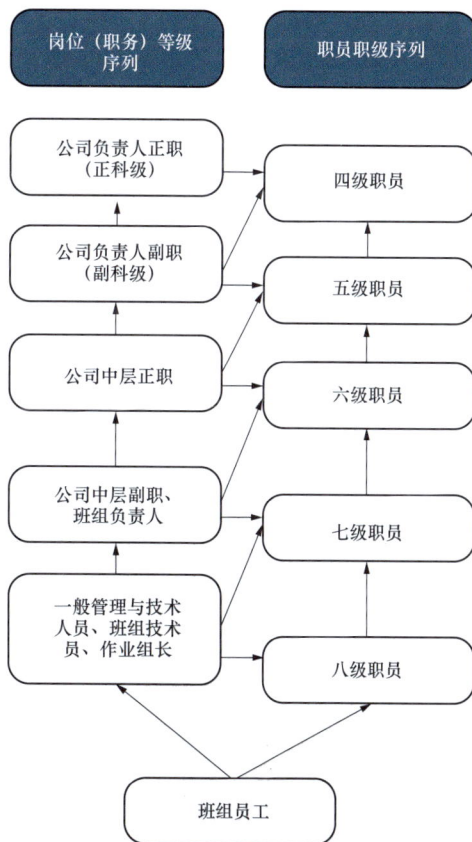

▲ 邛崃公司岗位（职务）等级和职员职级序列示意图

在了解管理人员队伍建设需求之后，邛崃公司成为了第一批"吃螃蟹的人"。对现有管理人员和青年骨干员工的综合情况进行了认真分析和考察研究后，同年9月邛崃完成第一批职员职级聘任，同级聘任六级职员1名，晋升性聘任七级职员1名，八级职员2名，其中有3名是青年员工。同时提拔班组长1名，调整班组长1名，重用部门副职1名，均属青年员工。接下来邛崃公司将组织开展职员年度绩效考核和任期考核，考核结果与薪酬待遇、职级调整、职员解聘及续聘等挂钩，形成待遇能高能低、职级能上能下、职员能进能出的动态管理机制。

"Y"型的职业发展通道既有助于邛崃公司建立合理的管理人员队伍，又拓展了员工职业发展通道，激励优秀员工职业成长。让受提拔的员工成就感满满，让其他员工动力十足。

"这些师兄真优秀，我要向他们学习！"

"原来还有这样的职员发展通道，那我也要努努力了！"

"刚参加工作就能有这样的专属职业规划，真幸福！"

"以后我们也能有机会到专业部门去锻炼学习喽！"

……

青年员工有前途，企业就会有发展。邛崃公司以人为本，用"真心"留人，实施专业化打造、差异化培养、精准化管理，帮助青年员工成长为专业扎实、技术过硬、可堪重任的优秀青年，青年员工归属感、凝聚力、战斗力不断增强，已成为公司发展、攻坚重大任务的生力军和先锋队。

供稿单位：国网成都供电公司
撰写人：黄碧波　张滢滢　何炜荻　闵玉

二十、校企联合共培养 "三定生"扎藏促发展

摘
要

藏区县级供电企业面临语言沟通难、员工留不住、员工用不好等人员难题，严重制约藏区电网发展。为加快四川藏区电力人才队伍建设，在国家电网公司的大力支持下，国网四川省电力公司（省公司）创新"三定生"培养，国网四川省甘孜州供电公司（简称"甘孜公司"）首批落实"三定生"试点培养，利用"三定生"的三定（定向招生、定向培养、定点安置）模式，建立五机制五步走的培养方式，招收藏区本土学生，培养本土人才，毕业后回到家乡工作，使得人才取之于"藏"，用之于"藏"，有力促进了藏区企业生产经营业绩和管理水平的提升。

"三定"为马，不负韶华

曲登出身藏族农民家庭，小时候，家里照明用煤油灯、点松光，由于经济条件差，无钱买煤油，他有时带着两个妹妹步行几公里到川藏公路旁的小镇捡废铁卖钱买煤油，捡的废铁少，卖的钱根本不够买煤油，有时去采松树用于照明。他渴望有颗"夜明珠"照亮藏寨，照亮他的梦想。

"溪水急着要流向海洋，浪潮却渴望重回土地，"曲登渴望走出大山，但他也深深留恋着高原故土。终于，机会来了，在他参加高考的2010年，省公司委托四川电力职业技术学院分州县从藏区招收当地户籍的普通高中应届毕业生进行大中专层次学历培养，其与学校签订定向培养、与单位签订就业协议，课程按符合藏区供电企业需要、以技能为主的内容设置，毕业后定向安置工作，定向学生的学费、住宿费、书本费、生活费等费用均由省公司承担。听到有这样能免费读书，对藏区学生还降分录用，还能保证就业的好事，曲登毫不犹豫地填报了志愿，也有幸被录取了。"定向招生、定向培养、定向安置"的三定招生方式改变了曲登的命运，实现了他走出大山、重回家乡、建设家乡的梦想。

曲登是省公司"三定"培养的第一届中专生，2012年毕业，他也如愿回到自己的家乡炉霍县电力公司，当起了一名普通的电力工人。与曲登一样的"三定生"，通过"三定"

培养改变命运，回到家乡建设家乡，见证家乡蝶变的年轻人还有很多。

为贯彻落实省委省政府藏区工作部署，加快四川藏区电力人才培养，国网四川省电力公司制定了《人才援建藏区五年规划》，其中，"三定"培养方式是其中的举措之一。目前，已面向甘孜藏区招收"三定生"共509名。2010-2017年共有295名"三定生"顺利毕业并回到县公司工作。

"三定生"在心理归属、适应能力、人员保留以及藏汉双语沟通交流等方面都较外地籍贯生源具有明显优势。"三定生"培养模式是现阶段解决藏区供电企业人员短缺、人才储备问题的最好措施，从根本上解决了长期困扰藏区供电企业"招不进、留不住、用不上"的难题，有力促进了藏区供电企业生产经营业绩和管理水平的提升。

五机制五步走，培养有力量的后浪

培养效果三级行为评估显示，就业的295名"三定生"培养效果90%处于"优秀"水平，2012-2017年就业的182名"三定生"中有30名已逐步成长为甘孜公司业务骨干，直接主管及其工作单位对培养效果高度认可。良好的培养效果，不仅取决于省公司的决策支持，而且得益于四川电力职业技术学院（简称"电力学院"）和用人单位的精心培育。甘孜公司在"三定生"培养中的"五机制"—目标机制、双导师机制、动力机制、约束机制、沟通机制实施则是最优实践。

目标机制是"三定生"培养的起点和归宿，可进一步强化培养的针对性，它既有引导和指向作用，又有衡量和评估作用。校企双方共同制订培养方案，每年四月左右，电力学院充分听取用人单位意见，充分考虑藏区电网现状和发展情况，根据企业用人需求，校企双方共同制订人才培养目标与培养方案。电力学院赴藏区县公司实地调研课程设置，在常规理论授课的基础上，有针对性地加大实际操作训练课时占比，强化相应专业实际操作训练，把课堂实践搬到企业中去，提高人才培养的契合度。每学期，由用人单位选派优秀技术、技能人才前往学校，给学生讲授藏区电网现状，特别是结合实际讲授在藏区工作中需要应用到的核心技术和技能。

推行企业双导师机制，双导师机制不仅要指导学生的学习，还要指导学生的生活，以更好地贯彻"全员育人、全过程育人、全方位育人"的现代教育理念。甘孜公司安排退二线领导人员轮流到校驻点，充分发挥退二线领导人员丰富的管理经验、实践经验和技术技能水平，协助学校管理、指导"三定生"在校期间的学习和生活。二线领导人员不仅担当管理导师，负责促进"三定生"在校期间的行为和作风管理，每季度与"三定生"进行座谈，及时了解其心理动态，答疑解惑、疏导压力、解决问题，而且还担当技术技能导师，负责与学校沟通所在单位培训需求，在专业技术和实际技能上给予"三定生"指导和帮助。电力学校安排"三定生"在大三第二学期到定点安置单位进行跟班实习、顶岗锻炼等，甘孜公司确定带徒师傅，签订师带徒协议，根据学生的学习情况和自身优势来变换实习岗位，学生把在学校理论学习中的疑惑带到实际工作现场，师傅帮助解答，这种机制丰富了学生的实践经验，增强了学生的工作融入感。

动力机制具有激活机体的基本功能，能够增强学校、企业不断改进工作的动力，提高学生的职业能力。通过正向激励，使目标导向行为得到强化，从而推动运行机制高效运行。学生在校期间，学校和用人单位协同合作，分月度表现、学期考核、学年考核等方式对学生的日常出勤、行为表现、学习成绩等方面进行记录，形成"凡考核必记录、凡异动必通报、凡出事必追责"的联动机制，企业导师协同管理，努力营造良好的班风学风。企业导师从企业的角度出发对学生进行思想教育，实习期间严格按照实习岗位的要求进行月度绩效考核，让学生逐步进入工作的角色，将其表现与以后的岗位调整、职务晋升、成长成才等挂钩，持续关注、跟踪他们的成长、成才情况。

约束机制的重要功能是通过逆向控制和行为约束，增强学生的自我控制与约束的能力，从而规范"三定生"培养朝着目标机制指引的方向高效运行。以在校期间所学知识的深度和广度、所掌握技能的实用性和熟练度、所具备的各种素质和发展潜能等能否与用人单位需求相符合作为依据，制定在校学习、实习期间的整体评价机制，以在校期间的考核成绩占70%、实习考核成绩占20%、企业导师评价成绩占10%来确定学生的综合成绩，并作为学校评先评优的重要依据。对于培养过程中学生应当达到和具备的技术技能水平、阶段性目标进行严格考核，对表现不好、未能达到培养目标的学生，采取延迟毕业、劝退甚至终止培养协议等措施，奖优罚劣、末位淘汰，建立起"三定生"人才培养工作的良性运行机制。

建立健全联系沟通机制的最主要目的是使"校企充分联动"，承担各自职责，履行各自义务，使"三定生"的管理不放松、不脱节、有合力，确保培养机制运行顺畅。在培养过程中，学校及时向用人单位反馈学生学习、生活、综合表现等情况。企业导师定期组织"三定生"召开座谈会，与学生充分沟通，一方面让学生对今后的工作情况有一定了解，另一方面用人单位可以整体掌握学生的情况，以便有针对性地安排学生的实习和就业岗位。企业导师进行心理健康教育，疏导心理压力，对"三定生"应届毕业生和在校生进行心理特点分析，有针对性制定心理健康教育和辅导方案。鼓励学生参加丰富多彩的文体、社交活动，建立交流互动平台，使其大学生活更充实，引导其健康成长。

学成还乡，造福藏区

今年是曲登从四川电力职业技术学院毕业回到国网炉霍县供电公司的第九年。九年间，他获得过四川藏区技能大赛第六名的好成绩，他从一名见习电工华丽成为一名优秀的供电所所长，再成长为运维检修部部门负责人，他常常自豪地说："我家在附近，又会藏语和汉语，工作起来不存在沟通等问题。"

供电所工区点多、面广、线长，直接面对众多农村客户，为更好地落实"人民电业为人民"的服务宗旨，曲登经常骑上摩托车，穿越草原、绕过大山，赶往几十公里外的藏民家中处理故障、回收电费。他时常在微信里收到牧民的用电求助后，用藏语回复"马上来处理"。

"三定生"培养出藏区供电企业实际需要的专业技术技能人才，不仅促进藏区人员就业，而且为藏区电力企业招聘人才，很大程度上解决了藏区县级供电公司"招人难、留人难"的问题。"三定生"培养是电网发展效益、社会效益、政治效益的高度统一，将助推藏区实现跨越发展和长治久安。

供稿单位：国网甘孜供电公司

撰写人：钟宇　严政　周瑾

二十一、培聘联动蓄动力　人才梯队具雏形

摘要

为积极适应新时代国资国企和电力体制改革要求，提高教育培训规范化、精益化管理水平，国网四川省电力公司营销服务中心（简称营销服务中心）创新教育培训模式，推行强导向、多维度、数字化的"培聘联动"工作机制，采用积分制考核模式，科学制定各级各类项目积分标准，针对承担的培训、竞赛和个人能力提升三个维度进行积分，积分逐年增加，积分结果与员工岗位竞聘、晋升、人才评价等联动，积分终身有效，促进员工树立终身学习的理念，进一步激发员工培训和素质提升的内在动力，为建成国家电网领先省级营销服务中心提供坚强的人力资源支撑。

营销服务中心作为省公司的直属单位，缺少基层班组，中层领导人员不愿意到地市挂职，管理技术人员基层工作经验不足，不愿意到基层学习，工作上满足于正常化，缺乏开拓和主动精神，艰苦奋斗精神不足，直面挑战信心不足，业务水平发展不均衡。"培聘联动"模式是营销服务中心落实省公司三项制度改革专项行动建立的一套强导向、多维度、数字化工作机制，坚持"统一标准、动态更新、深化应用"原则，培养员工树立终身学习理念，持续保持自我提升内在动力。

三全机制　员工参与更积极

为了深入实施"培聘联动"模式，营销服务中心建立了"培聘联动"三全机制，通过量化表现提高员工参与积极性。

建立"培聘联动"项目积分机制。积分主要分为年度积分和终身积分。年度积分通过集中培训、现场培训、网络培训、自主学习获取，主要反映员工当年的综合学习情况，可操作性强，年度考核后清零。终身积分通过业绩奖励和个人荣誉获取，主要反映员工业绩贡献和获得荣誉，是促进员工终身学习的核心，实行逐年累加，终身有效。积分制考核周

期为 1 年，考核以定量考核为主，针对承担的培训、竞赛和个人能力提升三个维度进行积分，根据重要程度分为"国家级、国网级、省公司级和中心级"四个级别，设置不同的积分分值，对员工承担重点工作、具有创新和体现专业能力的岗位工作给予积分，鼓励对团队的业绩贡献。项目积分机制有利于拓宽员工业务知识面，将员工成长成才融入中心发展，积极推动员工争当营销转型排头兵，树立良好的职业习惯与操守，不断提高员工综合素质与业务能力，促进员工树立终身学习的理念。

建立"培聘联动"互动培养机制。营销服务中心每年招聘一定数量的高校毕业生，他们缺乏一定的社会经验和工作经验，对电网基础建设与基层实际缺乏全面的了解，直接进行业务管理会存在工作不精、工作不细等弊端。为此，营销服务中心选派员工分批次到地市公司一线班组进行体验式培训和实操学习，拓宽员工业务知识面，将员工成长成才融入中心发展，积极推动员工争当营销转型排头兵，树立良好的职业习惯与操守，不断提高员工综合素质与业务能力。

新入职员工培训内容主要以对电网企业工作的全面了解为主，以营销一线工作为重点开展综合培训和全程跟班学习。绩效等级不满足要求的员工，培训内容主要是立足员工实际岗位，以业务提升为主，开展具有针对性的专项培训。自愿参加"互动培养"的员工培训主要内容以员工自身需求为主，突出专业技术培训和综合能力提升，开展针对性培训。

建立"培聘联动"结果应用机制。与条件艰苦、工作强度大的基层相比，营销服务中心有着相对舒适的办公环境，因此部分员工参加挂职、下基层活动的积极性不高。为了提高员工参与度和主动性，营销服务中心将员工的"培聘联动"积分结果与薪酬待遇、岗位竞聘、职务晋升、人才评价等联动，"培聘联动"积分达标后，每超出 10 分，员工年度绩效加 0.1 分。低于达标分，每降低 10 分，员工年度绩效扣 0.2 分。"培聘联动"积分排名前 20% 的人员优先安排参加各级各类培训，优先推荐参加各类专家人才选拔；在岗位聘期制管理运用和缺员岗位竞聘时，同等条件下，应优先考虑"培聘联动"积分排名前 20% 的人员。结果应用机制有助于更合理科学地考察员工工作表现，激励更多员工向更高更好的目标奋斗。

深入学习　技能素质再提升

"培聘联动"模式鼓励员工参与"东西人才帮扶"、下基层、去一线、赴总部挂职锻炼、与地市公司双向挂职等。"培聘联动"对处于不同阶段的员工发展都提供了相应的"培聘"

内容，更多的员工从"培聘联动"中收获不断进步。

通过"聘"用到西藏参加帮扶工作，实现对员工技能素质培养，"东西人才帮扶"正是营销服务中心所推"培聘联动"模式中倡导的实践形式之一。"任何人初到西藏，首先面临的是身体的调整。呼吸紧促、心跳加快都是正常情况。"这便是今年五月老孙初到西藏时候的体验。老孙是营销服务中心营销稽查与反窃电部副主任，肩负着全省营销"内稽外查"的重任，有着 12 年营销工作经验。2020 年初，国家电网公司下达了 2020-2021 年"东西人才帮扶"计划，作为一名党员，在强烈的责任感和使命感驱动下，老孙不惧困难和挑战，全身心投入到紧张的帮扶工作中。

荣伟是原中心技术支持一室副经理，常年负责营销信息化相关工作，由于缺乏对营销工作的数据来源、一线服务人员的工作情况的深入认识，在考虑营销系统未来升级方向时常常难以抓住要点。2020 年初，为了进一步丰富自身业务知识，他报名参加省公司双向挂职锻炼，到国网梓潼供电公司担任副总经理，带着深入基层，贴近用户，找准营销信息化优化升级方向的使命，荣伟快速适应工作环境、工作职责、工作对象和工作模式的变化，力争做到学有所成，学以致用。

针对近几年新招聘的青年员工营销业务发展不均衡和业务面窄等问题，营销服务中心创新青年员工培训模式，选派青年员工分批次到地市公司一线班组进行体验式培训和实操学习，截至目前，中心已选派 4 名青年技术骨干分别前往到天府公司、甘孜公司和西昌公司一线班组进行营销业务全覆盖的跟班学习，多维度拓宽青年员工业务技术水平。经过培训和实操训练，青年员工的专业技能和业务水平得到了较大提升，对整个电网有了系统深入的了解，基层工作经验日益丰富。

某员工在工作中劳动纪律差，业务水平不高，工作责任心不强，在近三年的年度绩效考评中有两年评为 C 级。为促使该员工树立良好的职业习惯与操守，营销服务中心将其派遣至甘孜公司开展体验式培训和跟班学习。通过培训学习，该员工综合素质与业务能力得到了显著提升，业务技能有了较大提升，通过艰苦边远地区的体验式培养，工作状态发生了很大的改变，劳动纪律明显改善，团队协作和吃苦耐劳精神有较大提升。

持续推进　企业发展更蓬勃

自 2020 年 1 月正式启动"培聘联动"工作以来，员工通过专家人才、内训师认定、主动报名参加国家电网公司的"东西帮扶"项目、省公司组织开展的"双向挂职"锻炼、省公司"电力雏鹰"以及四川省数字四川大数据竞赛等竞赛，获得"培聘联动"积分，"培聘联动"积分排名靠前的干部和员工可优先入选营销服务中心四级副职和优秀骨干梯队库，为培养储备人才和为上级单位输送优秀人才提供有力的制度保障。在2021年岗位公开竞聘时，6名员工因"培聘联动"积分靠前，优先获得岗位晋升；15名员工获得岗位绩效薪级晋升，约占中心员工人数的30%。"培聘联动"机制大大提升了员工的工作积极性和主观能动性，成效显著，为建成国家电网领先省级营销服务中心提供坚强的人力资源支撑。

供稿单位：国网四川省电力公司营销服务中心

撰写人：杨睿　杨行　邬欣桐　龚立　陈一飞　常文滔

二十二、薪火相传"双导师"助力后浪奔涌向前

摘要

　　为使每年新入职的员工快速转化为生产力，国网天府新区供电公司（简称天府公司）近年来以三项制度改革为契机，构建"三双"培养体系，即以师徒双向选择的"双选拔制"、技能导师＋职业导师的"双导师制"、师父和徒弟业绩关联考核的"双考核制"，促进新员工业务提升与思想建设同向发力，实现天府公司全体员工互助共进。

　　两年前的一段对话：

　　"媛媛，今天你的师傅给你讲了什么新知识没有？"

　　"今天有一个现场调度，和师傅一起去了变电站，但是师傅太忙了，我只有在旁边看，都没时间给我讲，今天算自学吧。义军，你呢？"媛媛尴尬地说。

　　"我今天也差不多，和师傅去了带电搭头工作现场，我在地上，师傅在天上，看都没法看得到。"义军失望地说。

　　在天府公司新员工培养微信群里，一段对话引起了党委组织部（人力资源部）曾主任的高度重视，他立即联系了两位员工的师傅。师傅委屈地说："徒弟是研究生，我只是个大专生，理论的东西我不敢讲，他可能比我还懂，所以我只有带他去现场看看，多看就会了。"

　　由于这样的情况普遍存在，为加快新员工成长，天府公司对新员工培养工作进行彻底思考，展开充分调研，分析每个环节的内容、成效，突破传统师带徒模式，于 2020 年创新培养辅导方式，出台《国网天府新区供电公司双导师制管理办法》，全面实施"师徒互选""技能＋职业导师""师徒双维考核"的"三双"培养体系。

双选拔制　师徒互选都满意

　　新员工小丁入职天府公司，班上的技术员陈姐每天都叮嘱他 110 千伏华阳变电站设备巡视注意事项，于是，暗地里小丁就想让陈姐当他师傅。

　　机会来了，天府公司组织签订师徒合同。小丁填报了个人简历，并根据导师基本情况填写志愿书，选择自己心仪的陈姐做导师。结果公布，陈姐也因为对小丁的喜爱而选择了他。

　　另一名新员工小王填写志愿选择的师傅，却没有选到他。天府公司根据他性格偏内向的特点，匹配了本班的一个老师周哥，周哥得知他做小王师傅后，很热情地找小王谈心一下午，并讲了以后的学习计划及要求。交流中，小王感觉到周哥对"不断更新继电保护模块"中的英文说明理解比较吃力，心想"我有英语六级证书，我可以在工作中给周哥担任翻译，将继电保护工作做得更好，我也可以从中学习更多的知识。"于是，两人也成功地签订了师徒合同。

　　双向选择由党委组织部（人力资源部）牵头，第一步新员工、导师分别填报个人简历；第二步根据公布的导师基本情况，新员工按自身意愿填写志愿书，选择自己心仪的导师。第三步，党委组织部（人力资源部）将选择结果及相应新员工资料发送给对应导师，导师反选新员工，最后由牵头部门汇总互选信息，确定双选匹配成功名单。

　　若最终双选未匹配一致，则进入集中调剂环节，按照"个人自愿、性格相符、专业匹配"的原则统一进行调剂，并将匹配结果告知师徒双方，征求当事人意见，若无异议，则匹配成功。

　　天府公司以"双向共赢"为出发点，通过师徒关系"双选匹配"与"集中调剂"，成功为刚入职新员工配置了适当的导师。就这样，神采奕奕的导师们携助着青春朝气的萌新们，走进了职场的大门。

双导师制　职业技能齐头并进

　　入职第一年，地区调控中心的值长老翁成为了新入职员工小云的技能导师。带徒弟前，他从"岗位职责—能力要求—学习内容模块"梳理出学习内容，并将培训分为入门阶段和提升阶段，在不同阶段采用不同的培训方式。

　　老翁设计的带徒方案，按天府公司的要求，每个模块以课堂讲解和现场示范讲解相结合，突出现场示范讲解的比重，并以"缺什么补什么"确定培养内容。在课堂中，老翁讲解基本操作流程，要注意什么，为什么这么做，如何进行风险防范，需要哪些准备等。现场示范时，小云演示基本操作流程，突出重点注意事项，并让她自己练习，直到心领神会，能够独立操作。

老翁和小云还用上了角色换位的师徒工作方法。在多数情况下，师傅做 A 角，做主要工作，徒弟做 B 角，做辅助工作，师傅言传身教，几个项目做完，徒弟便逐渐熟悉了项目的基本工作流程和要点，具备了独立操作的能力。而在某些需要电脑操作或运用新技术的领域中，让徒弟做 A 角，师傅做 B 角，把徒弟直接推上前台，师傅在业务上进行指导。采用多种方式，从而加深彼此的配合。

小云入职后的第二年后，思想波动较大，对自己的职业前景非常迷茫，这也是青年员工的一种普遍现状。这时，按照天府公司安排，调控中心调控专业室负责人、天府公司优秀共产党员杨姐成为了小云的职业导师，特意在这段职业生涯关键时期给予她帮助。关于小云的职业发展，二人展开了一次又一次的讨论。

"小云，参加工作第二年是你职业生涯的筑基期，根据你的实际情况，我们一起来制定你今年的工作规划。"

"我想完成岗位等级考核、取得工程师资格、参加雏鹰选拔、每季度入党思想汇报、班组 QC 课题……"

"你的想法不错，但还需要落实计划，我们共同商量具体时间，然后按照这个节点好好去做。"

这样的谈话经常发生在职业导师与新员工之间，通过高效沟通＋分析＋成长需求设计＋成才路线开发＋创新项目引领，职业导师们带领着新员工在职业生涯中拨开迷雾，看清方向，实现每一项计划，建立更强的归属感和自信心。

两年后，小云成为了一名入党积极分子，他的介绍人之一正是他的职业导师杨姐。除了思想上积极进取，小云在工作中也高标准要求自己，参加省公司调控技能竞赛获得了个人二等奖，还入选了省公司电力雏鹰。

天府公司设计的"双导师"制，由技能导师们采用岗位培养法、现场讲解与实际操练相结合法、角色换位法等授课方式，由职业导师全方位协助新员工成长，配合其制定职业生涯规划，对传统技能导师培养进行了有力补充，有利于加快培养知识型、技能型、创新型、全面型的人才后备力量，为企业发展提供坚实的人才支撑。

双维考核　培评联动有保障

年末了，在各个班组的公示栏里公示了年度绩效分，班组在年度绩效评分表中单独罗列了师带徒加分专项，增强了师傅带徒弟传教授业的积极性。通过引入合理的激励考核机制，彻底打破了以往新员工人岗匹配度不高、主观能动性不强、师带徒工作开展不扎实的僵局，使得新员工更清楚地找到适合自己的岗位，工作参与度明显提高，岗位胜任力大力提升，最终实现人尽其才。

"没想到徒弟今年取得的业绩成果还可以折算变成我的积分，今年我的年度绩效加了3分，带徒弟是带得越来越有劲，明年我还要继续申请带徒弟"。

经过了一年的带徒工作，师傅们硕果累累，看到自己的成绩得到认可，对来年的工作充满着憧憬与向往。

在公示绩效得分前，员工微信群还开展过另外一场轰轰烈烈的"金牌师傅"评选网络推荐。

"我是来自客服中心的小曾，我的职业导师是胡哥，请为我和我的师傅投上宝贵的一票"。

"我是3号选手小戴，来自调控中心，我的技能导师是彭姐，请大家投3333333号"。

党委组织部（人力资源部）开展的金牌导师的评选受到了员工的普遍关注，徒弟们为能从师傅那里学到知识而欢喜，师傅们也为培养出优秀的徒弟而自豪。"金牌师傅"的宣扬，在天府公司内形成尊师重教、崇尚技能的企业文化。

为了增加师徒动力，促进师带徒工作的不断进步，天府公司一方面完善徒弟学分、导师积分量化评价机制，徒弟学分获取包含培训课程学分、成果提升学分、思想政治学分；导师积分获取包含培训授课积分、个人成果积分、徒弟成果积分。另一方面建立绩效奖惩机制，按标准折算成绩效分值，带徒口碑（网络投票）×20%+自身业绩评价×40%+徒弟业绩评价×40%组成，纳入师傅绩效部分。徒弟的学分情况则跟其年终评定绩效及将来的人才评选直接关联。

通过"三双"培养模式，天府公司的师傅们唤醒了自己的青春，用丰富的工作经验和持久的工作热情，把风浪踩平，把暗礁击破，一路高歌地带领着徒弟们奋勇向前，开辟出光明的航线。

供稿单位：国网天府新区供电公司
撰写人：代雪蓉　刘燕　赵思源　徐华丽

后 记

公司自 2018 年启动新一轮三项制度改革工作已历时三年，期间制定出台了多达 43 个配套制度办法，保障了改革顺利推进，公司各级单位认真贯彻落实，三项制度改革工作取得了一定成效。但是，随着改革不断深入，特别是在常态化开展基层调研、督导、检查工作中，我们发现有的单位在对上级政策理解和执行过程中出现偏差，一定程度上影响了改革工作深入推进。因此，将公司三项制度改革的推进历程进行总结梳理和经验提炼，对系列制度办法进行分析解读和解惑释疑，编制一本面向全体员工的《国网四川省电力公司三项制度改革政策解读》非常重要。作为本书编制团队，能够承担这一光荣而重要的任务，既深感荣幸，也倍感压力和重任。

本书编制历时一年有余，在新冠疫情反复肆虐的严峻环境下，编制工作组成员严格做好防疫措施，克服重重困难，既立足本职工作的完成，又积极确保了读本编制的务期必成。经过一次次的集中研讨、雕琢打磨，才凝聚成如今的成果，得以呈现于大家面前。

本书能够在"十四五"开局之年顺利完成，特别要感谢公司领导、专家顾问和有关部门的关心指导。感谢德阳、眉山、攀枝花、绵阳、天府、达州、宜宾、南充、资阳、甘孜、营销服务中心、检修公司、送变电公司、党校等 15 家单位选派优秀人员参与编写。感谢所有提供案例的单位。感谢公司三项制度改革相关制度办法编写者们革故鼎新的规划布局。在此，谨向所有关心和支持公司三项制度改革的人员表示衷心的感谢！

路漫漫其修远兮，吾将上下而求索。国有企业改革远不会止步于此，新时代背景下三项制度改革将与其他领域改革协同纵深运行。我们也真诚地希望通过本书的出版发行，能够切实为各级单位常态化推进三项制度改革提供借鉴和帮助。

囿于编者水平，书中难免存在不足和疏漏之处，诚请广大读者谅解！

《国网四川省电力公司三项制度改革政策解读》编写组

2021 年 4 月